金子友裕 [編著]

インセンティブ報酬の会計と税法

関連規制の動向を踏まえた提言

東京　白桃書房　神田

はしがき

　本書は，税務会計研究学会特別委員会「インセンティブ報酬の会計と税務」（2019 年 11 月～2021 年 11 月）における研究の成果を再整理し，まとめたものであり，インセンティブ報酬に影響を与える諸制度のあり方を検討することを目的としている。具体的には，インセンティブ報酬に関して，会計や税務等の諸制度がどのように影響しているかを，現行制度の現状を丁寧に整理したうえで，各制度の趣旨や目的等を考慮した理論的な検討を行い，会計や税務の現状に対する提言を示す。

　この特別委員会では，20 回を超える研究会を開催し，長時間にわたる議論を行った。この特別委員会の研究の検討において，メンバーと最初に議論したのは，学会からの要請である「会計と税務」をどのように検討するかについてである。そもそもインセンティブ報酬は，様々な規制の影響を受けており，規制という観点では「会計と税務」に限定されるものではない。そして，近年の各規制の動向は，コーポレートガバナンス・コードや会社法の改正の影響が，会計基準等や法人税法の改正に影響を与えているものと思われる。このため，「会計と税務」の検討に先立ち，コーポレートガバナンス・コードや会社法に関する検討を加えることとした。

　そして，「会計と税務」の検討については，いわゆる税務会計の研究方法として，確定決算主義・公正処理基準等を念頭に一体化した検討（「税務」の「会計」）とそれぞれ別個の検討（「税務」と「会計」）の 2 つの方法が考えられるが，本特別委員会では，インセンティブ報酬は，役員給与に限定されるものではないとはいえ，役員給与に関する論点が重要な議論になることを考慮し，それぞれ別個の検討を行う方針とした。これは，法人税法が役員給与に関する別段の定め（34 条）を設けており，損金経理等で結合する要素はあるとはいえ，法人税法では特別の取扱いが設けられていることを考慮したものである。なお，会計においても，インセンティブ報酬に関する包括的な基準は設けられておらず，令和元年会社法改正を受けて実務対応報告 41 号「取締役の報酬等として株式を無償交付する取引に関する取扱い」が公表される等の動向があるが，インセンティブ報酬に関する会計の規制が明確に定まっている状態ではなく，また，理論的にも会計基準等に置かれている前提

の妥当性等の検討が必要ということを考慮した。

　さらに，書籍化にあたり，理論的な研究を意識し，「会計」と「税法」に変更して検討を深めた。

　以上を踏まえて，本書は次のような構成となっている。

　まず，第Ⅰ部でインセンティブ報酬の現状や諸制度の動向を検討したのち，第Ⅱ部で「会計」の検討，第Ⅲ部で「税法」の検討を行うこととした。そして，これらの検討を受け，第Ⅳ部で提言を示す。

　第Ⅰ部「インセンティブ報酬の概要」では，第1章「インセンティブ報酬の概要」において，本書の検討の視座を示したうえで，インセンティブ報酬に関する規制の動向に大きな影響を与えていると考えられるコーポレートガバナンス・コードの動向を整理している。そして，第2章「インセンティブ報酬における制度と実務の歴史的変遷」では，インセンティブ報酬に関する歴史的変遷を整理し，第3章「商法・会社法における取締役報酬規制」で，令和元年会社法改正を含む，会社法の動向の整理を行っている。さらに，第4章「インセンティブ報酬の現状と課題」では，産業経理協会の協力を得て行ったアンケート調査を通じたインセンティブ報酬の現状の整理を行っている。

　次に，第Ⅱ部「インセンティブ報酬と会計」では，第5章「インセンティブ報酬に関する現行の会計処理の特徴の整理と問題点」として，インセンティブ報酬に関する包括的な会計基準のない中で，公表されている会計基準等における会計処理の特徴を整理している。そして，第6章「インセンティブ報酬の会計処理の論理」では，リスクからの解放概念からみた場合に理論的な会計処理を検討している。さらに，第7章「役員に係るインセンティブ報酬の開示例と推定される会計処理について」では，有価証券報告書での開示の実態を整理したうえで，有価証券報告書から推定される会計処理の分析を行い，その特徴を整理している。

　第Ⅲ部「インセンティブ報酬と税法」では，第8章「税法としての給与」において，法人税法に限定せず，租税法の中での給与概念を検討している。そして，第9章「現行法の規定内容から探る役員給与税制の背後にある考え方」では，法人税法における役員給与税制における特徴と問題点の指摘を行っている。さらに，第10章「インセンティブ報酬に係る業績連動給与の損金算入の一考察」，第11章「インセンティブ報酬としての業績連動給与のあ

り方」，第12章「業績連動給与の同族会社への適用に関する課題」において，業績連動給与に関する理論的な検討や事例等を通じた検討を行っている。

また，第Ⅲ部では，これらの検討に加え，個別的な論点として，第13章「インセンティブ報酬の事例検討と課題」において事前確定届出給与に関する事例を通じた検討や第14章「業績連動給与引当金の損金算入に関する検討」において株式交付信託というスキームの場合に生じる業績連動給与引当金の法人税上の取扱いに関する検討を行っている。

これらの検討を受け，第Ⅳ部「インセンティブ報酬に対する提言」では，第15章「インセンティブ報酬の会計上の取扱いに対する提言」において，現行の会計基準等に置かれている「労働サービスそれ自体を費用計上する擬制」という前提の問題点を踏まえ，「金銭報酬の支払いとそれに伴う従業員等の出資を擬制」とした場合の会計処理が示されている。また，第16章「インセンティブ報酬の税法上の取扱いに対する提言」では，法人税法における役員給与に対する課税のあり方を整理したうえで，業績連動給与について「適性性」や「透明性」が要求されているとした場合，同族会社にもこれらを充足しうる余地があることを指摘している。そして，第17章「インセンティブ報酬の会計と税法の検討に関する総括」において，本書の検討を諸規制のあり方という視点で再整理し，総括としている。

最後に，本書の研究のきっかけを与えて頂いた税務会計研究学会に感謝したい。そして，インセンティブ報酬に関するアンケート調査にご協力頂いた産業経理協会にも感謝したい。特に，産業経理協会小野均専務理事及び担当して頂いた平松智史様に感謝したい。また，アンケートに回答頂いた企業の担当者様にも感謝申し上げる。

また，本書の出版に当たり，公益財団法人租税資料館による研究出版助成を受けている。出版事情が厳しい中，研究書の出版ができたのは，こうした支援のおかげであると感謝している。

本書の出版では，白桃書房の大矢栄一郎社長及び編集の佐藤円様に大変お世話になった。多忙な中，丁寧な対応をして頂いた。ここに記して感謝したい。

2022年6月

編著者　金子友裕

目　次

第Ⅱ部　インセンティブ報酬と会計　　55

第 **I** 部

インセンティブ報酬の

概要

インセンティブ報酬の概要

I　はじめに

　インセティブ報酬については，経理上の問題として会計上の取扱いや税法上の取扱いが想起されることも多いと思われるが，会計や税法以外にも考慮すべきものがある。例えば，コーポレートガバナンス・コードで示される役員報酬への指摘は，公表・改訂後に諸規制に対し大きな影響を与えているものと思われる。また，会社法も重要となる。なぜなら，会社法は役員報酬に関する規制を行っており，この規制は会計に影響を与えるだけでなく，税法にも影響を与える。このため，本書では，インセンティブ報酬の検討において，会計と税法に限定するのではなく，会社法等の関連分野も含め，できる限り広範に検討する。

　また，インセンティブ報酬は多様性がある。インセンティブの効果として，役員賞与のような短期的なインセンティブを期待するものだけでなく，中長期的なインセンティブの期待を意識したスキームもある。また，インセンティブ報酬には，金銭を交付するものだけでなく，金銭以外の株式やストックオプションを交付するものもある。このように，インセンティブ報酬には，多様な種類が存在し，インセンティブ報酬という用語も多様性を有している。

　このような多様性のあるインセンティブ報酬の先行研究の中には，法人税法上の損金算入の可否のみに焦点をあてるような検討を行っているものも散見される。確かに，インセンティブ報酬は多額の計上となることがあり，そ

の経済効果は大きく，税負担の影響も大きいものと思われる。しかし，一方で，グローバル企業においては，億単位の役員報酬の支払いが話題となっており，税法上の取扱いの如何にかかわらず優秀な人材の確保のための手段として利用されている事例もある。

　このような観点から，本書では，インセティブ報酬の定義において，できる限り多様性を許容するように配慮している。ただし，このように多様性を意識した検討を行っているが，議論の発散を防止するため，主要な視点としては役員に対する報酬（給与）で，中長期のインセンティブを期待するスキームを中心に取り扱っている。

II　インセンティブ報酬の議論の整理

1.　CG コードにおけるインセンティブ報酬に関する指摘

　インセンティブ報酬の詳細な検討に先立ち，これまでのインセンティブ報酬に関する議論を整理する。近年，制度的な観点からも，インセンティブ報酬に関する議論がさかんに行われている。ここでは，近年の規制の変更に大きな影響を与えたと考えられる東京証券取引所が公表した「コーポレートガバナンス・コード」（以下，「CG コード」とする）を取り上げることとする[1]。

　CG コードは，2015 年に公表されたのち，2018 年に改訂され，さらに2021 年に改訂が行われている（それぞれ，以下，「2015 年 CG コード」，「2018年改訂 CG コード」，「2021 年改訂 CG コード」とする）。

　CG コードは，「実効的なコーポレートガバナンスの実現に資する主要な原則を取りまとめたものであり，これらが適切に実践されることは，それぞれの会社において持続的な成長と中長期的な企業価値の向上のための自律的な対応が図られることを通じて，会社，投資家，ひいては経済全体の発展にも寄与することとなるものと考えられる。」（2021 年改訂 CG コード，1 頁）とされている。CG コードは直接法令に基づく規制として位置づけられるものではなく，東京証券取引所の自主規制と位置づけられるものであるが，有価証券上場規程等を通じた実効性のあるものであり，社会的な影響は小さくないものと思われる。また，近年の会社法改正や税法の改正において，CG コ

ードが考慮されていると考えられ，CG コードは今後の会社法や税法の改正に影響を及ぼすことが想定される。

　そして，CG コードにおけるインセンティブ報酬に関する指摘は，2015 年CG コードでは，経営陣の報酬として，「原則 4-2. 取締役会の役割・責務(2)」において，「取締役会は，経営陣幹部による適切なリスクテイクを支える環境整備を行うことを主要な役割・責務の 1 つと捉え，経営陣からの健全な企業家精神に基づく提案を歓迎しつつ，説明責任の確保に向けて，そうした提案について独立した客観的な立場において多角的かつ十分な検討を行うとともに，承認した提案が実行される際には，経営陣幹部の迅速・果断な意思決定を支援すべきである。また，経営陣の報酬については，中長期的な会社の業績や潜在的リスクを反映させ，健全な企業家精神の発揮に資するようなインセンティブ付けを行うべきである」とされている。

　また，2018 年改訂 CG コードでは，「原則 4-2. 取締役会の役割・責務(2)」に変更はなかったものの，補充原則として，「取締役会は，経営陣の報酬が持続的な成長に向けた健全なインセンティブとして機能するよう，客観性・透明性ある手続に従い，報酬制度を設計し，具体的な報酬額を決定すべきである。その際，中長期的な業績と連動する報酬の割合や，現金報酬と自社株報酬との割合を適切に設定すべきである」（補充原則 4-2 ①）が追加された。

2.　2021 年改訂 CG コードにおけるインセンティブ報酬に関する指摘

　2021 年改訂 CG コードに関しては，2021 年 4 月 6 日に，スチュワードシップ・コード及びコーポレートガバナンス・コードのフォローアップ会議（以下，「フォローアップ会議」とする）は，「コーポレートガバナンス・コードと投資家と企業の対話ガイドラインの改訂について」を公表している。ここでは，「持続的成長と中長期的な企業価値の向上の実現に向け，取締役会の機能発揮，企業の中核人材の多様性の確保，サステナビリティを巡る課題への取組みをはじめとするガバナンスの諸課題に企業がスピード感をもって取り組むことが重要」（1 頁）とし，また，「2022 年 4 月より東京証券取引所において新市場区分の適用が開始となるが，プライム市場は，我が国を代表する投資対象として優良な企業が集まる，国内のみならず国際的に見ても魅力

あふれる市場となることが期待される。そこで，プライム市場上場会社は一段高いガバナンスを目指して取組みを進めていくことが重要となる。その他の市場の上場会社においても，それぞれの市場の特性に応じつつ，持続的な成長と中長期的な企業価値の向上を目指してガバナンスの向上に取り組むことが重要」（1頁）としており，サステナビリティへの取組みの必要性や2022年4月からのプライム市場におけるガバナンスの取組みが意識されたものとなっている。

そして，企業がより高度なガバナンスを発揮する後押しをするための検討を重ね，「コーポレートガバナンス・コードと投資家と企業の対話ガイドラインの改訂について」では，コーポレートガバナンス・コードの改訂を提言し，また，企業と機関投資家の建設的な対話を一層実効的なものとするため，コーポレートガバナンス・コードの改訂に併せ，「投資家と企業の対話ガイドライン」の改訂も提言している。この改訂の提言では，基本的な考え方として，1.取締役会の機能発揮，2.企業の中核人材における多様性（ダイバーシティ）の確保，3.サステナビリティ（ESG要素を含む中長期的な持続可能性）を巡る課題への取組み，4.その他個別の項目，が挙げられている[2]。

そして，2021年改訂CGコードにおいてインセンティブ報酬に関する指摘にも変更がある。この変更は，今後の諸規制に影響を与える可能性が大きいため，丁寧に整理することとする。

まず2021年改訂CGコードの指摘の前に「投資家と企業の対話ガイドライン」改訂版を確認しておく。「投資家と企業の対話ガイドライン」は，金融庁から2021年6月11日に改訂版が公表されている。この「投資家と企業の対話ガイドライン」改訂版では，「経営陣の報酬決定」として「経営陣の報酬制度を，持続的な成長と中長期的な企業価値の向上に向けた健全なインセンティブとして機能するよう設計し，適切に具体的な報酬額を決定するための客観性・透明性ある手続が確立されているか。こうした手続を実効的なものとするために，独立した報酬委員会が必要な権限を備え，活用されているか。また，報酬制度や具体的な報酬額の適切性が，分かりやすく説明されているか。」（3-5，下線は筆者挿入）としている。

従来の規定では，「こうした手続を実効的なものとするために，独立した

報酬委員会が活用されているか」(「投資家と企業の対話ガイドライン」平成30年6月1日)とされていたものが，改訂版では「独立した報酬委員会が必要な権限を備え，活用されているか」(下線は筆者挿入)として独立した報酬委員会に必要な権限が付与されているかの確認を明示したうえで，活用されているかが問われている。

　これは，フォローアップ会議でも，「指名委員会や報酬委員会は，CEOのみならず取締役の指名や後継者計画，そして企業戦略と整合的な報酬体系の構築にも関与することが望ましいが，実際にはこれらの委員会にいかなる役割や権限が付与され，いかなる活動が行われているのかが開示されていない場合も多いとの指摘もある」[3]とされており，独立した報酬委員会の外形があったとしても実際には役割や権限が付与されていない可能性もあることが認識されており，名目的に報酬委員会が設計されている懸念からこのような実効性を確認する記述が追加されたものと思われる。

　これらの議論を受けて，2021年改訂CGコードでは，【原則4-2. 取締役会の役割・責務(2)】において，「経営陣の報酬については，中長期的な会社の業績や潜在的リスクを反映させ，健全な企業家精神の発揮に資するようなインセンティブ付けを行うべきである」と記述されている。この部分に従来からの変更はないが，この原則の関する補充原則は次の図表1-1のように変更されている。なお，この補充原則4-2②は新たに追加されたものである。

　フォローアップ会議では，「また，企業の持続的な成長に向けた経営資源の配分に当たっては，人的資本への投資や知的財産の創出が企業価値に与える影響が大きいとの指摘も鑑みれば，人的資本や知的財産への投資等をはじめとする経営資源の配分等が，企業の持続的な成長に資するよう，実効的に監督を行うことが必要となる」[4]と指摘しており，企業価値に与える影響の大きさを鑑み，人的資本への投資や知的財産の創出に配慮する必要が示され，持続的な成長に資するように記述がされている。2021年改訂CGコードでは，この指摘を反映した改訂(補充原則の追加)がなされているものと思われる。

　そして，フォローアップ会議では，サステナビリティへの取組みが強調されている。フォローアップ会議では，「中長期的な企業価値の向上に向けては，リスクとしてのみならず収益機会としてもサステナビリティを巡る課題へ積

図表 I-I　2021 年改訂 CG コード　補充原則 4-2

補充原則

4-2 ①　取締役会は，経営陣の報酬が持続的な成長に向けた健全なインセンティブとして機能するよう，客観性・透明性ある手続に従い，報酬制度を設計し，具体的な報酬額を決定すべきである。その際，中長期的な業績と連動する報酬の割合や，現金報酬と自社株報酬との割合を適切に設定すべきである。

4-2 ②　取締役会は，中長期的な企業価値の向上の観点から，自社のサステナビリティを巡る取組みについて基本的な方針を策定すべきである。また，人的資本・知的財産への投資等の重要性に鑑み，これらをはじめとする経営資源の配分や，事業ポートフォリオに関する戦略の実行が，企業の持続的な成長に資するよう，実効的に監督を行うべきである。

（下線は筆者挿入）

極的・能動的に対応することの重要性は高まっている。また，サステナビリティに関しては，従来よりE（環境）の要素への注目が高まっているところであるが，それに加え，近年，人的資本への投資等のS（社会）の要素の重要性も指摘されている。人的資本への投資に加え，知的財産に関しても，国際競争力の強化という観点からは，より効果的な取組みが進むことが望ましいとの指摘もされている。こうした点も踏まえ，取締役会は，中長期的な企業価値の向上の観点から，自社のサステナビリティを巡る取組みについて基本的な方針を策定することが求められる。加えて，上場会社は，例えば，サステナビリティに関する委員会を設置するなどの枠組みの整備や，ステークホルダーとの対話等も含め，サステナビリティへの取組みを全社的に検討・推進することが重要となる。サステナビリティの要素として取り組むべき課題には，全企業に共通するものもあれば，各企業の事情に応じて異なるものも存在する。各社が主体的に自社の置かれた状況を的確に把握し，取り組むべきサステナビリティ要素を個別に判断していくことは，サステナビリティへの形式的ではない実質的な対応を行う上でも重要となる」[5]と指摘している。

　このようにフォローアップ会議では，サステナビリティへの取組みの必要性が示され，サステナビリティが環境のみならず社会という要素も考慮すべきであり，社会という要素を考慮すると人的資本や知的財産に配慮が必要で

あるという指摘がなされている。そして，この取組みは，形式的ではない実質的な対応が求められるとしている。

III　本研究におけるインセンティブ報酬の定義と想定されるインセンティブ

I.　インセンティブ報酬の定義

　IIでは，インセンティブ報酬に関する議論の整理として，CGコードのインセンティブ報酬に関する指摘を取り上げた。CGコードでは，役員報酬の開示等の観点からインセンティブ報酬が検討されていたが，役員報酬（役員給与）に関しては，会社法や税法等において規制があり，これらの規制のあり方にも影響を及ぼすことになる。実際に，近年，役員報酬（役員給与）に関する取扱いの改正が行われているが，ここではCGコードが配慮されているようである[6]。

　しかし，会社法には債権者保護等の会社法の目的があり，税法には課税の公平等の目的がある。このため，それぞれの規制はコーポレートガバナンス等を配慮しつつも，役員報酬（役員給与）に関する取扱いの改正には，会社法や税法における特徴が存在している。後の章では，これらを考慮した検討を行うこととする。

　これらの検討に先立ち，対象となるインセンティブ報酬という用語を整理しておく。インセンティブ報酬という用語は，会社法や法人税法に規定される用語ではない。このため，この用語は類似の用語も多く，意味も多様性がある[7]。そこで，本書では，「自社や親会社等の株価や業績に連動して，株式数又は金額が決定され給付される業務執行や労働等のサービスに対する対価であり，役員等に対して株価上昇や業績向上へのインセンティブを付与する性格の対価と呼ばれる報酬」[8]とする[9]。

　このようにインセンティブ報酬の定義をすると，インセンティブ報酬には役員に対するものだけでなく，従業員や取引先に対するものも含む概念となりうる。実際には，このような多様なインセンティブ報酬がありうることを念頭に，後の章では検討を行うこととするが，議論の発散を防止するため，

特に断りのない限り役員に対するインセンティブ報酬を議論の中心に置くこととしている。

2. 想定されるインセンティブ

インセンティブ報酬を検討するにあたり，どのようなインセンティブを想定するかという問題がある。

従業員に対するインセンティブ報酬や取引先に対するインセンティブ報酬については，業務の向上や取引条件の向上等につながる因子が想定されるものと思われる。さらに，役員に対するインセンティブ報酬におけるインセンティブは，抽象的には，これを付与することにより企業価値の向上に資するものとなる。これを詳細に区分しようとすると，年次賞与のような短期インセンティブと中長期インセンティブとに区分される。さらに，中長期インセンティブの主要な機能として期待されるものとして，ガバナンス機能向上，インセンティブ機能向上，リテンションがあると考えられる。これらの機能のそれぞれの内容は図表1-2の通りである。

図表 1-2　中長期インセンティブの導入の目的

ガバナンス機能向上	対外的な説明力の強化や企業が向かうべき方向を経営者に強く意識づけることを念頭に，中長期的な企業価値や企業戦略と役員報酬との連動性を強化すること
インセンティブ機能向上	各役員の中長期的なミッション遂行に対するモチベーションの喚起
リテンション [10]	優秀な経営者人材の社外流出の抑制や，外部登用や経営統合に伴って就任した役員の繋ぎ止めなど

(出典) 宮川正康「中長期インセンティブの設計」櫛笥隆亮編著『経営者報酬の実務』(中央経済社, 2018) 66-67 頁を図表化。

IV　現在利用されている主要なインセティブ報酬

インセンティブ報酬は，多様なスキームで利用されている。現在利用されているインセンティブ報酬の主要なスキームの名称と概要は，図表1-3の通りである[11]。

図表1-3　主要なインセンティブ報酬

名称	概要
1円ストックオプションや0円ストックオプション	令和元年会社法改正前に行われていた権利行使価格を1円に設定したストックオプションや令和元年会社法改正により認められることとなった無償のストックオプション
有償ストックオプション	企業がその従業員等に対して権利確定条件（業績条件など）が付されている新株予約権（ストックオプション）を付与する場合に，当該新株予約権の付与に伴い当該従業員等が一定の額の金銭を企業に払い込む報酬制度
株式交付信託	自社の株式を受け取ることができる権利（受給権）を付与された役員等に信託を通じて自社の株式を交付する株式報酬制度
リストリクテッドストック	譲渡制限を付した株式を事前に交付し，勤務に応じて当該制限を解除する形の株式報酬制度
リストリクテッドストックユニット	株式を一定の勤務対象期間後に交付する形とした株式報酬制度
パフォーマンスシェア	中長期的な一定の業績等条件の達成によって譲渡制限が解除される譲渡制限付株式を，対象期間の開始時に交付する形態の株式報酬制度
パフォーマンスシェアユニット	中長期的な一定の業績等条件を達成した段階で報酬としての株式（又は株式数に応じた金銭）が交付されるような株式報酬制度
パフォーマンスキャッシュ	一定の業績等条件を達成することで報酬額が決定する現金報酬制度
ファントムストック	仮想的に株式を付与し，その配当受領権や株式の値上がり益を事後的に現金で受領する報酬制度
ストックアプリシエーションライト	仮想行使価格と報酬算定時の株価との差額を現金で受領できる報酬制度

（出典）日本公認会計士協会会計制度委員会研究報告第15号「インセンティブ報酬の会計処理に関する研究報告」6-7頁を参照し，一部修正したうえで図表化。

V　おわりに

　本章では，後の章での検討に先立ち，インセンティブ報酬に関する概要を示した。本書におけるインセンティブ報酬の定義や主要なスキームの概要等の説明に加え，近年のインセンティブ報酬の議論に大きな影響を与えている

と考えられる CG コードの改訂等を整理した。

　インセンティブ報酬は，CG コードでは「経営陣の報酬については，中長期的な会社の業績や潜在的リスクを反映させ，健全な企業家精神の発揮に資するようなインセンティブ付けを行うべきである」とされ，この影響が税法や会計等の各規制に影響を与えているものと思われる。2021 年改訂 CG コードでは，サステナビリティへの取組みと関連づけての記述となっており，今後各規制にどのような影響を与えるか注視する必要がある。例えば，SDGs 等に関連する指標に連動する報酬を設計した場合に法人税法における業績連動給与として損金算入されるようになるか，等の影響が想定される。CG コードと各規制の関係について，大きな流れの中で，単に CG コードの動きが先行しているだけという見方も考慮する必要はあるが，このように考えた場合でも，今後の各規制の変化を観察する指針にはなるものと思われる。

[注]
1　他にも，インセンティブ報酬に関する議論として，金融審議会ディスクロージャーワーキング・グループ報告として 2018 年に公表された「資本市場における好循環の実現に向けて」では，「まずは，役員報酬プログラムの内容の開示の充実を図り，その上で，報酬内容と経営戦略等との整合性の検証の進展や，我が国における役員報酬額の水準の変化等を踏まえながら，必要に応じて個別開示のあり方について検討すべきである。」(13頁) と指摘されている。
2　フォローアップ会議の提言に基づき改訂された 2021 年改訂 CG コードでは，概ね図表1-4のような改訂が行われている。
3　スチュワードシップ・コード及びコーポレートガバナンス・コードのフォローアップ会議「コーポレートガバナンス・コードと投資家と企業の対話ガイドラインの改訂について」(2021) 2 頁。
4　スチュワードシップ・コード及びコーポレートガバナンス・コードのフォローアップ会議・前掲注(3)4 頁。
5　スチュワードシップ・コード及びコーポレートガバナンス・コードのフォローアップ会議・前掲注(3)3-4 頁。
6　CG コードの公表・改訂が会社法に影響を与え，会社法の改正が会計や税務に影響を与える関係であることが想定されるが，各規制の趣旨等もあるため CG コードの通りの改正が行われているわけでもなく，また，明確な因果関係を示す文献等はみつからなかった。しかし，役員報酬（役員給与）に関する規制の説明に先立ち，CG コードに触れ

図表 I-4　コーポレートガバナンス・コードの改訂の主なポイント

項目	概要
1. 取締役会の機能発揮	・プライム市場上場企業において，独立社外取締役を 3 分の 1 以上選任（必要な場合には，過半数の選任の検討を慫慂） ・指名委員会・報酬委員会の設置（プライム市場上場企業は，独立社外取締役を委員会の過半数選任） ・経営戦略に照らして取締役会が備えるべきスキル（知識・経験・能力）と，各取締役のスキルとの対応関係の公表 ・他社での経営経験を有する経営人材の独立社外取締役への選任
2. 企業の中核人材における多様性の確保	・管理職における多様性の確保（女性・外国人・中途採用者の登用）についての考え方と測定可能な自主目標の設定 ・多様性の確保に向けた人材育成方針・社内環境整備方針をその実施状況とあわせて公表
3. サステナビリティを巡る課題への取組み	・プライム市場上場企業において，TCFD 又はそれと同等の国際的枠組みに基づく気候変動開示の質と量を充実 ・サステナビリティについて基本的な方針を策定し自社の取組みを開示
4. 上記以外の主な課題	・プライム市場に上場する「子会社」において，独立社外取締役を過半数選任又は利益相反管理のための委員会の設置 ・プライム市場上場企業において，議決権電子行使プラットフォーム利用と英文開示の促進

（出典）東京証券取引所 HP(https://www.jpx.co.jp/news/1020/20210611-01.html, 最終閲覧日 2021 年 12 月 9 日)を参照し，筆者作成。

　　ている文献は多く（例えば，あずさ監査法人編『株式報酬の会計実務』（中央経済社，2020），村中靖・淺井優『役員報酬・指名戦略』（日本経済新聞出版社，2019）あいわ税理士法人『業績連動・株式報酬制度を導入したい！と思ったときに最初に読む本』（中央経済社，2020）等），少なくとも CG コードの公表・改訂がきっかけとなり諸規制に影響を与えているということまでは文献的にも確認ができる。

7　2019 年（平成 31 年）1 月 31 日に公布された内閣府令第 3 号「企業内容等の開示に関する内閣府令の一部を改正する内閣府令」により改正された「企業内容等の開示に関する内閣府令」第二号様式（記載上の注意）⑸ a では，「業績連動報酬」を「利益の状況を示す指標，株式の市場価格の状況を示す指標その他の提出会社又は当該提出会社の関係会社の業績を示す指標を基礎として算定される報酬等」として定義している旨を注で示している。

8　日本公認会計士協会会計制度委員会研究報告第 15 号「インセンティブ報酬の会計処理に関する研究報告」6 頁を参照。

9　この定義に従えば，役員退職給与もインセンティブ報酬になりえる。本書では，平成29 年度税制改正により，法人税法では退職給与を業績連動型とそれ以外に区分して取扱いを定めている等の理由から，議論の発散を避けるため，役員退職給与については詳細な検討は行っていない。ちなみに，役員退職給与については，「近年，業績に連動し

た指標を基礎として支給されるものが散見されるところですが，退職を基因として支給するか否かで損金算入要件が大きく異なるのは制度として不整合ともいえるため，業績連動給与の損金算入要件を満たさないものは損金不算入とされたものです」（財務省「平成 29 年度改正税法の解説」307 頁）とされ，業績連動型の退職給与も散見されるとの指摘がある。

10　「日本では経営者人材の流動性が低いため，生え抜きの役員のリテンションが問題となるケースは少ない。また，役員を外部から登用する企業も，いまだ少ないのが実情である」（宮川正康「中長期インセンティブの設計」櫛笥隆亮編著『経営者報酬の実務』（中央経済社，2018）67 頁）とされる。

11　本書のインセンティブ報酬の定義では，役員賞与や退職金等もインセンティブ報酬となり得るが，この図表では割愛している。

第 1 章担当　金子友裕（東洋大学）

インセンティブ報酬における 制度と実務の歴史的変遷

Ⅰ　はじめに

　インセンティブ報酬と会計及び税務との問題を考えた場合，当然のことながらその考察の対象は，金銭的便益が供与される報酬が対象となる[1]。日本公認会計士協会（2019）は，インセンティブ報酬について「自社や親会社等（親会社及びその他の関係会社をいう。以下同じ）の株価や業績に連動して，株式数又は金額が決定され給付される業務執行や労働等のサービスに対する対価であり，役員等に対して株価上昇や業績向上へのインセンティブを付与する性格の対価」[2]と定義している。

　これを踏まえて，対象者に供与される金銭的便益は，①金銭，②株式（新株予約権を含む），③金銭と株式の組み合わせ，となるであろう。また，その会計的な論点は，当該報酬の費用認識及び測定の時期と金額が，一方で税務的な論点は当該報酬の損金算入の時期と金額が対象となる。

　本章は，かかるインセンティブ報酬と会計・税務における論点について，その制度及び実務の歴史を繙き，いついかなる時代にどのような制度が構築されたかについて中心に取り上げ，実務についても時代に沿って触れることとする。

II　戦前商法期

　わが国の江戸期以前の商家において，利益を大元方（本家）への配当，番頭・手代に対する賞与（延金），そして内部留保に三分割する，もしくは大元方へ三分の二と番頭・手代に対して三分の一とに分割する「三つ割法」という利害調整の慣習が存在しており[3]，役員（番頭・手代）に対するインセンティブ報酬の走りとみることができる。

　わが国が近代国家の歩みを進める中，明治 23 年（1890）公布・明治 31 年（1898）施行された旧商法において，役員報酬は「取締役又ハ監査役カ給料又ハ其他ノ報酬ヲ受ク可キトキハ定款又ハ総会ノ決議ヲ以テ之ヲ定ム」（196条），その後明治 32 年（1899）に公布施行された商法では「取締役カ受クヘキ報酬ハ定款ニ其額ヲ定メサリシトキハ株主総会ノ決議ヲ以テ之ヲ定ム」（179条，監査役は 189 条にて当該 179 条を準用）と定められた。

　戦前期における企業の資金調達環境について，その主たる調達元は株式市場であり，銀行が副次的な役割であったといわれている[4]。斯様な環境下での経営者報酬は，株主の利益に誘導するような仕組みが取られており，加護野他によれば主要工業企業 20 社の大正 10 年（1921）から昭和 10 年（1936）の 15 年間における役員賞与の平均が稼得利益の 4% であったのに対して，戦後の昭和 36 年（1961）年から昭和 45 年（1970）の 9 年間は 1% 未満であったとしている[5]。金銭によるインセンティブ報酬は戦前期の方がより活発であった。

　一方で株式による報酬は，明治 32 年（1899）商法において「会社ハ自己の株式ヲ取得シ又ハ質権ノ目的トシテ受クルコトヲ得ス」（151条 1 項）とされ，自己株式の取得が禁止されていた。この条項は昭和 13 年（1938）の商法改正により，消却や合併または営業譲受等の例外にのみ自己株式の所有が認められた（210条 1～3 号）が，企業から役員等に対して金銭の代わりに株式を用いた報酬を与えることが制度上認められなかった。

　また，株式の第三者割当についても，授権資本制度が存在しなかった戦前期商法期は株式の新規発行そのものが株主総会の特別決議の対象となる定款変更案件であり（342条 1 項，343条 1 項，348条），さらに「会社ノ資本ハ株

式全額払込ノ後ニ非サレハ之ヲ増加スルコトヲ得ス」(210条) の規定により，発行済株式に未払込部分がある企業の新株発行が認められていなかった。

当時の商法では，特に既存株主の経済的利益を保護する規定は存在していなかったものの，「資本増加ノ場合ニ於テ各新株ニ付第百七十七條ノ規定ニ依ル拂込及現物出資ノ給付アリタルトキハ取締役ハ遅滞ナク株主總會ヲ招集シテ之ニ新株ノ募集ヲ報告スルコトヲ要ス」(351条)，「資本増加ノ無効ハ第三百五十七條又ハ三百六十九條ノ規定ニ依リ本店ノ所在地ニ於テ登記ヲ爲シタル日ヨリ六月内ニ訴ヲ以テノミ之ヲ主張スルコトヲ得」(371条) の条文が存在し，この点について川口 (2008) は「株主総会の特別決議を経ずに行われた新株発行は，資本増加無効の訴えの無効要因となることから (昭和25年改正前商法371条)，株主総会の特別決議を通じて，既存株主は適宜自らの利益を保護できると考えられていたからであろう」[6] と述べている。

戦前商法期においては，新株発行自体に大きなハードルが存在したため，株式による報酬供与の実務が行われていなかったものと考えられる。

III　戦後商法期

終戦を迎えた昭和20年 (1945) 以後，昭和21年 (1946) GHQ による持株会社整理委員会令 (昭和21年勅令223号) が，翌昭和22年 (1947) には過度経済力集中排除法 (昭和22年12月18日法律207号) がそれぞれ公布されたことにより，三井や三菱などの主要財閥の持株会社が解体された。また同年独占禁止法 (昭和22年4月14日法律第54号) が公布・施行されたことにより純粋持株会社の設立が全面的に禁止された (9条)。

こうした中で，明治32年商法179条の規定は昭和13年の商法改正で同文のまま269条となって戦後商法にも受け継がれたが，昭和25年 (1950) の商法改正によりアメリカ型の授権資本制度が導入されるとともに，新株発行の権限が株主総会から取締役会へと移された (280条ノ2第1項)。また，「会社ノ設立ノトキニ定メラレタル会社ガ発行スル株式ノ総数ニ付株主ニ対スル新株ノ引受権ノ有無又ハ制限ニ関スル事項若シ特定ノ第三者ニ之ヲ与フルコトヲ定メタルトキハ之ニ関スル事項」(166条1項5号) を定款に記載するこ

とが定められ,「株式ノ発行価額其ノ他発行条件ハ発行後ニ之ヲ均等ニ定ムルコトヲ要ス但シ新株ノ引受権ヲ有スル者ニ対シ有利ニ之ヲ定ムル場合ハ此ノ限リ在ラズ」(280条ノ3但書)とし,特定の第三者への新株引受権を認められた者に対して有利な発行価格をもって新株発行を行うことが可能とされた。但し,当該規定は新株引受権者である第三者に新株の有利発行が行われる場合,既存株主が自らの経済的利益を守る方法が存在しないという問題を生み出している[7]。

上記に対する是正措置が昭和30年(1955)商法改正によってなされ,定款による第三者に対する新株引受権の付与に関する規定を廃止し,第三者への新株引受権を付与する場合には,株主総会の特別決議を要することを定めた(280条ノ2第2項)。さらに昭和41年(1966)の商法改正により,前述の商法280条ノ2第2項の適用範囲を既存株主に経済的損失を与える株式の有利発行のみに限定している。

この間の昭和34年(1959)に法人税法施行規則が創設され,その後昭和40年(1965)の法人税法の改正22条3項の別段の定めにより,役員の給与等に関する取扱いが法人税法上初めて規定された。

時代が下って平成7年(1995)に「特定新規事業実施円滑化臨時特措法」(新規事業法)の改正によって,同法の認定を受けた株式非公開企業の事業者が自社の取締役や使用人に対して有利な価格で新株発行することを認めたが,あくまでこれはスタートアップ企業の人材確保支援という目的であり,多くの企業が利用できる制度ではなかった。そのような中,同年にソニーが新株引受権付社債を発行し,同社役員に対してワラント部分を報酬の一部として支給してインセンティブプランとする疑似的なストックオプションを実施[8]した。商法はストックオプション制度に対応する規定が存在しなかったために,政府の「規制緩和推進計画」によってストックオプションの本格的制度化が盛り込まれる。平成9年(1997)3月に同計画は閣議決定され,同年5月の商法改正によってストックオプション制度が創設された。この制度の淵源は,昭和13年(1938)の商法改正時に導入された転換社債(366条)の転換権の創設まで遡ることができる。その後,昭和56年(1981)の商法改正により,新株引受権付社債が規定(341条の8)されている。

　そもそも我が国の制度では，労働基準法において賃金は通貨払いの原則（24条1項）が設けられているが，商法改正でストックオプション制度が導入されると，厚生労働省労働基準局は当該制度が「賃金に当たらない」とする通達を発出した（平成9年6月1日基発412号）。ストックオプションは権利行使や権利行使の時期が，労働者の自由意志に委ねられているためであるというのがその理由である。平成9年（1997）商法改正により，ストックオプションは取締役や使用人に新株引受権を付与することを可能とした（280条ノ19以下）。株主総会の普通決議によって取締役または使用人に譲渡することを目的として，発行済み株式総数の10分の1の範囲内で自己株式を取得することができる「自己株式方式」（210条ノ9）と，株主総会の特別決議によって定款に定めがある場合に限り，取締役または使用人に新株の引受権を与えることができるとする「ワラント方式」（280条ノ19）の双方が認められた。平成13年（2001）の商法改正では，自己株式保有の制限を排除する所謂「金庫株制度」が解禁され，「株式の消却の手続に関する商法の特例に関する法律」が廃止されている。この改正により，これまでの取締役及び使用人に対してのみ認められた新株引受権の制度は廃止されて誰にでも発行でき，かつ譲渡も自由となった（280条の19以下）。そして，新株引受権付社債についても，転換社債と併せて規定が整理され，非分離型の新株引受権付社債について株式オプションが新株予約権概念の下に一般的制度として位置づけられたことにより，新株予約権の概念と規律的枠組みが導入されてその後の会社法の考え方へと踏襲されている[9]。

　ストックオプション制度の一般化により，主として商法や税法において新株発行が有利発行か否かに関する判断基準について，オプションの行使期間中における平均株価の合理的な予測額と行使価額とを比較し前者が後者を大きく上回る場合に有利発行とする「予想株価基準説」と，オプション評価モデルに従いその算式により計算された新株予約権発行時点におけるオプションの公正価値と新株予約権との発行価額を比較し後者が大きく上回る場合に有利発行とする「オプション価格基準説」とが対立する[10]。

　現在ではサンテレホン事件（東京地裁平成18年6月30日判決），第一次オープンループ事件（札幌地裁平成18年12月13日判決）の判例はいずれも「オ

プション価格基準説」に依った判決であると評価されているが，近時は「オプション価格基準説」に対する批判の狼煙が上がっている[11]。さらに平成11年（1999）には「産業活力再生特別措置法」（平成11年8月13日法律131号）が成立したことにより，当該ストックオプションの対象者が関係会社の役員及び従業員に拡充された（9条1項）。

IV　会社法期

　平成18年（2006）に会社法が施行された。会社法において役員報酬は「取締役の報酬，賞与その他の職務執行の対価として株式会社から受ける財産上の利益」（会社法361条）と定め，従前の商法では利益処分とされていた役員賞与を含めた形で役員報酬が定義づけられた。

　法人税法においても同じく平成18年改正により，役員の定期同額給与に賞与を含めて支給する場合や，事前確定届出給与として賞与を支給する場合，そして非同族会社で一定の要件を満たしている法人の利益連動型賞与の損金算入が認められることとなった。

　会計基準等は，金銭報酬について平成16年（2004）に日本公認会計士協会が実務対応報告13号「役員賞与の会計処理に関する当面の取扱い」を，翌平成17年（2005）に企業会計基準委員会が企業会計基準4号「役員賞与に関する会計基準」を公表したことにより，役員賞与の取扱いが利益処分から費用へと変更された。ストックオプションについては，平成18年（2006）に企業会計基準8号「ストック・オプションに関する会計基準」が公表されている。同基準によれば権利確定日前の会計処理は「ストック・オプションを付与し，これに応じて企業が従業員等から取得するサービスは，その取得に応じて費用として計上し，対応する金額を，ストック・オプションの権利の行使又は失効が確定するまでの間，貸借対照表の純資産の部に新株予約権として計上する」（4項），「各会計期間における費用計上額は，ストック・オプションの公正な評価額のうち，対象勤務期間を基礎とする方法その他の合理的な方法に基づき当期に発生したと認められる額である。ストック・オプションの公正な評価額は，公正な評価単価にストック・オプション数を乗じ

て算定する」（5項），つまりストックオプションの公正な評価額を従業員等から受け取るサービスとして費用計上する一方，新株予約権として純資産計上することとした。また，権利確定日後は「ストック・オプションが権利行使され，これに対して新株を発行した場合には，新株予約権として計上した額（4項）のうち，当該権利行使に対応する部分を払込資本に振り替える」（8項）として，ストックオプションが行使されたものは新株予約権から払込資本へと振り替えられる。

　その後，平成27年（2015）に『「日本再興戦略」改訂　2015—未来への投資・生産性革命—』が第二次安倍政権によって閣議決定された。この中で，わが国のコーポレートガバナンスの強化の一環として「経営陣に中長期の企業価値創造を引き出すためのインセンティブを付与することができるよう金銭でなく株式による報酬，業績に連動した報酬等の柔軟な活用を可能とするための仕組みの整備等を図る」[12] とし，インセンティブ報酬制度の導入に関して言及した。同年に経済産業省は委託調査事業として『日本と海外の役員報酬の実態及び制度等に関する調査報告書』を作成させ，わが国と諸外国における役員報酬の実態と法制度面や会計基準面での問題点について論点整理させている。また，同年3月に金融庁と東京証券取引所が共同事務局として発足した「コーポレートガバナンス・コードの策定に関する有識者会議」の原案を受けて，同年6月には各金融商品取引所の上場規程として「コーポレートガバナンス・コード」が施行されている。この中で「取締役会は，受託者責任・説明責任を踏まえ，持続的成長，中長期的企業価値の向上を促し，収益力・資本効率等の改善を図るべく，(1)企業戦略等の大きな方向性を示すこと(2)経営陣幹部による適切なリスクテイクを支える環境整備を行うこと　(3)独立した客観的な立場から，経営陣（執行役及びいわゆる執行役員を含む）・取締役に対する実効性の高い監督を行うことをはじめとする役割・責務を適切に果たすべき」（基本原則4），「経営陣の報酬は，中長期的な業績と連動する報酬の割合や，現金報酬と自社株報酬との割合を適切に設定すべき」（補充原則4-2①）の文言が記され，上場企業はコーポレートガバナンス・コードに求められた設計を組み入れない場合，その理由を「コーポレート・ガバナンスに関する報告書」で開示することが求められた。

　続く平成29年（2017）に経済産業省は『「攻めの経営」を促す役員報酬—
企業の持続的成長のためのインセンティブプラン導入の手引—』を公表した。
同手引きは「株式報酬や業績連動報酬の導入が促進されることで，経営者に
中長期的な企業価値向上のインセンティブを与え，我が国企業の「稼ぐ力」
向上につなげ」，「特に，株式報酬については，経営陣に株主目線での経営を
促したり，中長期の業績向上インセンティブを与えるといった利点があり，
その導入拡大は海外を含めた機関投資家の要望に応える」として，インセン
ティブ報酬導入の意義を述べている[13]。また，これまでわが国で株式報酬の
導入が促進されなかった背景として，平成27年（2015）7月に同省より公表
されている「コーポレート・ガバナンス・システムの在り方に関する研究会」
の報告書を引き，会社法上無償で株式を発行することや労務出資が認められ
ていないこと，株式報酬を導入するための仕組みが十分に整備されていない
ことを挙げたうえで，実務的に簡易な手法を用いてパフォーマンスシェアや
リストリクテッドストックを導入するための手続きを整理したとし[14]，イン
センティブ報酬制度の積極的な導入を促している。同手引きはその後改訂が
重ねられて今日に至っている。

　法制度面の整備に関して，経済産業省は平成27年（2015）に株式報酬に
関する会社法の法解釈と導入手続きを整理した『コーポレート・ガバナンス
の実践—企業価値向上に向けたインセンティブと改革—』を公表している。
法人税法は平成28年（2016）度改正において，特定譲渡制限付株式を事前
確定届出給与の対象として損金算入を認めると共に，利益連動給与について
ROE等の対象となる指標の追加・明確化を行った。続く平成29年（2017）
度改正では，株式報酬信託やストックオプションなど各役員給与類型につい
ての見直し，特定譲渡制限付株式やストックオプションに係る課税の特例の
対象について非居住者役員や完全子会社以外の子会社の役員へ拡大，業績連
動給与について複数年度の利益に連動したものや株価に連動したものも損金
算入の対象とするなどの改正を行っている。

　当時の実務の状況は，前述した『日本と海外の役員報酬の実態及び制度等
に関する調査報告書』において実施された平成27年（2015）1月13日〜2
月13日のアンケート調査によると，わが国における金銭による業績連動報

酬の導入については有効回答（193社）の半数以上が導入済みまたは今後導入予定とする一方，株式報酬の導入が進んでいない実態が浮き彫りとなった[15]。平成31年（2019）3月期決算の有価証券報告書のデータからの分析において，調査対象2,166社の中で変動報酬を採用している企業が全体の58%の1,265社であり，その内訳として業績連動報酬を採用している企業は1,092社（50%），株式報酬を採用している企業は504社（23%）との結果が報告されている。また，同調査では報酬種類別の1人当たり報酬金額シェアについて，報酬額全体を100%とした時に，固定報酬72.0%，業績連動報酬18.3%，株式報酬5.4%，退職慰労金3.9%，その他0.2%という結果であった[16]。これらの状況を踏まえ，日本公認会計士協会は平成31年（2019）5月27日付けで会計制度研究委員会研究報告15号「インセンティブ報酬の会計処理に関する研究報告」を公表し，経済産業省が積極的に導入の推進をしている様々なインセンティブ報酬制度について，その会計処理の在り方を検討している。

　インセンティブ報酬制度が実社会に拡がる中，一方で問題も生じている。事例としては，役員4名の役員報酬及び創業者への退職慰労金について，法人税法34条2項の規定に基づき不相当に高額かどうかを争った残波事件（東京地裁平成28年4月22日判決），代表取締役の役員報酬増額に対して株主総会での事前説明に反するとして，株主代表訴訟が行われたユーシン事件（東京高裁平成30年9月26日判決），外国人経営者等の一部経営者に対する報酬の有価証券報告書記載内容が虚偽である疑いがあると訴訟提起された，日産自動車事件などが近年話題となった。

　インセンティブ報酬の導入数やその種類が広がり進化する中，法制度・会計・税務での検討や対応はまだまだ課題が多い。

Ⅴ　おわりに

　わが国におけるインセンティブ報酬の制度と実務の変遷の歴史を繙くと，次の通りとなる。

　戦前商法期においては企業の資金調達が主に株式市場からなされていたこ

とから，経営者報酬は株主利益と相関する金銭報酬実務が積極的に行われていた一方で，株式報酬については商法の制限から実施されていなかった。

続く戦後商法期においては，昭和25年改正商法によりアメリカ型の授権資本制度が導入され，新株発行の権限が株主総会から取締役会へと移行された一方，昭和30年改正商法により第三者に対する新株割当は株主総会の特別決議が必要との制度整備が進む中で，平成7年の新規事業法改正により一部のスタートアップ企業に人材確保のためのストックオプション制度が導入されたが，同年ソニーが疑似ストックオプションを発行したことを契機として政府内で検討され，平成9年改正商法により一般化された制度として普及が図られた。

会社法期では平成18年に施行された同法により，従前利益処分とされていた役員賞与を含めた報酬の定義がなされ，法人税法も同年に改正されている。また会計基準も「役員賞与に関する会計基準」「ストック・オプションに関する会計基準」が公表された。会社法・税制・会計基準等の整備が図られる中，政府による「日本再興戦略」の平成27年改訂に伴い，わが国企業のコーポレートガバナンス強化の文脈で様々なインセンティブ報酬の導入が強く訴えられ，経済産業省を中心にその推進を行い，金融商品取引所の上場規程として「コーポレートガバナンス・コード」が同年導入される。上場企業は中長期目標連動した経営者報酬の割合や，金銭報酬と株式報酬との割合を適切に設定すべきことを求められて，それらの導入を行わない場合，コーポレートガバナンス報告書にその理由を開示しなければならなくなった。その後今日に至るまで，様々なインセンティブ報酬の方式が進化を遂げる一方，当然のことながら制度等は遅れて整備される中で，経営者報酬を巡っての各種事件も起きている。

東京証券取引所は，令和4年（2022）4月に市場区分を「プライム」「スタンダード」「グロース」へと整理再編した。これらは各市場区分のコンセプトを明確化し，上場企業の持続的な企業価値向上に向けた動機付けをより強固にするための措置とされている。この再編を前に令和3年（2021）6月に「コーポレートガバナンス・コード」を改訂し，取締役会の監督機能を強化するため，特にプライム市場においては独立社外取締役が取締役総数の3分の1

以上とすることが求められた（基本原則4-8）。また，経営戦略に照らした取締役会が備えるべきスキルと各取締役のスキルとの対応関係を公表することが求められている（補充原則4-11①）。わが国の上場企業が設定する経営戦略に照らしたスキルを有する良質な独立社外取締役の獲得に向けて，インセンティブ報酬の仕組みについてさらなる進化を遂げるものと思われるが，一方で制度設計は困難を極めるであろう。理論的・制度的・歴史的研究を踏まえつつ，他国の後塵を拝さない環境整備が期待される。

[注]
1 日本公認会計士協会会計制度委員会研究報告第15号『インセンティブ報酬の会計処理に関する研究報告』15-16頁。

2 日本公認会計士協会・前掲注(1)6頁。

3 武田隆二『居眠り講義』（中央経済社，1992）99-100頁。その後，相続税法での遺産分配や法人税の贈与における利益分配でも「三つ割法」が生きており，わが国で合理的な利益分配法としてみなされていた（104-105頁）。

4 例えば，寺西重郎「戦前の金融システムは銀行中心であったか」金融研究25巻1号（2006）37頁，吉村典久「日本の会計統治の過去」加護野忠男・砂川伸幸・吉村典久『コーポレート・ガバナンスの経営学：会社統治の新しいパラダイム』（有斐閣，2010）128頁。

5 吉村・前掲注(4)127頁。

6 川口幸美「新株予約権の有利発行規制の一考察─MSCB（転換価額修正条項付転換社債型新株予約権付社債）とMSSO（行使価額修正条項付新株予約権）を素材として─」駒澤法学7巻4号（2008）129頁。

7 川口・前掲注(6)128頁。

8 ソニー「2002年4月25日プレスリリース：本年4月の商法改正を受け，従来の各種株価連動型インセンティブ・プランを新株予約権の発行によるストックオプション・プランに統一」https://www.sony.co.jp/SonyInfo/News/Press_Archive/200204/02-011/（2021年12月9日最終閲覧）

9 村田敏一「新株予約権の有利発行に関する一考察」立命館法學329号（2010）84頁。

10 藤田友敬「オプションの発行と会社法［上］─新株予約権制度の創設とその問題点─」商事法務1622号（2002）20-23頁。

11 村田・前掲注(9)109頁。

12 日本経済再生本部『「日本再興戦略」改訂2015─未来への投資・生産性革命─』（2015）44頁。

13　経済産業省産業組織課『「攻めの経営」を促す役員報酬〜企業の持続的成長のための
　　インセンティブプラン導入の手引〜（平成 29 年 9 月時点版）』7 頁。

14　経済産業省組織課・前掲注(13) 10 頁。

15　デロイトトーマツコンサルティング株式会社・有限責任監査法人トーマツ・税理士法
　　人トーマツ・ベーカー＆マッケンジー法律事務所『日本と海外の役員報酬の実態及び制
　　度等に関する調査報告書』（2015）11 頁。

16　風間春香・矢沢広崇・大野春香・川北修広・細沼めぐみ「EDINET を活用した役員
　　報酬の分析　開示情報拡充とデジタル化がもたらす『見える化』」みずほ総合研究所レ
　　ポート 2019 年 9 月 9 日号，5-6 頁。

第 2 章担当　中野貴元（全国経理教育協会）

商法・会社法における取締役報酬規制

I　はじめに

　会社役員に対するインセンティブ報酬の会計や税務を論じる前に，そもそも会社法（会社法制定前としては商法）としてはいかなる規制を設けているのであろうか。もっとも会社法としては，インセンティブ報酬のみの問題ではなく，取締役に対する報酬全般に対して考察する必要がある。そこで本章においては，商法・会社法として，インセンティブ報酬を含む取締役報酬につき，どのように規制しているかについて検討する。

II　旧商法及び商法（会社法制定前）での議論

1.　沿革：商法の規定

　明治 32 年に公布施行された商法においては，取締役の報酬については 179 条（監査役は 189 条）に「取締役カ受クヘキ報酬ハ定款ニ其額ヲ定メサリシトキハ株主総会ノ決議ヲ以テ之ヲ定ム」と規定された。その後，昭和 13 年改正により，同文のまま 269 条に改められ[1]，昭和 26 年改正においても維持され，会社法制定まで続くことになる。なお役員報酬に係る開示規制としては，昭和 25 年改正で規定された 293 条の 5（ただし昭和 49 年改正法施行後は商法計算書類規則 21 条，31 条，47 条 1 項 10 号）がある。

2. 商法 269 条の趣旨

　商法がこのような規定を設けた理由については，2つの説がある。1つは，取締役の報酬決定が取締役と会社間の取引行為として業務執行行為にあたり，取締役会の承認を受けなければならないが，株主総会等の決議は必須ではないところ，会社の利益と取締役の個人的利益が対立しがちである[2] ことから，いわゆる取締役の「お手盛り」の弊害を防止するために政策的にこのような規定を設けたとする「政策規定説」である。もう1つは，取締役の選任決議は委任契約の申込にすぎないから，取締役に選任された者と会社との間では改めて取締役任用契約が結ばれることになるが，契約の中心は報酬契約であるから，取締役の選任機関である株主総会に報酬決定権を付与することは論理的に当然のこととする「非政策規定説」である[3]。非政策規定説は，取締役の報酬決定権はもともと株主総会に属すべきだとしているのであるから，その意味では，取締役の報酬請求権を基礎づけるためには優れた考え方だと思われる[4]。それに対し政策規定説では，総額または最高限度額を株主総会で決定すれば，お手盛りは防止でき，会社ひいては株主の利益は害されない[5] として個々の取締役についての支給額を個別的に決める必要はないことから，株主総会決議では取締役全員に対する報酬の総額または最高限度額を定めることで足り，取締役各人に対する配分は取締役会に一任されたものと解されるというものである。

　なお，判例は政策規定説に立っているものと思われ，大審院昭和7年6月10日判決[6] は，役員報酬の総額を株主総会で決すれば良く，個々の報酬は重役会の多数決に委ねるべきとしている[7]。学説も矢沢惇が「最高限度を株主に決定させれば，株主保護のためには必要にして十分」[8] と肯定する。その理由は「商法規制の根拠が，もっぱら株主保護に存する」[9] ことから，最高限度を株主が決定しさえすれば必要にして十分ということであると思われる。

3. 商法 269 条の「報酬」の範囲

(1) 報酬の範囲と名目等

　この報酬には，「対価たる性質を有する以上，俸給・給与・功労金・住宅手当・会社の製品その他の物品の支給・住居の供与等のいかんを問わない」[10]

とされている。そのため,「現金以外の形で役員に賦与される経済的利益,すなわち会社資産の低額譲渡・社宅供与あるいは役員の家族に関する慶弔金等の商法上の取扱い」[11] が問題とされている。というのも,それらが役員としての地位に基づくものであり,何の反対給付もなく得ているものである(反対給付があるなら,報酬ではなく利益相反取引となろう)なら,この報酬に含まれることに異論はないであろうが,それを金額的にどう評価するかという問題が生じるからである。

(2) 賞与が報酬の一部とされないのは何故か

商法下において判例と通説は,会社の利益分与として与えられる役員賞与は,この「報酬」には含まれないとしている。「賞与は,商法283条1項にもとづく利益処分ではあるが,決議要件が商法269条の要件を満たしている上,これもまた取締役の職務執行の対価の一態様にほかならないのであるから,理論上では商法269条にいう「報酬」の一類型と考えられる」[12] ところ,何故,判例通説はそう考えないのであろうか。

この点につき奥島孝康は役員賞与が,報酬ではないとされる根拠は税法にあるという[13]。そして「税法上の取扱いがどうあろうとも……報酬の一種である賞与は,通常の報酬が経費の支出であるのに対して,利益金から支出され,商法269条の決議に代えて商法283条1項の決議によることになろう」[14] と,税法を根拠とする点を批判する。

商法上の解釈に税法を用いることの批判は同意するが,果たしてその根拠は税法だけであろうか。この点につき江頭憲治郎は,「いわゆる役員賞与は,商法上は利益処分という形でなされるかぎり,283条1項で総会決議が必要であるから解釈上の問題はおきない」[15] とする。条文としていずれの対象かという点は,議論する実質上の価値がないとするように思われる。しかし,矢沢惇の「将来,かりに利益処分の権限を取締役会に移譲した場合はもちろん別である」[16] という指摘にあるように,現行会社法439条では,会計監査人設置会社においては,計算書類の承認等につき特則が規定されており,株主総会の承認が不要とされている。なおこの規定は,会社法制定前の商法においても平成14年商法改正により認められていた。当時は利益処分または

損失処理に関する議案という位置づけであったが，委員会等設置会社（現在の指名委員会等設置会社）においては会計監査人の適法意見等を条件として取締役会の決議により当該議案を承認できることとされていた（旧商法特例法21条の31第1項）。会社法制定迄の間はこの問題が顕在化していたことになる。とはいえ，現行会社法において，賞与が報酬の一種とされたことから，この問題は立法で決着がついたものといえる。しかし，本質的な検討としては議論すべきものと思われる。

ここで，さらに検討すべきは，上記解釈は賞与が利益処分であることを前提としているが，そもそも何故，役員賞与が利益処分となったかという点である。役員賞与の性質が，利益獲得に貢献した者に対して利益の一部を還元するというものであるなら，当然，利益計算後の中から支払われることになるが，淵源はどうであろうか。片野一郎の『日本・銀行會計制度史』[17]によれば，明治初期の国立銀行財務諸表の下半期利益金割合報告の中で役員賞与金が計上されている。この下半期利益金割合報告は利益剰余金処分計算書の実態を備えており，この点からは，役員賞与が利益処分に該当するという考えが，明治初期からわが国の慣行となっていたと推測できる[18]。なお江戸時代にも奉公人の中の番頭等幹部に対する「賞与」が利益計算の後の金額からなされることがある程度慣行として存在していたと推測できる[19]。このような慣行から，明治になり商法制定後の会社において，役員の賞与は利益が上がった場合にその中から支払われるものという暗黙の了解があったものと思われる。

役員賞与をコストとして意識するのは，所有と経営が分離し，専門経営者が複数いるという経営者市場の存在し，株主ではない専門経営者が株主の利益のために行動するということがあって初めて生じるものであろう。近年，経営者市場の存在が意識されたからこそ，その招聘のコストとして費用性を許容するように変わったものと思われる。

III　会社法成立での議論

I.　新会社法の規定

平成17年6月に「会社法」が国会で成立（平成18年5月施行）し，これ

まで商法の第2編にあった会社法部分が，会社法として成立した。新会社法
（この会社法制定時の会社法を強調する場合に「新会社法」と表現する）においては，361条1項において「取締役の報酬，賞与その他の職務執行の対価として株式会社から受ける財産上の利益（略）についての次に掲げる事項は，定款に当該事項を定めていないときは，株主総会の決議によって定める」と規定し，報酬だけでなくそれまで利益処分とされていた賞与も「職務執行の対価」と位置づけられている。また同項柱書の「次に掲げる事項」として「二　報酬等のうち額が確定していないものについては，その具体的な算定方法」「三　報酬等のうち金銭でないものについては，その具体的な内容」と規定され，定款または株主総会の決議があれば，金銭以外のものや具体的な算定方法があれば額が確定していないものも報酬として支払いえることが明確にされた。ただし，株式会社においては労務出資が認められないと解されていたため，令和元年改正までは，報酬として自社の新株を付与することはできないとされていた（会社法199条各号の規定は，財産給付を前提にしている）。なお，この361条1項の株主総会決議は，商法269条と同様に，取締役の報酬の総額を株主総会で定めれば良いとされている。

　このような中で，商法下での議論は専ら株主保護との関係で論じられていたところ，会社法下での様相は全く異なり[20]，経営者のインセンティブ設計の問題を重視する傾向が，その基調となる。すなわち，「報酬規制は単に報酬が過大となることさえ防止できればよいというにとどまらず，むしろ，取締役に対するインセンティブ付与または監督として，報酬が積極的に機能すべき」[21]というものである。これは内閣府から出された『「日本再興戦略」改訂2015』[22]で「経営陣に中長期の企業価値創造を引き出すためのインセンティブを付与することができるよう金銭でなく株式による報酬，業績に連動した報酬等の柔軟な活用を可能とするための仕組みの整備等を図る」（44頁）と記され，この方向での改正議論が，その後の議論の中心となったからである[23]。そしてこの流れの中で令和元年改正がなされている。

2.　新会社法での報酬規制の問題

　新会社法の報酬規制につき，商法と大きく異なるのは，指名委員会等設置

会社[24] の場合である。この指名委員会等設置会社における各委員の選定等については，会社法400条に規定があり，委員3人以上で組織すべきこと（同条1項），取締役の中から取締役会の決議によって選定し（同条2項），各委員会の委員の過半数は社外取締役でなければならない（同条3項）とされる。そして指名委員会等設置会社においては，報酬委員会は執行役等（執行役及び取締役をいい，会計参与設置会社にあっては，執行役，取締役及び会計参与をいう（会社法404条2項1号））の個人別の報酬等の内容に係る決定に関する方針を定め（会社法409条1項），個人別の報酬等を定める場合には，額が確定しているものは個人別の額（同条3項1号）を，額が確定していないものは個人別の具体的な算定方法（同条3項2号）を，金銭でないものは個人別の具体的な内容（同条3項3号）を定めることとされている。

　これまで実質的に代表取締役が決定していた（したがって，代表取締役の分については，自分自身で決定している[25]）とされる役員報酬について，過半数を社外取締役とする報酬委員会で決定することとしたのである。もっとも「取締役の人事権と報酬決定権のイニシアティブを社外取締役に持たせることに抵抗感があった」[26] ことからほとんど採用されず，一般社団法人日本取締役協会によれば，2021年8月2日現在で，上場企業中82社のみである[27]。

　そのような中で，監査等委員会設置会社における任意[28] の諮問機関としての報酬委員会は増加している。報道によれば「東証1部上場企業のうち報酬委員会を導入した比率は2015年の13.4%から18年には37.7%に上昇」[29] しているとのことである。これは監査等委員会設置会社を規定した平成27年(2015)改正の際に合わせて，この年の6月1日に東京証券取引所が改訂し公表した「コーポレートガバナンス・コード」の原則4-10において，任意の諮問委員会として報酬員会や指名・報酬委員会の設置を促した効果と思われる。しかし，実効性の点では不十分なものであり「報酬委員会の頻度は年2回以下が過半数，1回当たりの時間も2時間以下が8割以上と役員報酬を十分に審議しているとはいいにくいところが大半である…外部や株主からの批判を避けるために，報酬委員会は設置したものの報酬委員会を本当に機能させるまでには至っていない会社が非常に多くある」[30] ようであり，会社法下においても，商法下に存した問題がそのまま残っている。

　なお，開示規制として取締役に支払われた報酬等の総額及び員数等を事業報告に記載することが要求されている（会社法施行規則121条4号）。取締役にストックオプション等を付与する場合にもこれらの記載中に織り込まれることになる。

3.　新会社法下における新株予約権（報酬に関わる点）規定

　新会社法では，原則，新株予約権の発行決議は原則として株主総会決議とされた（199条1項）が，201条において公開会社の特則が規定され，取締役会決議限りで発行可能となった。しかし，取締役の報酬として付与する場合には，この資本規制ではなく，会社法361条における報酬規制に服することとされた。

　新会社法施行以前は，ストックオプションは新株予約権の有利発行として株主総会の特別決議が必要とされる（旧商法280条の21）一方で，取締役の報酬規制には該当しないと解されていた。しかし新会社法の下では，新株予約権の付与も取締役の職務執行の対価としてなされる限り報酬規制の適用を受けることとなった。逆にいえば，発行の条件が定款または株主総会で定めた報酬等の内容に沿っている限りそれは職務執行の対価として付与するものであるから，金銭の払込みを要しない（新株予約権については現物出資規制が課されず，払込金額を零円とすることが許されるのも出資でないからと説明される）としても説明責任を果たす限り「特に有利な条件」にはあたらず（会社法238条3項），株主総会の特別決議は必要ないとされた。これは取締役に対する報酬としてのストックオプションは，資本規制の対象から報酬規制の対象として整理されたことを意味する。したがって，報酬としてのストックオプション付与の問題は，現行では報酬規制として捉えれば良いことになる。

4.　新会社法下におけるインセンティブ報酬の問題

　上記したように，改正の議論の方向は，これまでと全く違うものとなっており，インセンティブ報酬の仕組みが，業績向上を図るうえで機能しているか否かが問われるものとなっている。経済産業省産業組織課が公表している『「攻めの経営」を促す役員報酬—企業の持続的成長のためのインセンティブ

プラン導入の手引―（2020 年 9 月時点版）』[31] においては，主なものとしてエクイティ報酬としてストックオプションの他にリストリクテッドストック，パフォーマンスシェアを挙げるが，その他のもとして株式交付信託，また金銭報酬としてファントムストック，パフォーマンスキャッシュ，ストックアプリケーション・ライトを挙げている。これによれば，結局のところ，報酬として渡すものは，金銭か現物の株式（自社株式だけではなく親会社株式という場合もある）か新株予約権ということになる。

　報酬規制及び資本規制の点でいかなる問題があるか考察すれば，次の通りとなる。金銭給付の場合には，付与金額の評価の問題は生じず，支払われた報酬金額が，株主総会決議の範囲内か否かという問題でしかない。また現物の株式の場合にも，上場株式である限り時価が付されているのであるから，付与時の市場価額が評価額ということになるが，付与時に特別な事情があって株価の乱高下があった場合にその時の取引価額を時価としてよいか否かという問題がある。もっともこれは，上記したように，会社法 361 条 1 項 3 号に「報酬等のうち金銭でないものについては，その具体的な内容」と規定され，金銭以外のものを支給できることとなった以上，それら全般に通じる問題であり，このインセンティブ報酬固有の問題ではない。さらに新株予約権の場合にも，上記したように報酬規制に服することになる。

IV　会社法令和元年改正

I.　改正の概要

　この改正により，①取締役会による報酬等の決定方針の決議，②エクイティ報酬の場合における株主総会による承認要求，③エクイティ報酬に関する規定の整備（上記したように，株式報酬を労務出資ではないとしての容認及び零円による新株予約権行使の容認等），④事業報告による取締役報酬に関する情報開示の整備がなされた。

2.　報酬等の決定方針

　株主総会において，その総額を決定し，個人別の報酬の決定については，

取締役会の決議に一任する中で，取締役会においても報酬額の具体的な配分は定めず，その配分を代表取締役に再一任することが多く行われている。代表取締役の報酬額の決定に他の取締役は関与しないばかりか，自らの具体的な報酬額まで代表取締役の裁量で，取締役会が監督責任を尽くせるはずがないといった批判があった。

　そこで改正法は，監査役会設置会社の中の有価証券報告書提出会社と監査等委員会設置会社については，株主総会決議又は定款で取締役の個人別報酬まで定めたときを除き，報酬内容についての決定方針を取締役会決議により決定しなければならないものとする会社法361条7項の規定を新設した。ただし，取締役の個人別の報酬等の内容に係る決定の方法としては，代表取締役に決定を再一任するかどうか等を含むとされており[32]，新株予約権や株式を報酬としない限り，実務的には影響がないものといえる。

　そして，この規定の中の「法務省令で定める事項」との委任に基づき令和2年法務省令52号において，会社法施行規則98条の3に「取締役の報酬等のうち株式会社の募集新株予約権について定めるべき事項」として付与者の資格や行使条件等が規定された。

　なお，監査等委員会設置会社における監査等委員である取締役の報酬は，別とされている。すなわち，監査等委員である取締役の報酬は，それ以外の取締役の報酬とは区別して定めることとされており（会社法361条2項），かつ，監査等委員である取締役の協議によって定めるとされている（同条3項）。監査等委員である取締役は，業務執行権を持たないため，業績に応じた報酬付与の対象外だからである。

3.　エクイティ報酬の場合における株主総会による承認の要求

　これまでも会社法361条1項の改正前3号において，「報酬等のうち金銭でないものについては，その具体的な内容」につき「定款に当該事項を定めていないときは，株主総会の決議によって定める」とされていたことから，新株予約権を報酬として付与した場合には総会決議が必要であった。しかし何を決議すべきかが明確にされていなかった。また新株予約権の価値と同額の金銭報酬債権を付与しそれと相殺するという方法で行えば，金銭報酬とな

ることから，この規定の適用を免れることが可能であった。

　そこで，株式報酬について会社法361条3号が新設され（元の3号は6号
となる）それが募集株式の場合には，募集株式の上限数等の決議が必要とさ
れた。同様に，新株予約権の場合には同4号で募集新株予約権の上限数の決
議が必要とされた。そして上記相殺型に対応して規定された同5号でも募集
株式の場合には当該募集株式の，募集新株予約権の場合には当該募集新株予
約権の，上限数等の決議が必要となった。

4.　エクイティ報酬に関する規定の整備

　上記した労務出資禁止の点から，これまでは株式価額の金銭報酬債権を付
与し，その債権を出資して貰うという手法であったが，報酬として株式を交
付できるよう手当がなされ，一定の要件の下で，金銭の払込みまたは金銭以
外の財産の給付を要しないことができることとなった。すなわち会社法202
条の2第1項において「定款又は株主総会の決議による第361条第1項第3
号に掲げる事項についての定めに従いその発行する株式又はその処分する自
己株式を引き受ける者の募集をするときは，第199条第1項第2号及び第4
号に掲げる事項を定めることを要しない」と会社法199条にある株式発行の
諸条件の対象外とした。続く「この場合において，当該株式会社は，募集株
式について次に掲げる事項を定めなければならない」とした中で，1号で金
銭の払い込みや財産の給付を要しない旨を規定し明確にしたのであった。な
お，合わせて2号に割当日も定めるべきとされており，エクイティ報酬の場
合における株主総会による承認要求事項としてこの点が加えられている。

　新株予約権は，会社法236条に規定され，同条1項2号に「当該新株予約
権の行使に際して出資される財産の価額」と規定されていることから，発行
自体は無償でできる（会社法238条1項）としても，権利行使自体は零円で
は不可能とされていた。しかし，会社法236条3項が新設され「上場されて
いる株式を発行している株式会社は，定款又は株主総会の決議による第361
条第1項第4号又は第5号ロに掲げる事項についての定めに従い新株予約権
を発行するときは，第1項第2号に掲げる事項を当該新株予約権の内容とす
ることを要しない」としてこの1項2号を対象外とした。なおこの1項2号

とは，「当該新株予約権の行使に際して出資される財産の価額又はその算定方法」であり，ここにある 361 条 1 項 4 号及び 5 号に定めている事項とは，4 号が募集新株予約権であり，5 号が募集株式（同号イ）又は募集新株予約権（同号ロ）と引換えにする払込みに充てるための金銭である。そして「この場合において，当該株式会社は，次に掲げる事項を当該新株予約権の内容としなければならない」とし，その 1 号として「取締役の報酬等として又は取締役の報酬等をもってする払込みと引換えに当該新株予約権を発行するものであり，当該新株予約権の行使に際してする金銭の払込み又は第 1 項第 3 号の財産の給付を要しない旨」と規定して，金銭の払い込みや財産の給付を要しない旨を明確にしたのであった。

　なお，4 つ目は，事業報告による取締役報酬に関する情報開示の整備である。361 条 7 項が新設され，監査役会設置会社の有価証券報告書提出会社と監査等委員会設置会社は，監査等委員である取締役以外の取締役報酬等の内容につき開示が規定された。そして会社法施行規則 98 条の 5（取締役の個人別の報酬等の内容についての決定に関する方針）において，①報酬等の決定方針に関する事項，②報酬等についての株主総会の決議に関する事項，③取締役会の決議による報酬等の決定の委任に関する事項，④業績連動報酬等に関する事項，⑤業務執行の対価として株式会社が交付した株式又は新株予約権等に関する事項，⑥報酬等の種類ごとの総額[33]につき開示自制として規定された。

5.　改正の影響と残る問題

　この改正は，その多くが令和 3 年 3 月 1 日より施行されており，まだ日も浅く，今後この影響が出てくると思われるところであるが，現在は未だその段階ではない。

　なお，この改正の中で懸念されるのは，株式報酬及び零円の新株予約権行使が可能となったことから，株式発行と資本の関係である。この点，法制審議会会社法制（企業統治等関係）部会部会長である神田秀樹は「働いた対価である報酬債権を会社に対して現物出資し，会社はその対価として株式を発行するので，報酬債権の分だけ資本金が増えるという考え方があります。そ

のため，資本金が増えないということはありません」[34] というが，その適正
な金額の算定が可能か危ぶまれる。会社法445条6項における委任により，
この変動額の算定上の肝心な対価の額である「取締役等が株式会社に対し割
当日後にその職務の執行として募集株式を対価とする役務を提供する場合に
おける株主資本の変動額」の定めとして新設された会社計算規則42条の2
では，1項1号イロにおいてともに「職務の執行として当該株式会社に提供
した役務の公正な評価額」と規定するのみである。

　また，上記したように，個々の取締役報酬が代表取締役や社長等に再一任
されるならば現状と大きな変化はなく，また多くの企業が採用している監査
等委員会設置会社において報酬委員会があまり機能していない[35] 以上，事実
上経営者支配となっている大規模公開会社において，今般改正のみで適正化
が進展するとはあまり期待できないと思われる。

V　おわりに

　商法から会社法に及ぶ取締役の報酬規制を概観したが，未だ指名委員会等
設置会社を採用する会社は少数で，任意の報酬委員会設置会社や任意の指名
委員会設置会社が増えているところ，これら任意の委員会は所詮任意のもの
にすぎず，委員会の開催回数等も少なく，実効性は極めて乏しい。このよう
な中で，外国人経営者の登用等を理由として役員報酬が高額化する傾向にあ
る[36] が，会社法は，開示規制を強化し，開示がなされれば後は市場原理に委
ねるという方向である。開示規制でどれほど実効性を持たせることができる
か覚束ないが，令和元年改正が効果あるものであることを期待したい。

[注]
1　監査役の方は，280条になり「第254条，第256条但書，第257条，第258条，第
　266条，第269条，第270条及第272条ノ規定ハ監査役ニ之ヲ準用ス」と改められた。
2　報酬額を定める当該取締役は利益相反となるが，それ以外の場合は利益相反とはなら
　ない（利益相反の場合，昭和13年改正により，269条5項に「総会ノ決議ニ付特別ノ
　利害関係ヲ有スル者ハ議決権ヲ行使スルコトヲ得ズ」が追加され，議決に参加できない）。

しかし上限が決まっている場合には，他の取締役の報酬が少なくなれば自身が受ける報酬が多くなる可能性があり，また他の取締役との比較で金額が決まるような場合には他者が多くなれば自身も多くなる可能性があるといった，間接的ながら自身の報酬に影響がある可能性があるという利益相反的な性質があるものである。

3 　この見解に立つものとして，星川長七『注釈会社法(4)』（有斐閣，1968）529 頁。山口幸五郎『会社取締役制度の法的構造』（成文堂，1973）87 頁。倉沢康一郎『会社法の論理』（成文堂，1994）214 頁。

4 　奥島孝康「退職慰労金の怪＝関西電力事件 - 取締役の報酬」法学セミナー 448 号（1992）93 頁は「しかしこの立場でも，株主総会がその有する報酬決定権限を取締役会に授権することまでも阻止する根拠とはなり得ない。こう考えてくると，商法 269 条は，基本的には非政策規定説にもとづいて根拠づけるべきであるが，政策的配慮もなされていないわけではないと解される」とする。

5 　弥永真生「取締役の報酬」法学セミナー 550 号（1999）99 頁。さらに「主にみえる（わかる）のは，チームとしての経営者の能力であって，個々の取締役の貢献に関する情報もなく能力もないから，取締役会に委任するのが適当であるともいえよう」として通説を肯定する。

6 　民集 2 巻 13 号 2165 頁。

7 　この判決のリーディングケースである大審院昭和 4 年 6 月 5 日判決（法律新聞 3047 号 14 頁），同昭和 5 年 4 月 30 日判決（法律新聞 3123 号 8 頁）も同様の立場に立っている。

8 　矢沢惇「取締役の報酬の決定」ジュリスト 296-2（会社判例百選）118 頁。なお，田中耕太郎「取締役に対する報酬及び賞与支給の額と重役会の決定（民事法判例研究録108）」法学協会雑誌 52 巻 2 号（1934）393-394 頁も論旨は異なるが，同様に肯定する。

9 　矢沢惇「取締役の報酬の法的規制」『企業法の諸問題』（商事法務研究会，1981）135 頁（初出は商事法務 219 号 2 頁）。

10 　弥永・前掲注(5) 98 頁。

11 　江頭憲治郎「会社役員の報酬に対する法の規制」法学教室 6 号（1974）62 頁。

12 　奥島・前掲注(4) 94 頁。

13 　同上。浜田道代『新版注釈会社法(6)』（有斐閣，1987）389 頁にも同様の記述がある。また，末永敏和・吉本健一『平成 14 年商法改正対応新コーポレート・ガバナンスの読み方・考え方』（中央経済社，2002）108 頁にも「これは多分に，賞与の損金算入を認めない税務当局の実務に影響を受けた立場」とある。

14 　同上。

15 　江頭・前掲注(11) 64 頁。

16 　矢沢・前掲注(9) 135 頁。

17 　片野一郎『日本・銀行會計制度史（増補版）』（同文舘，1977）104 頁。

18 　山口孝浩「役員賞与・役員報酬を巡る問題—改正商法等の取扱いを問題提起として—」

税大論叢 48 号（2005）171 頁は,「このことから, 役員賞与が利益処分からという考えは, 明治初期からわが国の慣行とされていたもので, この考えが商法・税法の役員賞与の取扱いに継承されていったことが認められる」と指摘する。

19　三井は江戸時代から所有と経営が分離し, 発生主義による会計が行われているが（飯野幸江「享保−元文期における三井両替店一巻の会計実務と財務内容」嘉悦大学研究論集 63 巻 1 号（2020）9 頁）, 本店の決算書である大録には「京都・江戸・大坂の 3 両替店のそれぞれの当期純利益である「延銀」と,「延銀」から奉公人への褒美銀に充てられる「十分一」を差し引いた残高…が記載され」（飯野幸江「享保−元文期における三井両替店一巻の財務数値」嘉悦大学研究論集 63 巻 2 号（2020）17 頁）ている。この「十分一」は「計上利益金の 10 分の 1 が役付の手代らに配分されていた」（三井広報委員会ウェブサイト「三井越後屋の奉公人」https://www.mitsuipr.com/history/columns/034/）ことからこう称されていた, 幹部級の奉公人に対する賞与である。「賞与」が元来, 賞して与えるものから来る語であることから「褒美銀」は同じ内容のものと解される。西川登は『『大元方』への『功納』を上納した後に内部留保された利益である処の『功納外延銀』の蓄積額の 9 割を（1 割は奉公人への賞与）…『大元方』へ振替た」（西川登「財務数値からみた三井家初期の大元方」商経論叢 38 巻 1 号（2002）40 頁）と「十分一」を明確に賞与と位置づけている。このように「十分一」と称される賞与は, 利益計算後の金額から支給されていたのである。またこの利益計算は 7 月と 12 月の年 2 回行われていたため,「褒美銀」は年 2 回支給される。そもそも賞して与えるものである以上, あらかじめ約定のものとして支払うものではないことは自明であろう。もっとも奉公人に対して盆暮に定期的に衣服等を支給する慣行はあり（「奉公人には, 原則として衣食住が給される。衣はお仕着せといい, 1 年に夏冬 2 回の支給」された。一般財団法人日本職業協会ウェブサイト「職業安定行政史　第 1 章　江戸時代」）, これについては上記三井でも同様であった（上記三井広報委員会によれば「"末々"の者への盆・暮れの小遣い」がある。）が, これは「延銀」までの計算過程, すなわち費用計算に入っており, 幹部級の奉公人に対する賞与とは分けて考えられていた。

20　これを津野田一馬「経営者報酬の決定・承認手続(1)」法学協会雑誌 132 巻 11 号（2015）74 頁以下では, 従来の議論を第 1 期, 会社法下での議論を第 2 期と位置づける。

21　前田雅弘「取締役の報酬規制」ジュリスト 1542 号（2020）34 頁。同趣旨のものとして, 伊藤靖史『経営者の報酬の法的規律』（有斐閣, 2013）264 頁（ここでは, 個人別の報酬の適切な決定が重視されるべき旨, 言及されている。）, 津野田一馬「経営者報酬の決定・承認手続（2. 完）」法学協会雑誌 133 巻 1 号（2016）98 頁がある。

22　https://www.kantei.go.jp/jp/singi/keizaisaisei/pdf/dai1jp.pdf（最終閲覧日 2021 年 12 月 28 日）。

23　翌年の『日本再興戦略 2016』（https://www.kantei.go.jp/jp/singi/keizaisaisei/pdf/2016_zentaihombun.pdf（最終閲覧日 2021 年 12 月 28 日））144 頁にも,「今後も引き続き, あらゆる政策を総動員して「「世界で最もビジネスがしやすい国」の実現を目指すとと

もに，形だけでなく実効的にコーポレート・ガバナンスを機能させることによる中長期的な企業価値の向上」を図ることが記され，この方向性が確認されて，改正の議論が進められたのである。

24　会社法2条12号。ただし厳密には，商法下の平成14年（施行は翌15年4月1日）の旧商法特例法改正により，「委員会等設置会社」として導入されたものである。そして会社法においては「委員会設置会社」と名称が改まったが，平成27年改正で現行の「指名委員会等設置会社」となった。この改正の際に，「監査等委員会設置会社」が別に設けられたことから，この名称改正となったものである。

25　高橋均「取締役の報酬のあり方」経理情報1579（2020. 6. 1）号1頁には，「取締役の報酬総額を株主総会で決議したうえで，その具体的な配分は取締役会，さらには代表取締役に一任する実務が定着している」とされている。また田中亘「第361条」落合誠一編『会社法コンメンタール8　機関2』（商事法務，2009）166頁には「個人別の報酬額が明らかになるのを避ける等の理由から，株主総会の一任を受けた取締役会においても報酬|額の具体的な配分は定めず，その配分を代表取締役（社長）に再一任する例が多い」とある。

26　高橋均「監査等委員会設置会社をめぐる現状と今後の課題」情報センサー（EY Japan）150号（2020）9頁。Web版は，https://www.eyjapan.jp/library/issue/info-sensor/2020-01-02.html（最終閲覧日2021年12月28日）。

27　https://www.jacd.jp/news/opinion/jacd_iinkaisecchi.pdf（最終閲覧日2021年12月28日）。

28　2018年6月のコーポレートガバナンス・コードの改訂により「独立社外取締役の関与・助言を得る具体的な方法として，改訂前は，独立社外取締役を主要な構成員とする諮問委員会の設置は，あくまでも例示であった。それが，改訂後は，「例えば」，「など」といった文言が削除されたことで，諮問委員会の設置は，例示ではなく必須となった。つまり，補充原則4-10①を「コンプライ」（実施）しているというためには，諮問委員会を設置しなければならない。設置しない場合には，諮問委員会に代わるどのような仕組みを通じて「独立社外取締役の適切な関与・助言」を得ているなどといった「エクスプレイン」（説明）をしなければならない（横山淳・藤野大輝「CGコード改訂と指名・報酬諮問委員会の現況」大和総研レポート2018年7月9日（2018）10頁（https://www.dir.co.jp/report/research/law-research/securities/20180709_020190.html（最終閲覧日2021年12月28日））ものとなり，全くの「任意」という訳ではなくなっている。

29　日本経済新聞Web版2018年12月1日「報酬委員会とは　トップ「お手盛り」の報酬を抑止」https://www.nikkei.com/article/DGXKZO38423030R01C18A2EA2000/（最終閲覧日2021年12月28日）

30　今野靖秀「報酬委員会の役割強化のために～日本の現状と，先進的な英国の特徴」https://www2.deloitte.com/jp/ja/pages/human-capital/articles/hcm/global-hr-journey-21.html#（最終閲覧日2021年12月28日）。ここにある審議回数や審議時間は，

デロイト社の『役員報酬サーベイ（2019 年度版）』に基づくとされているが，これは，デロイト社ウェブサイト https://www2.deloitte.com/jp/ja/pages/about-deloitte/articles/news-releases/nr20191203.html（最終閲覧日 2021 年 12 月 28 日）にて入手可能である。

31　https://www.meti.go.jp/press/2019/05/20190531001/20190531001-1.pdf（最終閲覧日 2021 年 12 月 28 日）。

32　会社法制（企業統治等関係）部会第 19 回会議（平成 31 年 1 月 16 日開催）資料 28-2「部会資料 27 からの変更点等の説明」の 1 頁下段補足悦明。

33　岡本高太郎「会社法制の見直し～取締役の報酬等に関する規律の整備・見直し」https://www.pwc.com/jp/ja/legal/news/assets/legal-20190927-jp.pdf（最終閲覧日 2021 年 12 月 28 日）。

34　神田秀樹「Interview 神田秀樹先生に聞く！会社法改正のポイント」企業会計 72 巻 3 号（2020）94 頁。

35　上記デロイトトーマツ発行の『役員報酬サーベイ（2020 年度版）』においても「任意の報酬委員会を設置している会社は全体の 60.2% と昨年から 11.2 ポイント増加した。また，任意の指名委員会を設置している会社も全体の 53.7% と昨年より 10.8 ポイント増加し，双方半数を超えた。一方，任意の委員会設置企業では，開催回数が年 2 回以下の企業が半数近く（報酬委員会で 44.3%，指名委員会で 47.8%）を占めている。任意の報酬委員会・指名委員会では，依然として形式的な議論にとどまっている可能性が高いと考えられる」と同様の指摘がなされている。

36　櫻田譲・塚辺博崇・柳田具孝「コーポレート・ガバナンスと超高額役員給与支給の関係」Discussion Paper, Series B 164 巻（2018）15 頁。長島弘「役員給与税制における問題点」税制研究 80 号（2021）100 頁。

第 3 章担当　長島 弘（立正大学）

インセンティブ報酬の現状と課題
インセンティブ報酬に関するアンケート調査から

I はじめに

　本章は，産業経理協会のご協力で実施したインセンティブ報酬に関するアンケート調査の結果を整理・分析したものである。本アンケート調査は，大きく区分すると，①インセンティブ報酬の採用やスキーム等に関する実態把握，②税務等の影響，③その他（COVID-19（新型コロナウィルス）の影響），という3つの質問項目から構成されている。

　なお，本アンケート調査は，下記のアンケート調査の概要でも示すようにCOVID-19の影響や質問項目の特性等から，回収数が少なく，一般的なアンケート調査のような傾向等の分析が困難なものとなっている。回収数の少なさは実施段階で想定されるものであったため，一般的なアンケート調査というよりは，実地ヒアリングをアンケート票の形式で問い合わせさせて頂くようなイメージでアンケート票を修正して実施している。

II アンケート調査の目的と概要

1. アンケート調査の実施方法の検討

　本アンケート調査は，インセンティブ報酬の実際の利用状況等の現状を把握し，問題点等を明らかにすることに目的がある。インセンティブ報酬は，会計制度，会社法及び税法等の規制の影響を受けることが想定され，会社の

規模等により利用状況や採用する業績指標が異なることが予想される。

当初は，このような利用状況の差異等を規模等の因子で識別することを想定したアンケート票の作成を行っていた。しかし，COVID-19の影響が拡大・長期化し，経理担当者等が企業のオフィスに出社していないことが多い状況等があり，アンケート調査の実施が困難となった。

そもそも，インセンティブ報酬は，一定の企業には役員報酬として開示が要求されているとはいえ，企業にとってセンシティブな話題であり，回答しづらいアンケート内容である。もともと回収率が高くなりにくいアンケート内容であることに加え，COVID-19の影響の拡大も生じたため，アンケート調査の質問項目を検討しなおし，全体の傾向を捉えるというよりは，各企業の実態を事例的に把握することを重視する質問項目に変更した。事例的に捉えるために，やや詳細なアンケート票を作成し，具体的な仕訳等の質問項目を設けて実際の運用等を含めた現状把握を中心的な目的とするアンケート調査とした。

なお，事例的に捉えることとしたため，回答企業の属性に関しても質問項目を設けており企業規模や業種等の状況を入手しているが，企業規模や業種等の属性の情報は回答企業の特定のおそれのない範囲でのみ記載する。

2. アンケート調査の概要

1.のような経緯を経て，2021年6月に産業経理協会のご協力により，会員企業に対してアンケート調査を実施したが，COVID-19の影響により，担当者がアンケート調査の対象企業のオフィスに出社していない事態が想定され，実施上の問題が生じていた。このため，産業経理協会の担当者に相談し，従来FAXのみでアンケート調査を実施していたものを，今回はメールとFAXを併用する方法（産業経理協会がメールアドレスを把握しているものはメールとし，それ以外はFAXとする方法）でアンケート調査を実施した。この結果，本アンケート調査の調査票の送付は，メール258件及びFAX86件の計344件となった。

アンケート調査の概要を図示したものが，図表4-1である。

図表 4-1　アンケート調査の概要

調査対象	産業経理協会の会員企業
調査票の配布	配布日：2021 年 6 月 1 日 配布方法：産業経理協会からメール又は FAX 配布数：344 件（メール 258 件，FAX 86 件）
調査票の回収	回収期日：2021 年 6 月 30 日 回収方法：産業経理協会へのメール又は FAX 回収数：8 件

3.　回答企業の特徴

　アンケートへ回答した企業は，上場企業（6 社）及び非上場（未上場）（2 社）である。そして，上場企業については，東証 1 部が 5 社，東証 2 部が 1 社という内訳であった。また，非上場（未上場）の 2 社は，質問の中で上場企業の 100% 子会社に該当する旨の回答があった。このため，本アンケート調査は，すべて上場企業及び上場企業の子会社からの回答ということになる。

　回答企業の業種は，製造業 5 社，卸売業 1 社，運輸・情報通信業 2 社という内訳であった。

Ⅲ　アンケート結果の概要

1.　インセンティブ報酬の採用やスキーム等に関する実態調査

　(1)　役員報酬の決定

　インセンティブ報酬に関する具体的な質問の前に，各企業の役員報酬の決定に関する質問を行った。

　まず，役員報酬の総額の決定において考慮される要素は，次の図表 4-2 の通りであった。サンプルサイズの少なさから全体の傾向を述べることはできないが，役員報酬の決定において「業績」に多くの関心がもたれている結果となった。また，役員報酬の決定に際し，最も考慮する要素として「従業員の給与水準」を考慮する企業も存在した。

　この回答は上場企業からのものであり，開示情報となる役員報酬の決定には従業員への配慮が行われる場合があることが確認できた。

図表 4-2　役員報酬の総額の決定において考慮される要素（複数回答）

企業名（仮称）	◎（最も該当）	○
A	業績	
B	株主の意向	
C		株主の意向，業績
D	業績連動等のインセンティブ	
E	従業員の給与水準	業績
F	業績	経営戦略や事業戦略，業績連動等のインセンティブ
G		株主の意向，従業員の給与水準，業績連動等のインセンティブ，業績
H	業績	業績連動等のインセンティブ

　なお，アンケートの回答の選択肢に「外国人役員の登用」，「同業他社の報酬水準」，「税制」の項目を用意していたが，これらは複数記入とした質問であるが，記入した企業はなかった。また，日本では内部昇進の割合が多いとされ，従業員の給与水準と役員の報酬水準の決定はつながっているとも考えられるが，実際に「従業員の給与水準」に○を付した企業Gでも内部昇進役員の割合を「⑥大多数」と回答している。一方で，◎を付した企業Eは，内部昇進役員の割合を「③やや少ない」と回答（ちなみに，他の7社は「④やや多い」より多いものを回答している）しており，従業員と役員の給与水準の差異（格差）を考慮する企業も存在することが示唆される。

　次に，役員報酬において重視する効果については，図表4-3の通りであった。インセンティブ報酬の中長期的な効果として，ガバナンス機能向上，インセンティブ機能向上及びリテンションが挙げられることが多い[2]。理論的には役員の繋ぎ止め等のリテンションの機能を有することが考えられるが，本アンケート調査の結果では，リテンションを重視した制度設計は行われていなかった。

　残りのガバナンス機能向上やインセンティブ機能向上については，拮抗した結果となっており，この両者の効果を考慮しつつ役員報酬を検討しているものと思われる。

図表 4-3　役員報酬において重視する効果（順位付けの記入）

	I 位	2 位	3 位
ガバナンス機能向上	4	4	0
インセンティブ機能向上	4	4	0
リテンション	0	0	8

(2)　インセンティブ報酬のスキームの選択等

　インセンティブ報酬のスキームについては，8 社中 5 社が採用しており，次の図表 4-4 の通りである[3]。

図表 4-4　各企業が採用しているインセンティブ報酬のスキーム

企業名 （仮称）	インセンティブ報酬のスキーム	インセンティブ報酬を導入した理由
C	リストリクテッドストック，パフォーマンスキャッシュ	インセンティブを付与することにより，企業価値を持続的に向上させ株主利益の増大につなげる。
D	株式交付信託	当社の戦略推進にあたり，中長期的な業績の向上及び企業価値への貢献意識をより一層高めるため導入。
E	リストリクテッドストック	企業価値の持続的な向上・株主との価値共有。
F	パフォーマンスシェアユニット，リストリクテッドストック	コーポレートガバナンスコード及び当該実務指針での推奨を踏まえて検討を行い，業績，企業価値向上に資すると判断したもの。
G	パフォーマンスキャッシュ，役員持株会を通じた株式取得	企業グループの中期目標達成に向けた意欲の向上，株主との利益共有。

　各スキームの選択には，どのようなインセンティブ[4]を期待しているかに依存するものと思われる。ただし，株式交付信託は信託という制度を利用する特徴があるが，直接インセンティブにつながるものではない。このため，株式交付信託を採用している企業 D のインセンティブ報酬を導入した理由等を確認したが，本アンケート調査だけでは，株式交付信託というスキームを採用した理由は明らかにはならなかった。

　そこで，有価証券報告書により株式交付信託を採用している企業の特徴を調べたところ，例えば，ライオン株式会社[5]（資本金等の情報から企業Dとは異なることを確認している）では，株主名簿管理人等を三菱UFJ信託銀行に依頼しており（165頁，提出会社の株式事務の概要），株式交付信託[6]の受託者は三菱UFJ信託銀行と日本マスタートラスト信託銀行[7]の共同受託となっていた（62頁，業績連動型株式報酬制度の仕組み）。企業Dやライオンのインセンティブ報酬導入の経緯を確定することはできないが，株式事務に関連した信託銀行等のアドバイス等により株式交付信託が選択される可能性がありうるものと思われる。

　また，インセンティブ報酬の制度設計を主管した部門について，5社回答のうち3社が総務部門であった（うち1社は，経営企画部門と総務部門の両方に回答）。他の2社は，人事部門と指名・報酬諮問委員会事務局であった。

　指名委員会等設置会社（会社法2十二）では報酬委員会の設置が要求され，報酬委員会では，執行役等の個人別の報酬等の内容に係る決定に関する方針を定めることとされている（会社法409）。また，報酬委員会は，指名委員会等設置会社でなくとも任意に設置が可能な機関となっており，コーポレートガバナンスコードでも報酬委員会の重要性が強調されている[8]。報酬委員会が設置されている企業では，インセンティブ報酬を含む役員報酬に報酬委員会が対応することになり，その事務局が主管するのは当然であろう。

　総務部門がインセンティブ報酬を主管する企業が多くなっている点については，一般的に，総務部門や経営企画部門が株主総会や株式事務等を主管する部署であることが多く，このような株式事務等との関連でインセンティブ報酬を主管している可能性がある。また，金銭交付型のインセンティブ報酬を採用している企業でも財務部門が主管している訳ではなかった[9]。これらのことを踏まえると，主管する部門に関する回答からは，資金繰り等の観点というより，株式事務等との関連を意識して制度設計が行われている可能性が読みとれる。

　このように，インセンティブ報酬のスキームの選択等において，第一義的には期待されるインセンティブが考慮されるものと思われるが，具体的なスキームの選択等においては，運営上の配慮等もあり株主総会や株式事務を考

慮する要素が内在することがありうる結果となっている。

　⑶　インセンティブ報酬における業績等の指標
　インセンティブ報酬は企業の事業活動の目的に貢献するかという質問について，「③あまり役に立たない」1社，「④多少役に立つ」2社，「⑤役に立つ」5社であった。この質問はインセンティブ報酬の有無にかかわらず回答をお願いした項目であるが，「③あまり役に立たない」と回答した企業はインセンティブ報酬を採用していなかった。また，インセンティブ報酬を採用していない残りの2社は「⑤役に立つ」と回答しており，インセンティブ報酬の有用性を認識しつつ[10]も採用できていない実情があった。

　また，インセンティブ報酬が事業に貢献する要素について，「利益の上昇」が4社，「ガバナンス機能向上」が2社，「特定の業務の成功」が2社という結果であった[11]。質問用紙に示した「株価の上昇」，「役員のつなぎ止めや新規採用」は最も該当するもの（◎）としては選択されなかった（○としては，「株価の上昇」3社，「役員のつなぎ止めや新規採用」2社）。「役員のつなぎ止めや新規採用」は役員報酬で重視する要素でリテンションが低い評価であることと整合的な結果である。また，「株価の上昇」に○を付した3社の◎はすべて「利益の上昇」であり，インセンティブ報酬の貢献はあくまで利益であって，株価には直接貢献するのではなく，利益の上昇を通じて間接的に影響を与えると考えているようである。

　インセンティブ報酬において連動させるべき業績等については，図表4-5の通りである。図表4-5で最も出現するものは，営業利益（6社）であり，次が当期純利益（4社）である。このような財務諸表で捕捉可能な指標を挙げることは先行研究[12]とも整合的な結果となった。

　一方で，インセンティブ報酬を採用した企業が連動させている業績等の指標は，図表4-6のようになっている。

　なお，導入後の指標の推移を質問したところ，図表4-6に示した通り，「概ね上昇」が2社，「変化なし」が1社，「分からない」が1社である。概ね上昇と回答した企業の採用している指標は，事業利益等と当期純利益等であり，これらの指標は多様な要素により変化しうるものであるが，インセンティブ

図表 4-5　インセンティブ報酬において連動させるべき業績等の指標

企業名（仮称）	◎（最も該当）	○
A	営業利益	
B	確定値に対する増加額・増加率	
C	営業利益	当期純利益
D	当期純利益	営業利益
E	経常利益	営業利益
F		経常利益，当期純利益，EBITDA，ROE，株価
G		営業利益，EBITDA，ROE
H	当期純利益	営業利益，WACC の水準を踏まえた ROIC

図表 4-6　インセンティブ報酬を採用した企業が連動させている業績等の指標

企業名（仮称）	採用している指標	採用した理由	導入後の指標の推移
C	連結営業利益	企業価値向上に最も資すると考えるため。	分からない
D	事業利益（売上総利益から販管費を控除した金額）・親会社所有者に帰属する当期純利益	当社の恒常的な事業の業績を測る指標であり，中期経営計画において最も重視する利益指標と事業の最終成果を表し株主価値の増減に直結する指標を採用。	概ね上昇
E	経常利益	従来から採用。	変化なし
F	当期純利益，ROE，経常利益，Adjusted EBIT-DA，DE レシオ，相対 TSR	株主を含めステイクホルダーとの利益を共有する指標として適当と判断したため。	概ね上昇

報酬の効果が生じている可能性も考えうるものであろう。

2.　税務等の影響

　役員給与の法人税法上の取扱いについて，1 社「一部（または全部）損金不算入」と回答した企業があった。この回答をした企業は，役員給与税制への要望について，「業績連動給与該当のためのハードルが高い」との記述を

している。この企業は，上場企業に該当するため有価証券報告書に関するハードルが原因ではないと思われ，その他のどの部分のハードルが高いのかまでは本アンケートでは不明である。しかし，業績連動給与の適用が難しいスキーム等を採用し，損金不算入としてまでもインセンティブ報酬を採用しているという特徴的な事例である。

中小企業[13]では，役員給与を損金不算入にしてまでインセンティブ報酬を導入することはまずないものと思われるが，大企業（前述のように本アンケート調査の回答企業はすべて上場企業または上場企業の子会社である）では税務上の取扱いに関係なくインセンティブ報酬が利用される事例が確認された。

平成29年度税制改正等で業績連動給与の適用が受けやすくなったものと思われるが，それ以前からもインセンティブ報酬を導入している企業は存在し，大企業において有効なインセンティブと考えられる等の理由があれば，損金算入できないスキームであってもインセンティブ報酬を利用してきたものと思われ，このような事例が本アンケート調査でも確認できたということである。

なお，このような結果を踏まえると，損金不算入となるスキームを採用している企業が，近年の会社法改正や税法改正により，類似のスキームで会社法において実施可能となったり損金算入が可能になったりという制度の変化にどの程度反応しているかという疑問が生じることになる。残念ながら，本アンケート調査では，税法上の変化への対応は明らかにできていないが，会社法改正に関して役員報酬の再検討につき，「①全くしていない」2社，「②していない」5社であったが，1社は「④多少している」という回答であった。また，今後採用したいスキームの質問に対し「賞与，株式報酬」と回答をする企業があり，会社法改正により利用可能となる株式報酬を検討する企業もあった。

インセンティブ報酬は中長期的な効果を期待する要素があり，安易に一度導入した制度を変更しにくいものと思われるが，一部の企業では制度改正に応じた対応が検討されているという実情を示す結果ということになろう。

3. その他の質問項目

　本アンケート調査では，実施時期の問題もあり，COVID-19の役員報酬への影響について自由記述で質問を行った。この質問には，6社が回答しており，3社は，「減額実施」，「業績低迷に伴い，一年間の報酬減額」，「業績の一時悪化により報酬を減額した」との回答であった。

　また，1社「報酬の自主返納」という回答もあり，実質的な減額であろう役員の自主返納との回答であった。なお，法人税法における定期同額給与や事前確定届出給与の場合，減額であっても臨時改定事由等に該当しない場合には，役員給与の損金算入ができなくなる取扱いとされており，一度役員報酬（役員給与）を支給（源泉徴収等が行われる）したうえで，役員から自主返納してもらうことで法人税法上の損金算入要件を充足させる方法である。中小企業では，役員の所得税の負担より役員給与の否認の負担が重ければ採用されうる方法[14]であろうとも想定されるが，本回答は上場企業からのものであり，上場企業でも自主返納が存在することが分かった。

　さらに，2社が，「業績連動給与（賞与，株式報酬）を設定しており，COVID-19による業績への影響が役員報酬に影響を与えています」，「業績連動報酬を採用しているため，業績を通じて役員報酬に影響を与えている」と，業績連動報酬の採用により結果として役員報酬に影響を与えている旨の回答であった。クローバック条項（報酬契約で一定の場合に役員報酬を返還させる仕組み）を設ける場合があるが，業績連動報酬が事前に（支払段階での対応として）役員報酬を減少させる役割を果たしたことになる。ただし，この点については，COVID-19が役員にとっても予測不能・管理不能なイベントと考えた場合，誠実な職務執行であったとしても報酬が減額されることになることをどのように考えるべきかという問題が内在する。

Ⅳ　おわりに

　本章では，産業経理協会のご協力で実施したインセンティブ報酬に関するアンケート調査の結果を整理・分析した。本章の「はじめに」や「アンケート調査の概要」に示したように，一般的なアンケート調査というよりは企業

へのヒアリングをアンケート票で行うような実施とせざるを得なかった。

　この中で，本アンケート調査で明らかになった点を列挙すれば，①役員報酬の総額の決定において業績を考慮する企業が多い，②インセンティブ報酬において考慮される中長期インセンティブにおいてはリテンションが重視されていない，③スキームの選択には期待されるインセンティブが考慮されていると思われるがインセンティブ報酬を所管する部署の株式事務等に関する配慮が内在する，④インセンティブ報酬の指標として営業利益や当期純利益を採用する企業が多い，⑤大企業の中には法人税法上損金不算入となる場合でもインセンティブ報酬を採用している企業がある，⑥COVID-19 の影響により上場企業でも役員報酬の自主返納を行う企業が存在する，である。

[注]

1　複数回答としており，最も該当するものに◎を付し，それ以外は○と区分した記入をお願いした。ここで，◎の記入と○が 1 つのみ記入されたものを集計している。ちなみに，○のみ複数の記入の回答があったがこの集計には含めていない。

2　例えば，宮川正康「中長期インセンティブの設計」櫛笥隆亮編著『経営者報酬の実務』（中央経済社，2018）66-67 頁。

3　インセンティブ報酬を採用している企業に，その主要なものの仕訳を質問した。この質問は，C〜F の 4 社が回答しており，図表 4-7 の通りである。基本的に，会計基準等に準拠した会計処理が示されていた。なお，インセンティブ報酬の会計処理については第 5 章も併せて参照されたい。

　なお，図表 4-7 の C 社は，図表 4-4 のように「リストリクテッドストック，パフォーマンスキャッシュ」の 2 つのスキームを回答しており，アンケート票では「最大の金額のものに◎」と指示を付したが両方とも○での回答であり，どちらを想定した質問かについて回答上は明確ではない。しかし，パフォーマンスキャッシュであれば付与時に仕訳が生じないため，リストリクテッドストックを想定して回答したものと思われるので，図表 4-7 ではリストリクテッドストックとして表記している。

4　各スキームの特徴は，第 1 章を参照。

5　ライオン株式会社 160 期（自 2020 年 1 月 1 日　至 2020 年 12 月 31 日）の有価証券報告書を参照。

6　ライオン株式会社の有価証券報告書では，役員報酬 BIP（Board Incentive Plan）信託と表記されている。

7　日本マスタートラスト信託銀行と三菱 UFJ 信託銀行の関係については，「日本マスタートラスト信託銀行は，三菱信託銀行と UFJ 信託銀行（いずれも現三菱 UFJ 信託銀行）

図表 4-7　主要なインセンティブ報酬の仕訳

企業名 (仮称)	インセンティブ 報酬のスキーム	付与時	決算時	支給時
C	リストリクテッ ドストック	前払費用 ／自己株式	役員報酬／前払費用	なし
D	株式交付信託	なし	役員報酬／株式給付引当金	株式給付引当金 ／自己株式
E	リストリクテッ ドストック	前払費用 ／自己株式	役員報酬／前払費用	なし
F	パフォーマンス シェアユニット	株式報酬費用 ／株式報酬に 係る負債	株式報酬に係る負債 ／株式報酬費用 株式報酬費用 ／株式報酬に係る負債 （時価にて洗替え）	株式報酬に係る負債 ／金銭報酬債務

の資産管理業務に係る経営資源および管理資産を集約化し，規模の経済の追求，大規模な IT 投資の実施により，決済制度改革や高度化・複雑化するお客さまの資産管理ニーズにお応えすることを目的として，三菱 UFJ フィナンシャル・グループの設立に先立ち，2000 年 5 月 9 日に我が国で最初の資産管理専門銀行として発足いたしました」（三菱 UFJ 信託銀行 HP，https://www.tr.mufg.jp/houjin/jutaku/kanri_mtbj.html，2021 年 12 月 9 日最終閲覧）と説明されている。

8　補充原則 4-10 ①は，2021 年改訂前は，「取締役会の下に独立社外取締役を主要な構成員とする任意の指名委員会・報酬委員会など，独立した諮問委員会を設置することにより，指名・報酬などの特に重要な事項に関する検討に当たり独立社外取締役の適切な関与・助言を得るべきである」としていた。なお，2021 年改訂後は，「取締役会の下に独立社外取締役を主要な構成員とする独立した指名委員会・報酬委員会を設置することにより，指名や報酬などの特に重要な事項に関する検討に当たり，ジェンダー等の多様性やスキルの観点を含め，これらの委員会の適切な関与・助言を得るべきである」と改訂し，「任意」という言葉は削除されたが，指名委員会や報酬委員会の適切な関与・助言が期待されている。

　　なお，2021 年改訂後では，「特に，プライム市場上場会社は，各委員会の構成員の過半数を独立社外取締役とすることを基本とし，その委員会構成の独立性に関する考え方・権限・役割等を開示すべきである」という文章が追加され，プライム市場での各委員会に関する開示が強調されている。

9　アンケート票では，「制度設計を主管した部門」との文言を用いて質問を行っているため，財務部門等も関与しているものと思われるが，ここでは制度設計において中心的な役割を果たした部門の特徴として捉えている。

10　このうち 1 社からは，今後採用したいスキームについて，「リストリクテッドストック，

ファントムストック」との回答があり，その理由として「業績に応じた株価上昇を期待
出来ると考える」とのことであった。残念ながら，採用していない理由については記述
がなかった。

11　複数回答としており，最も該当するものに◎を付し，それ以外は○と区分した記入を
お願いした。ここでは，◎の記入及び○が 1 つのみ記入されたものを集計している。

12　例えば，久保克行・内ヶ﨑茂・吉田宏克・岩田航「報酬状況と中長期インセンティブ
評価指標の変化」『企業会計』73 巻 7 号（2021 年）では，「評価指標としては会計的な
指標が引き続き使用されている」（71 頁）とし，「2019 年と 2020 年の採用率上位 6 つは
一致し，このうち 5 つが損益計算書の指標であり，もう 1 つは『自己資本利益率（ROE）』
であった」（71 頁）とする。なお，図表 9（72 頁）において，上位 20 が示されており，
上記 6 つ（2020 年の順）は，営業利益，自己資本利益率（ROE），売上高，当期純利益，
経常利益，営業利益率，となっている。

13　本アンケート調査では大企業の回答のみとなったため，結果のみ示すこととするが，
業績連動給与に関しては中小企業では実質的に損金算入できない取扱いになっているこ
とに対する質問に対し，「②十分ではない」が 1 社，「③あまり十分ではない」が 3 社，「④
概ね十分である」4 社という結果であった。

14　中小企業（特に，株主と経営者が一致するような会社）では，源泉所得税の負担等を
考慮すると，一度役員給与を支給したうえでその資金を会社に貸し付ける方法も行われ
ているものと思われる。

第 4 章担当　金子友裕（東洋大学）／鈴木大介（麗澤大学）
道下知子（青山学院大学）／中野貴元（全国経理教育協会）

インセンティブ報酬と

会計

インセンティブ報酬に関する
現行の会計処理の特徴の
整理と問題点

I はじめに

　インセンティブ報酬の範疇に含まれるものは，①株式の増加を伴うものと，②金銭の交付を伴うものとがあり，①株式の増加を伴うものには，1. 事前に譲渡制限株式の交付を行うもの，2. 事後に株式の交付を行うもの，3. 事前に新株予約権の交付を行うもの，及び 4. 株式を信託に拠出するものに分類される。本章では，それぞれの分類に属するインセンティブ報酬の会計処理について特徴を整理し，それぞれの会計処理を横断的に比較したのち，実務における会計処理の方向性とあるべき会計処理について言及する。なお，会計処理は，次の図表 5-1 に示す会計基準等を参照している。

II 本章におけるインセンティブ報酬の会計処理の視座

　本章では，インセンティブ報酬の各種スキームが，役員報酬を株価上昇や業績と連動させることにより，役員の意識を企業価値の上昇に向けさせるという意図をもってセットされた報酬制度であるとして，当該各種スキームの経済的実態が，概ね同一であるとしたならば，スキームの相違があっても概ね同一の会計処理が行われるべきという視座に基づいて検討を行った。

図表5-1　本章で取り上げるインセンティブ報酬に関する会計基準等

会計基準等	公表団体	公表日・改正日	本章での略記
会計制度委員会研究報告 15 号「インセンティブ報酬の会計処理に関する研究報告」	日本公認会計士協会	2019 年 5 月 27 日	15 号
実務対応報告 41 号「取締役の報酬等として株式を無償交付する取引に関する取扱い」	企業会計基準委員会	2021 年 1 月 28 日	41 号
「攻めの経営」を促す役員報酬～企業の持続的成長のためのインセンティブプラン導入の手引～（2021 年 6 月時点版）	経済産業省		経産省2021 年版
企業会計基準 8 号「ストック・オプション等に関する会計基準」	企業会計基準委員会	2005 年 12 月 27 日	8 号
企業会計基準適用指針 11 号「ストック・オプション等に関する会計基準の適用指針」	企業会計基準委員会	2006 年 5 月 31 日	11 号
実務対応報告 30 号「従業員等に信託を通じて自社の株式を交付する取引に関する実務上の取扱い」	企業会計基準委員会	最終改正2015 年 3 月 26 日	30 号
企業会計基準 5 号「貸借対照表の純資産の部の表示に関する会計基準」	企業会計基準委員会	最終改正2021 年 1 月 28 日	改正 5 号
企業会計基準 4 号「役員賞与に関する会計基準」	企業会計基準委員会	2005 年 11 月 29 日	4 号

Ⅲ　株式の増加を伴うインセンティブ報酬の類型と整理

1.　事前に譲渡制限株式の交付を行うもの（事前交付型）

　リストリクテッドストックと初年度発行型パフォーマンスシェアがこれにあたる。リストリクテッドストックとは，譲渡制限付株式を事前に交付し，勤務に応じて当該制限を解除する形の株式報酬制度ないし，当該制度に用いられる株式のことをいう（15 号Ⅵ 3.(1)①）。これに対して初年度発行型パフォーマンスシェアとは，前述の事前交付型譲渡制限付株式（リストリクテッ

ドストック）と同様のスキームであるが，譲渡制限解除要件として一定の業績等条件の達成を求めるものである（15号Ⅵ4.(1)）。

スキームを図示すれば，次の図表5-2のようになる。

図表5-2　事前交付型譲渡制限付株式のスキーム

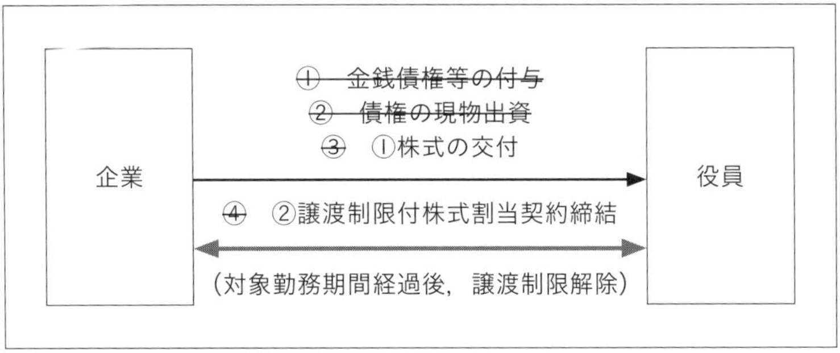

（出典）15号Ⅳ3.【図表8】を一部修正。

このスキーム図の原型は，15号Ⅵ3.【図表8】にあるものだが，2019年12月4日に成立した「会社法の一部を改正する法律」（令和元年法律70号）（以下，改正会社法とする）において，上場会社が取締役の報酬等として株式の発行等をする場合には，金銭の払込み等を要しないこととされた（改正会社法202条の2）ことから，金銭債権の付与及び債権の現物出資を（見え消しとして）削除している。

2.　事後に株式の交付を行うもの（事後交付型）

リストリクテッドストックユニットとパフォーマンスシェアユニットがこれにあたる。リストリクテッドストックユニットもパフォーマンスシェアユニットも，中長期的な業績目標の達成度合いに応じた株式数が交付される株式報酬（15号Ⅵ6.(1)①）として整理され，事後交付型といわれる。

スキームを図示すれば，次の図表5-3のようになる。

このスキーム図の原型も，15号Ⅵ6.【図表10】にあるものだが，こちらも改正会社法の影響により，図表5-2と同じく，金銭債権の付与及び債権の現物出資を（見え消しとして）削除している。

図表 5-3　事後交付型のスキーム

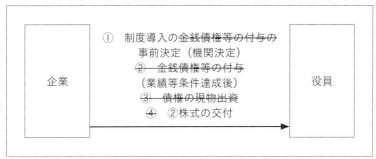

(出典) 15 号 VI6.【図表 10】を一部修正。

3.　新株予約権の交付を行うもの

　ストックオプションがこれにあたる。ストックオプションとは，会社の役員・従業員等が一定の権利行使期間内にあらかじめ定められた権利行使価額で所定の数の株式を会社から取得することのできる新株予約権であり，職務執行・労働的提供等の対価として付与されるものをいう[1]。ストックオプションには，以下の 3 類型がある（15 号 II）。

⑴　株式報酬型ストックオプション（1 円ストックオプション）

　権利行使価格を 1 円に設定した株式報酬型のストックオプションのことであり，株式本体部分について報酬として享受することができる[2]。

⑵　業績連動型ストックオプション（無償発行のもの）

　業績条件を付し，株価上昇のみならず，業績向上へのインセンティブも付した形のストックオプション（制度）である。

⑶　権利確定条件付き有償新株予約権（有償ストックオプション）

　企業がその従業員等に対して権利確定条件（業績条件など）が付されている新株予約権（ストックオプション）を付与する場合に，当該新株予約権の付与に伴い当該従業員等が一定の額の金銭を企業に払い込む報酬制度である。

4. 株式を信託に拠出するもの

　役員に対する株式交付信託がこれにあたる。役員に対する株式交付信託とは，役員への企業価値向上へのインセンティブ付与を目的として，自社の株式を受け取ることができる権利（受給権）を付与された役員に、信託を通じて自社の株式を交付する株式報酬（15号Ⅵ5.(1)①）として整理される[3]。

Ⅳ　株式の増加を伴うインセンティブ報酬の類型と会計処理

Ⅰ. ストックオプションの会計処理

　株式が増加する場合のインセンティブ報酬の会計処理として，ストックオプションの会計処理を最初に取り上げる。ストックオプションの会計処理は，以下のようになる。

(1) ストックオプションと企業が期待するサービスが契約成立の時点において等価で交換されていると考え（8号49項），付与時における公正な評価額を計算する（8号5項，6項）。

(2-1) 当該評価額を，企業が従業員等から取得するサービスの総額として，対象勤務期間を基礎とする方法その他の合理的な方法に基づき，費用として計上する（8号5項）。ここに，対象勤務期間とは，「ストックオプションと報酬関係にあるサービスの提供期間であり，付与日から権利確定日までの期間をいう（8号2項(9)）。

(2-2) 対応する金額を，ストックオプションの権利の行使又は失効が確定するまでの間，貸借対照表の純資産の部に新株予約権として計上する（8号，4項）。

(3) 権利行使時において，新株の発行が行われ，計上された新株予約権を払込資本に計上する（8号8項）。

　これを仕訳で示せば，次のようになる。

1)	付与時	仕訳無し
2)	権利行使日までの毎決算時	(借)株式報酬費用 ×××　(貸)新株予約権 ×××
3)	権利行使時	(借)新株予約権　×××　(貸)払込資本　×××

2. 事前交付型の会計処理 (リストリクテッドストック)

　事前に譲渡制限株式の交付を行うもの (事前交付型) として, ここでは, リストリクテッドストックの会計処理を取り上げる。リストリクテッドストックの会計処理を仕訳で示せば, 以下のようになる。

	15号 (経産省 2021年版　Q44)	41号
付与時	(借)前払費用　×××　(貸)金銭報酬債務 ×××	
現物出資の処理	(借)金銭報酬債権 ×××　(貸)払込資本　××× (借)金銭報酬債務 ×××　(貸)金銭報酬債権 ×××	仕訳無し
対象勤務期間中の決算時	(借)株式報酬費用 ×××　(貸)前払費用　×××	(借)株式報酬費用 ×××　(貸)払込資本 ×××
対象勤務期間満了日を含む事業年度	(借)株式報酬費用 ×××　(貸)前払費用　×××	(借)株式報酬費用 ×××　(貸)払込資本 ×××

　仕訳処理は, 15号と41号の両方で紹介されているが, それぞれの公表時点が, 改正会社法の成立時点以前か, 以後かという点で違いが生じている。改正会社法の施行前においては, 実務上, 金銭を取締役等の報酬等としたうえで, 取締役等に株式会社に対する報酬支払請求権を現物出資財産として給付させることによって株式を交付することとされていた。これに対して, このような方法は技巧的であること, 及び株式を交付した場合の資本金等の取扱いが明確でないという指摘がなされていた (41号25項) が, 改正会社法においては, 上場会社が取締役の報酬等として株式の発行等をする場合には, 金銭の払込み等を要しないこととされた (改正会社法202条の2)。41号の仕訳処理に, 前払費用の計上と現物出資の処理の仕訳が無いのは, この会社法改正を受けたものと解され, 41号の会計処理においては, 「株式の発行等」を, 「自社の新株の発行又は自己株式の処分をいうもの」と定義したうえで (41号4項(5)), リストリクテッドストックの会計処理については, 現物出資の会計処理を行わず, 対象勤務期間を基礎とする方法その他の合理的な方法に基づき当期に発生したと認められる額を費用計上することができるようにな

った。改正会社法施行日（令和3年3月1日）以後は，上場会社においては，41号の会計処理が採用されるものと考えられる[4]。

3. 事後交付型の会計処理（リストリクテッドストックユニット[5]）

事後に株式の交付を行うものとして，ここでは，リストリクテッドストックユニットの会計処理を取り上げる。

リストリクテッドストックユニットの会計処理を仕訳で示せば，以下のようになる。

	15号	41号
付与時	仕訳無し	仕訳無し
勤務対象期間満了時もしくは決算時	(借)株式報酬費用 ××× (貸)負債 ×××	(借)株式報酬費用 ××× (貸)株式引受権 ×××
(割当日)金銭債権等付与時	(借)負債 ××× (貸)金銭報酬債務 ×××	(借)株式引受権 ××× (貸)払込資本 ×××
(割当日)現物出資の処理	(借)金銭報酬債権 ××× (貸)払込資本 ××× (借)金銭報酬債務 ××× (貸)金銭報酬債権 ×××	

事前交付型と同じく，仕訳処理は15号と41号の両方で紹介されている。事後交付型においても，2.事前交付型の会計処理にも記載の通り，改正会社法（改正会社法202条の2）の影響により，事後交付型においても現物出資の処理の仕訳がなくなった。さらに，株式引受権という新設の勘定科目が使用されている。株式引受権とは，「取締役又は執行がその職務の執行として株式会社に対して，提供した役務の対価として当該株式会社の株式の交付を受けることができる権利（新株予約権を除く。）」をいい（改正会社計算規則2条3項34号）、新株予約権と同様に純資産の部に表示され（改正5号7項(1)(2)）る。株式引受権が新株予約権と同様に純資産に計上される理由は，以下のようなものと考えられる。（改正5号22項(1)参照）

(1) 権利行使の有無が確定するまでの間，その性格が確定しないこと。

(2) 返済義務のある負債ではなく，負債の部に表示することは適当ではないこと。

4. 会社法改正後のストックオプション，事前交付型及び事後交付型の会計 処理の比較検討

(1) ストックオプション，事前交付型及び事後交付型の費用計上額と費用 配分額について

　ストックオプションの会計処理では，付与日の公正な評価額を，対象勤務 期間を基礎とする方法その他の合理的な方法に基づき費用配分を行うことと している（41号29項）。付与日の公正な評価額を費用配分するのは，付与し たストックオプションと企業が期待するサービスが契約成立の時点において 等価で交換されていると考えているから（8号49項）である。これに対して， 事前交付型及び事後交付型においても，ストックオプション同様に交付する 株式とその対価である取締役等が提供するサービスが等価で交換されている とみなすことが適切であると考えられる（41号30項）とし，対象勤務期間 を契約において定められた期間として，各会計期間における費用計上額を， 対象勤務期間を基礎とする方法その他の合理的な方法に基づき費用配分する こととされる（41号6項）。

　上記のように，インセンティブ報酬としてのストックオプションと事前交 付型・事後交付型については，付与日ないし契約日の時価評価額を，対象勤 務期間ないし契約期間に基づき費用配分するという点において，会計処理を おおむね同一なものとして整理することができたと考えられる。

(2) ストックオプション及び事後交付型の貸方側の会計処理について

① 負債（引当金）処理について

　改正会社法以前における事後交付型の会計処理では，費用計上額の相手科 目は負債（引当金）とされていたが，返済義務はなく負債ではない（15号Ⅳ 2.(4)）という批判があった。改正会社法においては，純資産の内訳の勘定科 目として株式引受権が導入されたことにより，問題は解消された。

② 払込資本の増加について

　払込資本の増加時点は，ストックオプション及び事後交付型においては， 株式の発行時点となる。しかしながら，事前交付型の場合は，ストックオプ

ション及び事後交付型と異なり，株式発行した時点（割当日）において払込資本が増加しない（41号5項）。これは，割当日においては，資本を増加させる財産等の増加は生じていないため，割当日においては払込資本を増加させず，取締役等からサービスの提供を受けることをもって，分割での払込みがなされていると考える（41号40項）との説明がなされている。

しかし，譲渡制限株式とはいえ，有効な株式が割当日には発行されているのであるから，割当日に払込資本の増加を認識しない事前交付型の会計処理は，割当日に払込資本の増加を認識するストックオプション及び事後交付型の会計処理と整合していない。事前交付型についても，割当日において払込資本を認識するのか，ストックオプションや事後交付型と同様に，取締役等からのサービスの提供額を払込資本ではない純資産項目で，譲渡制限が解除されるまでの間計上し，譲渡制限が解かれた時点で払込資本とするのかという点を再度検討する必要があると思われる。

以下，インセンティブ報酬（ストックオプション，事前交付型及び事後交付型）に係る費用認識及び測定の概要を図示したものが図表5-4である。なお，これは，15号Ⅳ1.(5)①の表を，41号の会計処理にあわせて修正を加えたものである。

図表 5-4　インセンティブ報酬に係る費用認識及び測定の概要

	ストックオプション	自社株型 （事前交付型）	自社株型 （事後交付型）
費用認識の 相手勘定	純資産 （新株予約権）	純資産 （株主資本）	純資産 （株式引受権）
測定の基準日	付与日	付与日 （契約日）	付与日 （契約日）
測定の基礎	公正な評価単価	時価（株価）	時価（株価）
費用認識の時期	付与日から権利確定日まで （対象勤務期間）	対象勤務期間	対象勤務期間

（出典）15号ⅣⅠ.(5)①【図表Ⅰ】を一部修正。

5.　役員向け株式交付信託の会計処理

役員向け株式交付信託とは，自社の株式を受け取ることができる権利（受

給権）を付与された役員等に信託を通じて自社の株式を交付する株式報酬制度をいう（15号Ⅱ）。役員向け株式交付信託の会計基準は存在しないが，従業員等に信託を通じて自社の株式を交付する取引（株式交付信託）に関しては，30号が企業会計基準委員会より公表されている。30号の適用対象は，以下の取引とされている。

- 従業員への福利厚生を目的として，自社の株式を受け取ることができる権利（受給権）を付与された従業員に対し，信託を通じて自社の株式を交付する取引（いわゆる株式給付型，30号4項）
- 従業員への福利厚生を目的として，従業員持株会に信託を通じて自社の株式を交付する取引（いわゆる従業員持株会型，30号3項）

このように30号の適用範囲には，役員向けの株式給付型株式交付信託は含まれないが，役員向けの制度であったとしても，そのスキームの内容に応じて，30号の定めを参考にすることが考えられるとされている（30号26項）。

この会計処理を，仕訳を示せば，以下のようになる。

信託設定時	(借)信託口財産	×××	(貸)自己株式	×××
期末時				
(ポイント計上)	(借)株式報酬引当金繰入額	×××	(貸)株式報酬引当金	×××
(総額法の処理)	(借)自己株式	×××	(貸)信託口財産	×××
交付時	(借)株式報酬引当金	×××	(貸)自己株式	×××
			払込資本	×××

まず最初に，保有自己株式に信託を設定する。期末時には，当該事業年度中に付与されることとなったポイント分を株式報酬引当金繰入額（あるいは株式報酬）として，株式報酬引当金を計上する。

対象となる信託が，以下の(1)及び(2)の要件をいずれも満たす場合には，企業は期末において，総額法を適用し，信託の財産を企業の個別財務諸表に計上する。

(1) 委託者が信託の変更をする権限を有している場合

(2) 企業に信託財産の経済的効果が帰属しないことが明らかであるとは認められない場合

　仕訳としては，信託財産が，拠出した自己の株式のみである場合には，信託口財産計上額と，自己株式を相殺する仕訳を行う（手数料等は考慮していない）。

　交付時においては，株式報酬引当金を取り崩すとともに，自己株式の処分の会計処理を行い，株式報酬引当金と自己株式の差額は，自己株式売却損益として処理する。

6. 役員向け株式交付信託と他の株式の増加を伴うインセンティブ報酬との会計処理の比較検討

　役員向け株式交付信託とストックオプション及びリストリクテッドストックと異なる点は以下に整理される。

(1) 役員向け株式交付信託はポイント制が前提[6]であること

　役員向け株式交付信託は，ポイント付与に応じた費用計上を行うということなので，契約時の時価評価額を対象勤務期間で費用配分を行うストックオプション及びリストリクテッドストックと費用認識の仕方が異なる。

(2) 信託から株式を受け取る点

　ストックオプション及び事後交付型の会計処理と役員向け株式交付信託との相違は，株式が交付されるまでの費用計上額の相手科目が，前二者が，新株予約権ないし株式引受権（いずれも純資産）に計上されるのに対し，役員向け株式交付信託は，引当金（負債）とされる点である。その理由は，ポイントの計上が，将来における信託口財産の減少（資産の減少）として支払われると理解されているからと考えられる。これに対して，総額法を前提とすれば，信託口財産の減少は，自己株式の減少として処理されるので，引当金（負債）計上ではなく，純資産に計上した方が望ましいと考えられる。

Ⅴ　金銭の交付を伴うインセンティブ報酬の類型と会計処理

　インセンティブ報酬のうち，金銭の交付を伴うものとしては，1. 役員賞与

と2. 株価連動型金銭報酬の類型がある。

I. 役員賞与の会計処理

役員賞与は，短期的なインセンティブとして機能するという考え方があるので，インセンティブ報酬の1つとして取り上げる。役員賞与の会計処理は，以下のようになる。

発生年度	(借)役員賞与 ×××　　 (貸)役員賞与引当金 ×××
支払時	(借)役員賞与引当金 ×××　　 (貸)現金預金　　　　 ×××

役員賞与は，業績評価対象期間の業績に連動して発生すると解し，その発生年度の費用として処理される。当事業年度の職務に係る役員賞与を，期末後に開催される株主総会の決議事項とする場合には，当該支給は株主総会の決議が前提となるので，当該決議事項とする額又はその見込額（当事業年度の職務に係る額に限るものとする。）を，原則として，引当金に計上する（4号13項）。

なお，パフォーマンスキャッシュは，一定の業績等条件を達成することで報酬額が決定する現金報酬制度（15号Ⅵ 7. ①）とされるが，業績等条件が加味された役員賞与と解されるため，会計処理は，役員賞与と同様と解される。

2. 株価連動型金銭報酬の会計処理

株価連動型金銭報酬とは，金銭によって役員等に給付される報酬であるものの，当該報酬の額が自社ないし親会社等の株価に連動して決定されるような報酬のことをいう（15号Ⅴ 6.）。なお，株価連動型金銭報酬につき，会計処理に関する基準は，本章の執筆時には存在しない。株式連動型金銭報酬に該当するものは，以下の2つが挙げられる。

⑴ ファントムストック

ファントムストックは，仮想的に株式を付与して，配当の受領権や株式の

値上がり益（あらかじめ設定された一定額（仮想行使価格）との差額）に相当する現金で役員等に交付する株価連動型の金銭報酬制度（15号Ⅵ7.①）をいう。

⑵　ストックアプリシエーションライト（SAR：株式増価受益権）

ストックアプリシエーションライトは，仮想的な株式の交付はなく，あらかじめ設定された一定額（仮想行使価格）を株価が上回っている場合に，当該差額に相当する現金を役員等に交付する株価連動型の金銭報酬制度（仮想的な行使価格を設定する）（15号Ⅵ7.①）をいう。

ファントムストックは仮想株式，SARは仮想新株予約権を付与するという点が相違する。会計処理は，いずれも以下のようなものとなる（15号Ⅵ7.⑶①）。

制度導入時	仕訳無し			
発生年度	(借)役員報酬	×××	(貸)役員報酬引当金	×××
支払時	(借)役員賞与引当金	×××	(貸)現金預金	×××
	役員報酬	×××		

ファントムストックもストックアプリシエーションライトも対象勤務期間が設定された一般的なスキームものであれば，会計処理は，対象勤務期間を通じて株式報酬費用等を計上していくことになると考えられる。ここで，株式報酬費用等の相手勘定は，将来において企業が役員等に対して現金を支払う義務を負っているため，負債（引当金）になると考えられる。よって，一般的な引当金の計上要件（企業会計原則注解【注18】）に従い，引当金の計上の要否を検討することになる（15号Ⅴ6.⑵①）。

株価連動型金銭報酬の単価の測定に際しては，以下のような方法が考えられる（15号Ⅵ7.⑶②）。

- 期末までに生じたと認められる（仮想）交付株式数に，期末日の株価を基礎とした単価（期末株価−（仮想）行使価格，行使価格がゼロの場合には期末株価）を乗じて引当金の金額を算定する方法

- 将来の株価変動（ボラティリティ）も考慮した当該株価連動報酬の時価（いわゆるオプション価値）により算定する方法

3. 役員賞与と株価連動型金銭報酬との会計処理の比較検討

金銭で支払われる役員報酬であるので，借方側で費用，貸方側で負債（引当金）に計上，支払い時に引当金の取崩としての処理は問題ない。しかしながら，株式連動型報酬のうち，仮想といっても株式ないしは新株予約権を付与する，ということであるのだから，仮想ではなく現実に株式ないしは新株予約権を付与する場合との整合に配慮する必要があるのではないかという疑問が生じる。

本章の作成時点においては，株価連動型金銭報酬に関する会計基準は未整備であるので，同会計基準の設定に際しては，仮想である株式ないし新株予約権の付与と，現実に株式ないし新株予約権の付与する場合との，株式報酬としての会計処理の整合に配慮する必要があると考える。

VI おわりに

本章においてインセンティブ報酬に関する現行の会計処理の整理を行った結果，指摘される点は以下の通りである。

1. 事前交付型について，株式の発行数の増加と，払込資本の計上の時期が一致しない点
   事後交付型やストックオプションの場合には，株式の発行時点＝払込資本の増加となっているが，事前交付型は，株式発行時点＝払込資本の増加となっていない。
2. 株式の増加を伴うもののうち，役員向け株式交付信託のみが，負債（引当金）処理であること
   総額法の場合，信託が役員に自己株式の交付を行った時に，発行会社においては自己株式の減少として処理されることから，負債（引当金）ではなく純資産を相手科目として処理することが可能ではないかと考える。

　　今後インセンティブ報酬についての会計基準の制定があるとするなら，信託方式に関しても他のインセンティブ報酬と整合した会計処理として整理が望ましい。

3. 株式連動型金銭報酬の会計処理の基準がないこと

　　仮想であるか，現実であるかの差は，最終的には払込資本の増加があるか否かの差になると思われるが，対象勤務期間が設定されたものであれば，対象勤務期間を通じて株式報酬費用等を計上していくものとして，他のインセンティブ報酬との整合的な会計処理基準の整備が望ましい。

［注］

1　松尾拓也・西村美智子・中島礼子・土屋光邦編著（2017）『インセンティブ報酬の法務・税務・会計』（中央経済社，2017）117 頁。

2　改正会社法では，行使価額が 0 円でも可能となった。

3　株式交付信託のスキームの概要については，第 14 章を参照されたい。

4　なお，改正会社法においては，新株予約権についても，同様な改正がなされているが，新株予約権は，権利行使によりその株式会社の株式の交付を受けることができる権利であるので，株式と異なり資本充実の要請は生じない。よって，ストックオプションの会計処理は，株式が増加するリストリクテッドストックと異なり，改正会社法以前から，付与時に計算された公正な評価額を，企業が従業員等から取得するサービスの総額として，その取得に応じて費用として計上するという会計処理を行うことができたと考える。

5　パフォーマンスシェアユニットの会計処理は，リストリクテッドストックとおおむね同様である。

6　第 14 章を参照されたい。

第 5 章担当　若林恒行（公認会計士）

インセンティブ報酬の
会計処理の論理

I　はじめに

　どのような状況であっても常に報酬額が一定，すなわち報酬額にリスクが
なければ，従業員等は努力する必要がない。したがって，企業は，状況に応
じて給与水準を変化させている。さらには，企業は，近年，通常の報酬体系
とは別に，労働サービスを動機づける仕組みを採用し，従業員等の意思決定
によって報酬額が変化するような工夫をしている。「業務への従事そのもの
ではなく，別個に意欲向上のための誘因」をインセンティブといい[1]，そう
した誘因を従業員等に与える報酬をインセンティブ報酬というのであった。

　インセンティブ報酬の本質は，リスクにある。リスクから解放された利益
を計上しようとする企業会計では，そうしたリスクを内包したインセンティ
ブ報酬をどのように取り扱うべきなのか。先行研究等では，株式やオプショ
ンといった，形式そのものだけを考慮した議論が散見され，結果として議論
の根底にある擬制のありかたが埒外に置かれることがある。本章は，インセ
ンティブ報酬の会計処理の本質を検討し，そうした擬制の意義を確かめ，会
計処理を決定するために何が検討されなければならないのかを確認していき
たい。

Ⅱ 資本と利益

　インセンティブ報酬に関する具体的な会計処理をみる準備として，企業会計における資本と利益の考え方を確認したい。厳密な検討は本章の域を越えるが，そうした作業は，のちの議論の前提条件となる。基礎的検討を与件として，インセンティブ報酬の会計処理が一意に導出されることを期待しているわけである。

　さて，利益は，一期間における「余剰」として計算されている。期首の維持すべき資本は利益がゼロとなる水準を示す[2]。クリーン・サープラスを仮定し，資本取引を考慮外とすれば，期末の資本がそれをどれだけ超過したかが利益となる[3]。なお，利益が，ストックである維持すべき資本の差額でしかないとしても，ストックのみ開示されればよいわけではない。利益の大きさを把握できても，なぜ生じたかはストックだけでは分からない。確実性下では，利益の詳細をフローとして表示する意味は皆無だが，不確実性下では，将来の動向は不確かであり，事前に知ることはできない。ストックの変分がなぜ生じたのかを理解するにはフローの情報が不可欠であり，ストックとフロー双方に関する情報が等しく重要となる。

　余剰としての利益は維持すべき資本の水準に依存するが，その維持すべき資本は，資本取引と同様，その帰属主体の定義に依存する。普通株主にのみ帰属する利益を計算しようとすれば，普通株主に帰属する投資額のみが維持すべき資本とされる[4]。利害関係者すべてに帰属する利益であれば，債権者や株主の投資額はいずれも維持すべき資本となろう。そこでは，彼らと企業との取引は資本取引とされるため，支払利息といった従来の費用も資本取引となり，利益計算の考慮外となる。他方，企業それ自体のみに帰属する利益を計算しようとすれば，実際には所有者としての地位にある株主の持分をあえて切り離し，企業自らが稼いだ留保利益のみが維持すべき資本となる。そこでは支払利息だけでなく，配当も費用となる。企業会計の資本と利益の関係は，こうした利益の帰属主体の定義に対して，柔軟に対応できる構造を有している[5]。

　そうであれば，負債を，資産のマイナスと定義することは自明でない。負

債は，債権者の特性を踏まえて，一般に，経済的資源を引き渡す将来の義務
とされるが，その定義は選択肢の１つでしかない。メザニンを認めない通常
の貸借対照表であれば，利益の帰属する主体の投資を維持すべき資本とすれ
ばそれ以外を負債とするしかない。もちろん，利益の帰属を明確に考慮せず，
単純に，一定の資産の定義を与件とし，それを引き渡す義務を負債としたう
えで，差額として資本を扱うことも可能である。その場合，当然に，維持す
べき資本と利益の帰属は曖昧になる。誰の投資を維持すべき資本とするかが
曖昧であれば，誰のための利益なのかが不明瞭となるのは自明であろう[6]。

　ところで，役員賞与は，現状では費用処理されるが，以前は，利益処分と
されていた。利益の管理が役員の責任だとすれば，利益の金額の判明を待っ
て役員賞与を確定させたかったのかもしれない。利益処分の権限は，利益の
帰属主体にあり，株主への配当と同様，役員報酬をあたかも株主から私的に
役員に支払われたとみたのかもしれない[7]。そもそも，仮に役員を利益の帰
属主体とすれば，彼らとの取引は資本取引となり，役員賞与は利益処分とな
る。役員賞与が費用なのか資本取引なのかは，少なくとも，利益の帰属主体
の定義に依存するのである。また，それは，利益の計算で考慮すべき企業活
動の範囲にも依存する。役員の行動を利益計算で考慮すべき企業活動の一環
とみれば，利益計算から排除するのは自然でなく，役員賞与は費用となる。
資本と利益の計算は，上述の種々の任意の定義に対応できるものの，こうし
た利益の帰属主体や企業活動の範囲それ自体は，企業会計の論理から一意に
導出される保証はない[8]。

III　基礎的考察

I.　金銭報酬

　労働サービスの対価として企業が現金を支払うもっとも一般的な金銭報酬
の会計処理を確認しておきたい[9]。ここで，従業員等から受けた労働サービ
スの対価として企業が給付するものを報酬とする[10]。企業の財が外部の従業
員等へ流出するため，資産の減少とともに費用が計上される。総額でみれば，
金銭の流出をもって費用を認識し，費用の測定は支出のみに依存する。費用

となる報酬総額に議論の余地はない。

　もっとも，期間費用は，労働サービスが提供されうる期間に依存するため，任意の期間において，支払った報酬額と期間費用が同額となる保証はない。労働サービスによって収益が期待されるが，その収益と費用を対応させるため，期間費用の額が修正されうる。なお，こうしたフローからの説明は，契約による権利や支払義務を資産や負債とするストックからの説明であっても本質的に同じとなる。期間に対して過度に支払った報酬は，契約等により，将来労働サービスの提供を受ける権利であり，収益が生じる可能性が高ければ，資産計上される。労働サービスが提供され，収益が生じたであろう期間に対して，金銭報酬が未払の状況では債務が生じており，負債が計上される。ストックとフローいずれからみても，議論の本質に違いはない。

　ここで，労働サービスそれ自体が費用となるわけではないことに留意したい。労働サービスの消費でなく，金銭の減少が費用とされている。労働サービスの提供期間は，費用配分の判断として使用されているだけである。費用総額が労働サービスの経済的価値ではなく，金銭報酬の合計と同値となることからも明らかであろう。実務では，労働サービスの経済的価値が，金銭報酬と同額となる保証もなければ，勤務期間の長さに比例する保証もない。従業員の失敗（怠惰）からヒット商品が生まれることも，熱心に働いた結果として多額の損失を計上することもあり得る。金銭報酬以上の経済的価値を持つ労働サービスが提供されれば，その差分だけのれんが増加し，企業価値が高まり，その実現によって利益が事後的に増加するだけである。従業員等それ自体はもとより，そこから生じる労働サービスを，瞬時的であれ，支配できるはずはない。通常の議論では，そうした差分が資産計上されるわけではない。

　ところで，企業が株主から受託された財を報酬として従業員等に支払うのでなく，直接，株主が，従業員等に，私的に金銭を支払った場合はどうだろうか。企業が給付したわけではなく，さきの報酬の定義に合致しない。企業会計はあくまで企業の会計であって，利益の帰属主体である株主の家計の会計ではない。受託された財の変動に関心があるため，株主が従業員等に支払った給付は無視することもできる。情報の観点からは，注記に記載すれば周

知となる。とはいえ，報酬の定義に該当しないからとって無視できるだろうか。従業員等が労働サービスを企業に提供するとして，企業から現金が支払われた場合と，株主から支払われた場合で，企業会計上の費用が異なってよいだろうか。

　この点，企業活動の業績を算定するのが企業会計の利益だとすれば，この金銭の支払いが，企業活動の一環なのか，株主の私的な活動の範疇かが，費用計上すべきかを決定する。企業活動の一環とすれば，費用を計上するため，いったん，株主から企業に金銭が出資され，直後に，従業員等に支払われたと擬制することは有意味であろう。他方で，企業活動とは無関係に金銭が支払われたとすれば，企業会計で考慮する必要はない。余剰という意味だけでなく，企業の活動成果をも示すのが利益だとすれば，報酬が企業から支払われたかどうかではなく，給付が利益計算で考慮すべき企業活動の一環とみなせるかどうかが本質となる。

2.　株式報酬

　報酬をもらう従業員等からみれば，金銭であれ株式であれ，経済的価値のある対価であることに違いはない。株式のリスクを嫌うのであれば，従業員等は，即座に売却すればよい[11]。とはいえ，企業の視点から検討される企業会計では，この2つの報酬形態を同質とはみなさない。かつては資産とされた自己株式も，換金可能でありながら，金銭とはまったく別の扱いとなった。株式報酬について，企業が財を従業員等に給付したとは考えないのである。ここでは金銭でなく，自社の株式が報酬として付与される場合を検討したい。

　一般に，株式の有利発行では，受取った現金の価額で，資産と純資産が記録される。公正価値で純資産が評価されるわけではない。株式分割による新株発行では，発行済株式数が変化し，株価も変化しうるが，特段の会計処理は行われない。技術的に公正価値で評価できないわけではないが，形式的にそうした株式の発行に着目するのでなく，その背後にある財の変化に着目するからである。外形的に有価証券である株式が交付されたとしても，必然的に一意の会計処理が導出されるとは限らない。

　株式を報酬として従業員等に給付した場合，何らの会計処理も行わないこ

ともあり得る。これだけをみれば，受託された財に変化はなく，企業でなく，既存株主の家計の帳簿で評価損益が記録されるのが自然であろう。実質的には，企業の財の増減を伴わずに，既存株主が新規の株主となる従業員等に給付を与えている。しかしながら，株式報酬を企業活動の一環とみなすのであれば，擬制によって，利益計算に影響を与えるしかないのだろう。キャッシュフローの生じないここでの取引を，擬制することで費用と純資産を増加させる考え方としては，さしあたり，(1)既存株主が出資した金銭を即座に従業員等が受取ったとみる考え方と，(2)従業員等が報酬によって得た金銭を即座に出資したとみる考え方があり得る。

(1)　現金預金 xxx　／　払込資本 xxx
　　　報酬費用 xxx　／　現金預金 xxx

(2)　報酬費用 xxx　／　現金預金 xxx
　　　現金預金 xxx　／　払込資本 xxx

　(1)は，株式報酬による既存株主から従業員等への富の移転を，金銭を通じて擬制するものである[12]。すなわち，希薄化による既存株主の評価損を根拠に擬制し，その価額が既存株主によって企業に出資され，ただちに従業員等に報酬として支払われたとみるわけである。基本的には株式価値の希薄化を基礎として測定されることになる。ただし，こうした擬制は，現実の富の移転を表現する一方で，株式報酬によって従業員等が新規株主となる事実を歪める。他方で，(2)は，従業員等が金銭報酬を受取り，直後に企業に出資したとみて擬制するものである[13]。ここでは，株式報酬によって従業員等が新規株主となることを表現する一方で，既存株主から従業員等への富の移転が仕訳上で明示されない。とはいえ，企業の財の減少は，株式価値を通じて結果的に既存株主の富を減少させることから，金銭報酬を擬制することで富の移転を表現しているといえなくもない。株式報酬と金銭報酬の会計処理の差異が指摘されることもある[14]。金銭報酬の擬制における金額の正当性，そして，従業員等にとって金銭報酬と株式報酬が等価とみなせるのであれば，(2)の擬

制は説得力を増す。

　なお，これまでの2つの擬制とは別に，企業が受取る労働サービスそれ自体を瞬時的な資産とみなし，株式とそうした瞬時的な資産の等価交換が暗黙に仮定され，費用と純資産を増加させようという議論もある[15]。先の金銭報酬の議論では埒外におかれた労働サービスを，ここでは瞬時的な資産とみなしている。ただ，労働サービスは，ストックではなくフローの概念であることに留意したい。そこでのストックは，労働サービスの提供者である従業員等の体力等，あるいは，労働サービスに影響をうける経済的価値かもしれないが，いずれであっても，財務諸表上の資産そのものの増減とは直接的な関連はない。通常はのれんとされるものを労務出資時にのみ資産としても，それが経済的価値を増加させる保証もなければ，存在も定かではない。論理として成立するとしても，労働サービスを瞬時的な資産とみる議論は現実を説明できるものではない。

IV　インセンティブ報酬における会計の本質

I.　金銭に基づく報酬

　これまでの議論を与件として，金銭と株式等に基づくインセンティブ報酬における会計処理の論理を検討する。もっとも基本的なインセンティブ報酬は，財務比率や株式価値に連動させた金銭報酬であろう。以下の単純な2期間のみの設例からみていきたい。

【設例1】1期期首に，従業員等と契約し，通常の報酬とは別に，第2期末に¥100万×第2末のROE相当の金銭報酬（≧0）を支払うこととした。それ以外は考慮外とする。

　設例では，報酬額にリスクをもたせ，2期間にわたってROEを上昇させるインセンティブを与えている。将来の金銭報酬を考慮すると，第1期に，報酬費用と報酬引当金が計上されるのが自然であり[16]，そこでの費用と負債の評価が問題となる。効率的な労働市場があれば，公正な報酬額が形成され，

それをもとに費用や負債を評価することも可能だが，支払われる報酬額を予測するのは容易でない。すでに確認したように，インセンティブは業務への従事そのものでなく，それとは別の意欲向上の誘因であり，それがどの期間に影響を与えるかも定かでない。契約それ自体を，それ以前の労働サービスの対価とみれば第１期期首での費用計上となりえる。費用収益の対応を考慮するとしても，各期の労働サービスやそこから生じる収益を直接把握できない。経過勘定では前提となっている継続的な役務提供は保証されず，費用配分の議論は一意に定まらない。

とはいえ，第２期の支払以前に費用認識しようとすれば，測定は金銭報酬の予測額を基礎とするのが自然であろう[17]。さしあたり，契約をした事それ自体に着目するか，インセンティブの効果の及ぶ期間に着目するかによって，第１期の費用の測定は，予測額そのもの，あるいは当該予測を２期間で割った予測額／２が候補となる。認識後の負債の再評価を，契約による負債それ自体の評価替とみるか，費用配分による金額の修正とみるかによっても，議論は異なりうる。とはいえ，いずれも，結果的には，負債を評価し，費用を配分することに違いはない。ストックとフローが等しく重要な情報だとすれば，議論の本質は同じとなる。こうした曖昧さは従来から利益計算に存在しているが，いずれであっても，失効した場合は負債が収益に振り替えられ，第２期末の支払いが確定した段階で損益の合計はキャッシュフローに収斂する。スキームの途中で生じうる誤差を修正する仕組みが利益計算に内包されているわけである。

2. 株式等に基づく報酬

コストなしで株式が換金可能であれば，従業員等にとって金銭報酬と株式報酬の経済的価値は同じとなるが，財の流出はなく，従業員等が株主となる可能性があるため，企業からみれば同質でない。株式報酬の会計を以下の【設例2】で検討したい。

【設例2】第１期期首に，従業員等と契約し，通常の金銭報酬とは別に，

第2期末に当社株式10株を付与することとした。それ以外は考慮外とする。

ここでは，直接的なキャッシュフローはなく，すでに確認しているように，擬制しなければ会計処理は生じない。そこで，前節でみた，従業員等が受取った金銭報酬の出資の擬制を前提としたい。FASB（2007）でも触れられていたが（par. 28），従業員等における金銭報酬と株式報酬の経済的価値が同じであればそうした擬制も説得力をもつ。【設例1】での会計処理を考慮すると，さしあたり，第1期に金銭報酬の未払を擬制することで費用と負債を計上することが考えられる。第2期の株式発行時には，未払の報酬が支払われ，負債を減少させるとともに，そこでの金銭が企業に出資されたと擬制し，純資産を増加させる。なんらの債務も本来は確定していないが，擬制された金銭報酬によって負債を認識し，利益計算に反映させるわけである。【設例1】と同様，やはり，費用の期間帰属を一意に決定することは容易ではない。契約以前の労働サービスの対価とみれば当初に費用計上され，契約後の労働サービスに対する報酬とみれば，2期間にわたって費用が配分される。特定の期間に効果が限定される状況では，当該期間にのみ費用認識されることも排除されない[18]。

費用の測定では，擬制の根拠となる企業の内規等の報酬規程に基づく価額や，株式発行の経済的価値の予測額（もしくはその1/2）があり得るが，契約時点では両者は同額と考えるのが自然であろう。第1期では，株式の予測額（もしくはその1/2）の報酬費用と負債が擬制され，その後，株価の変動とともにその予測額も変化しうる。株式発行時に金銭の支払が擬制されることから，それまで，報酬の未払を株式に応じて評価替えし，損益を認識するのが自然だが，負債だからといって再評価が必然でもない。既存の報酬規程に基づく擬制を強調すれば，評価替えをしないという選択もあり得る。株式の有利発行の存在を想起したい。

ところで，インセンティブ報酬では一定の制約が付されることがある。勤務条件を考慮するため，【設例2】を修正した【設例3】を考えたい。これまでの2期間に1期（第0期）追加して3期間とし，第0末に条件を達成し

た場合に【設例2】となるわけである。

【設例3】第0期期首に，従業員等と契約し，通常の報酬とは別に，第0期の勤務を条件として第2期末に当社株式10株を発行することとした。それ以外は考慮外とする。

　受取った金銭報酬を従業員等が出資するという擬制を前提とし，これまでの会計処理を考慮すると，さしあたり，契約時点もしくは権利確定時点からの報酬費用と報酬の未払による負債の認識が考えられる。インセンティブ効果の及ぶ3期間に費用配分し，第2期末での株式発行時に負債を純資産に振替える，もしくは，第0期の勤務はあくまで条件であって報酬の対象ではなく，権利確定後に費用配分することも考えられる。契約以前の報酬とみれば契約時のみ，さらには，第0期の報酬とみれば条件達成時にのみ費用計上することも考えられる[19]。こうした擬制では，根拠となる報酬規程が当該報酬をどのように位置づけているかに依存し，会計処理はそれに影響を受ける[20]。継続的な役務提供が保証されず，これまでと同様，ここでも費用の認識が容易に一意に決定できるわけではない。次に，譲渡制限が付された場合をみていこう。

【設例4】第1期期首に，通常の金銭報酬とは別に，従業員等に譲渡制限付きの当社株式10株を発行し，第2期末に制限を解除することとした。それ以外は考慮外とする。

　譲渡制限付きの株式を事前に発行する点が【設例2】と異なっている。従業員等にとっての譲渡制限のある株式の経済的価値は，他の株主にとっての経済的価値よりも低いが，それはインサイダー規制のある取締役に株式を発行した場合と同じである。そこでは，特段の会計処理がされるわけではない。株式発行では，基本的に，払込まれた財で純資産が評価され，誰に発行するかによって純資産の評価が異なることはない。基本的に，株主の側の経済的価値が考慮されているわけではない。

　そのように考えると，【設例4】では，譲渡制限が付されているものの株主であることに違いはなく，当初に，金銭報酬の支払いと直後の出資を擬制することで，純資産が計上される。金銭報酬の前払が擬制されることで，資産が計上され，後の期間に費用に振替えられていく。金銭報酬の擬制が重要なのであって，株式に譲渡制限が付されていることは本質ではない。もっとも，結果として譲渡制限が解除されなければ，株式が企業に返還されると想定されるが，いったん擬制された出資が無効になるわけでなく，特段の財の減少が擬制されるわけでもない。株式が返還されたとしても，特段の会計処理は生じない。

　ところで，事前に株式を発行する【設例4】で負債を認識するのは自然でないとしても，これまでの議論では，暗黙に，株式発行時に金銭報酬の擬制がされると想定し，株式発行が契約後である場合でも，負債の認識を前提としていた。この点，株価は非負であり，【設例2】は将来株式を受け取る権利であるから，契約時点で行使価格ゼロのオプションとみることができる。【設例3】は，勤務期間を第0期，第2期末を行使時点とするオプションとなる。現行の会計基準の考え方を前提とすれば，こうしたオプションを純資産として処理することもできる。金銭報酬の前払（もしくは従業員等への貸付等）によって従業員等がオプションに投資し，資産は[21]，その後，費用に振替えられ，費用がそれに応じて認識されていく。実務のように，オプションを負債でなく純資産とみれば，オプションが再評価されることはない。このように考えると，これまでの株式に基づく報酬はすべて純資産で処理されることになる。

　もちろん，費用配分のあり方が一意に決定できないのはこれまでの議論と同様となる。たしかに，オプションの保有者を利益の帰属主体とみれば[22]，費用認識しないという考え方もある。ただし，現実に，従業員等が自社の株式を保有することはあるが，彼らへの報酬は費用となる。オプションの保有者としての立場と，従業員等としての立場は分離して議論できるため，擬制の中でも，金銭報酬の部分と，従業員等の投資の部分は独立して議論されるわけである。失効時では，株式が発行されていれば，既に議論したように特段の処理はない。【設例2】や【設例3】のようなオプションであれば，現在

の制度を与件とすると，株主にならなかったことから，オプション部分は収益として処理される。前節の基礎的な検討を踏まえると自然な帰結といえる。

V　おわりに

　本章では，インセンティブ報酬の会計処理の本質を検討し，会計処理を決定するための最低限の論点を確かめた。まず，根底にある企業会計の利益計算と，単純な金銭報酬と株式報酬の会計処理を検討し，利益の帰属主体の定義が純資産と負債を決定することをみた。企業活動の解釈によっては，擬制によって，キャッシュフローの配分を基礎とした利益計算を修正する意義も確認した。この点，インセンティブ報酬では，労働サービスそれ自体を資産計上する擬制，金銭報酬に基づく擬制，希薄化に焦点をあてた擬制がありえた。しかしながら，従来，労働サービスそれ自体が考慮されることはない点，希薄化の議論では出資者が既存株主となる点から，結果として，金銭報酬に基づく擬制を議論の前提とした。

　金銭報酬に基づく擬制を前提とすると，現行の会計基準とは異なり，株式発行以前に負債を認識する会計処理がありえた。そこでの負債は，あくまで金銭報酬の擬制から生じるもので，負債だからといって必然的に再評価を伴うとは限らなかった。他方で，株式報酬等に基づくインセンティブ報酬では，金銭報酬（【設例1】）を意識すると負債の認識が導出される一方で，将来の株式の発行をオプションとみると，契約時に純資産を計上する会計処理も導出可能であった。同一の契約であっても，こうした負債の処理と純資産の処理が導出可能な要因については，さらなる検討が必要かもしれない。

　総じて，インセンティブ報酬について，会計処理を一意に導出することが容易でないことは本章を通じて明らかである。キャッシュフローのない取引を利益計算に影響させる以上，擬制のあり方によって複数の会計処理がありえ，見方によって，負債も純資産も生じうる。継続的な役務提供が前提とされないため，費用配分も一意に定まらない。そうした利益計算における不安定な要素は，税務をはじめとする利害調整に影響を与えうる。リスクから解放された利益を計上しようとする企業会計において，それがどのような問題

をもたらしうるのかはさらなる検討が必要であろう。とはいえ，キャッシュ
フローに依拠する利益計算の仕組みを考慮すると，誰も検証できない労働サ
ービスに基づく論理展開よりも，金銭報酬に基づいた擬制から生じる論理が
より自然であることは，本章の検討から示せたはずである。

[注]

1　会計制度委員会研究報告第 15 号，14 頁を参照。

2　維持すべき資本については，例えば森田哲彌『価格変動会計論』（国元書房，1979），
齋藤静樹『会計基準の研究』（中央経済社，2009）を参照。

3　別の研究にゆだねるが，特段，ここで資産負債アプローチを強調しているわけでも，
収益費用アプローチを否定しているわけでもない。

4　Ohlson, J. A. and S. H. Penman "Debt vs. Equity: Accounting for Claims Contingent
on Firms' Common Stock Performance with Particular Attention to Employee Com-
pensation Options", White Paper Number One, Center for Excellence in Accounting
and Security Analysis, Columbia Business School（2005）を参照。

5　会計主体論の議論については，例えば大堺利實『会計主体論』（創成社，1988）を参照。
ストックオプションに関するここでの議論は，鈴木大介・上村昌司「従業員等の意思決
定と従業員ストック・オプションの費用計上」『会計プログレス』13 号（2012）86-98
頁を参照。

6　ここでは，論理の確認のみであり，明確な利益の帰属を始点として維持すべき資本や
負債を定義するのか，資産等の定義を始点として結果として曖昧な利益の帰属や維持す
べき資本が定義されるのか，いずれが社会全体にとってよいのかを議論することはない。
山田純平「資本概念の再検討」明治学院大学ディスカッションペーパー（2019）を参照。

7　旧商法では，利益処分は株主総会の決議による旨規定があった（旧商法 283 条 1 項）。
例えば弥永真生「費用と利益処分—役員賞与と寄付金を題材として—」『會計』（1995）
54-66 頁を参照。

8　「会計の外の世界での変化が，資本価値の測定を規定していく」（川本淳『連結会計基
準論』（森山書店，2002）179 頁）。

9　通常の金銭報酬であっても，厳密にはリスクは存在している。成果をあげれば将来の
報酬の増加が期待できる，もしくは，努力しなければ将来の報酬額が減少するかもしれ
ないという期待があるので，従業員等は一定の努力をするのであろう。従業員等の行動
に依存せずに，報酬額が決定されるとすれば，従業員等が努力をしないことが最適とな
る。この意味では，最低賃金等の議論はさておき，おおよその報酬体系にはリスクがあ
るといえなくもない。

10　ストック・オプション会計基準 2 項 4 を参照。

11　現実には，取引コストの問題や株式市場の流動性，インサイダー取引等の規制によっ
て，即座に売却できない状況が想定される。

12　例えば Bodie, Z., R. S. Kaplan and R. C. Merton "For the Last Time: Stock option
Are an Expense," Harvard Business Review, Vol. 81（March 2003）を参照。

13　例えば Ohlson and Penman, supra note（4）を参照。

14　例えば Financial Accounting Standards Board（FASB）Preliminary Views: Finan-
cial Instruments with Characteristics of Equity, Norwalk, CT（2007）par. 28 を参照。

15　FAS123r ほか，会計基準の多くがこの擬制を前提にしている。

16　ここにいう「自然」という表現は，実務の置かれている状況を考慮すると一般的だと
いう意味で使用している。従業員等の活動を企業活動以外のものする，あるいは，彼ら
を利益の帰属主体とみなす状況下では別の議論となる。

17　もっとも，通常の金銭報酬の決定システムから生じる報酬額も候補となるが，ここで
の将来の金銭報酬の予測額と等しくなると考えるのが自然であろう。

18　すでに議論しているが，ここでの費用は，インセンティブ報酬の契約から生じるもの
で，労働サービスそれ自体の提供は考慮されていない。もっとも，労務出資の議論では
労務請求権という資産が計上されるという議論があり，それを与件とすれば，第 1 期期
首にある種の資産を計上し，それを株式報酬が確定する間に費用配分することも考えら
れる。とはいえ，インセンティブ報酬を与えるからといって，従業員等に対する何らの
請求権も発生しない。リース契約のような資産を使用する権利の議論とは異なり，企業
は従業員等を支配することはできない。

19　現行の会計基準では，異なる擬制が与件とされており，労働サービスを瞬時的な資産
とみて費用認識をするが，そこでは，第 0 期のみに費用が計上され，その後は認識され
ない。インセンティブ効果は権利確定後も継続するが，オプションの権利確定をもって，
その保有者を利益の帰属主体に準ずるものとし，その後は費用認識も評価替えもしない。

20　なお，既存株主の出資から従業員等への報酬がなされるとみる擬制では，株主がこの
情報を入手するはずの第 0 期期首に希薄化が生じると考えるのが自然であろう。勤務条
件が設定されていても，従業員等がそうした条件を達成する確率を考慮したうえで希薄
化が生じるため，その価額相当が既存株主によって出資され，従業員等に報酬として支
払われたとみる。

21　第 5 章でも触れられていたように，ここでの資産計上は議論の余地がある。株式報酬
を基礎とするインセンティブ報酬の大半がキャッシュフローを伴わないものであり，な
にも会計処理をしないことも選択肢となる以上，それを規準とすれば，オンバランスさ
れるものすべてに疑義が生じるのも仕方がない。現状の労働サービスを瞬時的には資産
とみる会計基準のもとでの費用も疑義がある。とはいえ，インセンティブ報酬が契約さ
れた事実と企業の報酬契約の存在を根拠に，キャッシュフローの擬制が正当化されるの
であれば，その結果として生じる資産の擬制も正当化されるといえなくもない。

22　もっとも，ここでのオプションが負債なのか純資産なのかも，利益計算の根幹にかか

わる論点となることはいうまでもない。実際，税法ではオプションを負債としてみることもある（法令8①十五イ等）。これに関しては西村美智子「新株予約権　税務の手続と留意点」『インセンティブ報酬の法務・税務・会計』（2017）173-256頁を参照。

第6章担当　鈴木大介（麗澤大学）

役員に係る
インセンティブ報酬の開示例と
推定される会計処理について

I　はじめに

　本章では，役員に係るインセンティブ報酬に係る開示規制を示したのち，有価証券報告書における開示について，事例を取り上げ検討する。また，取り上げた開示例について，有価証券報告書上の記載内容から，可能な範囲において，インセンティブ報酬に係る会計処理の推定を試みる。

II　役員報酬の開示規制について

　有価証券報告書における開示規制としては「企業内容等の開示に関する内閣府令」があり，具体的な記載については第三号様式に詳細な記述がある。第三号様式に係る役員に関する記述は，【役員の状況】と【役員の報酬等】とがある。このうち，インセンティブ報酬を含む役員報酬に係る記述は，主に【役員の報酬等】に記載される。

1.　役員の報酬等の記載について

　役員に対するインセンティブ報酬に係る記述は，当該インセンティブ報酬が業績連動報酬に含まれるものであれば，役員の報酬等に記載される。紙面の都合上，第三号様式の記載上の注意をすべてここで紹介することはできないが，第三号様式で特に業績連動報酬を採用している場合に記載が必要な内

容を要約すると以下のようになる。

① 業績連動報酬と業績連動報酬以外の報酬等の支給割合の決定に関す
る方針を定めているときは，当該方針の内容を記載すること。

② 当該業績連動報酬に係る指標，当該指標を選択した理由及び当該業
績連動報酬の額の決定方法を記載すること。

③ 提出会社の役員の報酬等に業績連動報酬が含まれる場合には，当事
業年度における当該業績連動報酬に係る指標の目標及び実績について
記載すること。

④ 取締役（監査等委員及び社外取締役を除く。），監査等委員（社外取締
役を除く。），監査役（社外監査役を除く。），執行役及び社外役員の区分
（以下，「役員区分」という。）ごとに，報酬等の総額，報酬等の種類別（例
えば，固定報酬，業績連動報酬及び退職慰労金等の区分をいう）の総額及
び対象となる役員の員数を記載すること。

①の支給割合の決定に関する方針の定めの記載からは，有価証券報告書の
発行会社における役員に係るインセンティブ報酬の導入に関する方向性が読
み取れ，②役員に係るインセンティブ報酬の金額の決定方法，③金額決定の
要素となる指標の目標と実績，④報酬総額と役員の員数，の記載により，事
業年度における役員に対するインセンティブ報酬が，どのような指標から決
定され，どの範囲の役員にどれほどの金額・割合で支給されたということが
明らかにされる。

2. 役員・従業員株式所有制度の内容

一方，インセンティブ報酬のスキームの詳細は，【役員・従業員株式所有
制度の内容】に記載される。第三号様式の記載上の注意においては役員・従
業員株式所有制度を導入している場合には，次の(a)から(c)までに掲げる事項
を具体的に記載することとされている。

(a) 当該役員・従業員株式所有制度の概要（例えば，役員・従業員株式所
有制度の仕組み，及び信託を利用する場合には受益権の内容）

(b) 役員・従業員持ち株会に取得させ，又は売り付ける予定の株式の総
数又は総額

(c) 当該役員・従業員株式所有制度による受益権その他の権利を受けることができる者の範囲

株式交付信託以外にも,「その他の仕組み」とあるため,リストリクテッドストックユニット,パフォーマンスシェアなども該当すると考えられる。

Ⅲ　開示例

開示例として,株式交付信託の事例と,リストリクテッドストックユニットの事例を1社ずつ抽出した。株式交付信託を取り上げた理由は,他のインセンティブ報酬と比較して導入事例が多いと思われること,リストリクテッドストックユニットを取り上げた理由は,事後交付型として実務対応報告第41号が取り上げているスキームであることが挙げられる。

株式交付信託の事例として,萩原工業株式会社【7856】(2020年10月期),リストリクテッドストックユニットの事例として,江崎グリコ株式会社【2206】(2020年12月期)を取り上げた。

I.　役員の報酬等

事例Ⅰ:株式交付信託による業績連動型株式報酬の事例

・萩原工業株式会社(2019年11月1日〜2020年10月31日)

第4【提出会社の状況】

4【コーポレート・ガバナンスの状況等】

(4)【役員の報酬等】

①役員の報酬等の額またはその算定方法の決定に関する方針に係る事項

　　当社は役員の報酬等の額又はその算定方法の決定につきましては,株主総会で決議された報酬限度額の範囲内で当社所定の一定の基準に基づき決定しております。また,監査役の報酬等の額又はその算定方法の決定につきましては,株主総会で決議された報酬限度額の範囲内で監査役の協議により決定しております。

イ　取締役(社外取締役を除く)に対する報酬等は,業績等に連動しな

い基本報酬に加え，当社の株式価値と取締役の報酬との連動性をより
明確にし，取締役が株価上昇によるメリットを享受するのみならず株
価下落リスクをも負担し，株価の上昇による利益・リスクを株主の皆
様と共有することで，中長期的な業績の向上と企業価値の増大に貢献
する意識を高めることを目的として，株式報酬制度を導入しておりま
す。社外取締役に対する報酬等は，業績等に連動しない基本報酬のみ
としております。

ａ．取締役に対する基本報酬額は年額180百万円以内（うち社外取締
役分は年額20百万円以内。但し，使用人兼務取締役の使用人分の給与は
含まない。）としております。（2018年1月23日第55回定時株主総会
決議）

　　取締役の基本報酬の額又はその算定方法については，取締役会決
議により一任された代表取締役社長により決定しております。

（当事業年度における当社役員の報酬等の額の決定過程における取締役会
の活動内容：2020年1月14日代表取締役社長に一任することを決議）

ｂ．取締役（社外取締役を除く）に対する株式報酬制度（株式交付信託）
は，各取締役に対し，信託期間中の株式交付規程に定めるポイント
付与日に，役位等に応じて算定される数のポイントを付与し，取締
役は，付与を受けたポイントの数に応じて，退任時に当社株式の交
付を受けるものです。なお，1ポイントは当社株式1株とします。
但し，当社株式について，株式分割・株式併合等，交付すべき当社
株式数の調整を行うことが合理的であると認められる事象が生じた
場合には，かかる分割比率・併合比率等に応じて，合理的な調整を
行います。当信託報酬制度において信託に拠出する上限額は，約5
年間信託期間を対象として合計150百万円としています。（2018年
1月23日第55回定時株主総会決議）

ロ　監査役に対する報酬等は，業績等に連動しない基本報酬のみとして
おります。（2010年1月26日第47回定時株主総会決議）

　　監査役の報酬等の額又はその算定方法の決定につきましては，株主

総会で決議された報酬限度額（月額3百万円以内）の範囲内で監査役の協議により決定しております。

②役員区分ごとの報酬等の総額，報酬等の種類別の総額及び対象となる役員の員数

役員区分	報酬等の総額（千円）	報酬等の種類別の総額（千円）			対象となる役員の員数（人）
		基本報酬	株式報酬	退職慰労金	
取締役（社外取締役を除く）	192,470	162,470	30,000	－	7
監査役（社外監査役を除く）	13,816	13,816	－	－	1
社外役員	21,348	21,348	－	－	4

（注）上記には，2020年1月23日開催の第57回定時株主総会終結の時をもって退任した取締役1名に対する報酬等の額を含んでおります。

　事例1では，報酬制度を業績等に連動しない基本報酬と，報酬と株式価値の変動連動させた株式報酬制度を採用している。株式報酬制度は，信託期間中の株式交付規程に定めるポイント付与日に役位等に応じて算定される数のポイントを付与し，取締役は，付与を受けたポイントの数に応じて退任時に当社株式の交付を受けるものとしている。報酬総額における業績連動報酬の割合は，それほど高くはない。なお，採用されているスキームについての情報は，1【株式等の状況】(8)【役員・従業員株式所有制度の内容】に記載される。

・萩原工業株式会社（2019年11月1日〜2020年10月31日）

第4【提出会社の状況】

1【株式等の状況】

(8)【役員・従業員株式所有制度の内容】

（役員向け株式交付信託）

　当社は，2018年1月23日開催の第55回定時株主総会決議に基づき，

2018 年 6 月 27 日より，当社取締役（社外取締役を除く。以下同じ。）に
対する信託を用いた新たな株式報酬制度（以下，「本株式報酬制度」とい
います。）を導入しております。

①制度の概要

　本株式報酬制度は，当社が金員を拠出することにより設定する信託（以
下，「本信託」といいます。）が当社株式を取得し，当社が各取締役に付与
するポイントの数に相当する数の当社株式が本信託を通じて各取締役に
対して交付される株式報酬制度です。また，本株式報酬制度は，2018
年 10 月末で終了する事業年度から 2022 年 10 月末で終了する事業年度
までの 5 年間に在任する取締役を対象といたします。なお，取締役が当
社株式の交付を受ける時期は，原則として取締役の退任時です。

②信託に残存する自社の株式

　信託に残存する当社株式を，信託における帳簿価額（付随費用の金銭
を除く）により，純資産の部に自己株式として計上しております。当連
結会計年度末の当該自己株式の帳簿価額は 140,950 千円，株式数は
74,775 株であります。

事例 2：事後交付型譲渡制限付株式報酬制度（リストリクテッドストックユニ
　　　　ット）の事例

・江崎グリコ株式会社：有価証券報告書（2020 年 1 月 1 日〜 2020 年 12 月 31 日）

第 4【提出会社の状況】

4【コーポレート・ガバナンスの状況等】

⑷【役員の報酬等】

①役員の報酬等の額又はその算定方法の決定に関する方針に係る事項

　当社の役員報酬は，固定報酬，賞与，譲渡制限付株式報酬から構成さ
れ，会社業績との連動性を確保しつつ，職責や成果を反映した報酬体系
としております。社外取締役及び監査役の報酬は，独立した立場で経営
の監視・監督を担う役割であるため，株式報酬の支給はありません。報

酬割合は，各報酬の限度額を株主総会にて決議することで決定しております。

　賞与については，取締役会決議により一任を受けた代表取締役社長が，会社業績，職責，個人の業績への貢献度等を総合的に勘案の上，株主総会で決議した報酬限度額内で決定しております。

　譲渡制限付株式報酬は，中長期的な企業価値の持続的な向上と株主の皆様との一層の価値共有を進めることを目的として導入しました。(2018年6月28日開催の第113回定時株主総会で決議)

　報酬額については，取締役会で決議した株式交付規程に基づき，職位毎に設定した評価テーブルを基準に，業績への貢献度等を加味した額を取締役会にて決定しております。業績計画達成度を計る指標として，決算短信で開示している期初連結業績計画（売上高，営業利益）を採用しております。同指標を採用することは，グループ全体の成長性，収益性を評価する上で適切であると考えております。2020年度は，売上高計画366,000百万円，営業利益計画18,000百万円に対して，売上高実績344,048百万円，営業利益実績18,523百万円であり，計画達成度に応じた金額の金銭報酬債権が支給されました。制度詳細は，「1　株式等の状況　(8)役員・従業員株式所有制度の内容」をご参照ください。

第4【提出会社の状況】

1【株式等の状況】

(8)【役員・従業員株式所有制度の内容】

①信託型従業員持ち株インセンティブプランの内容

　（省略）

②事後交付型譲渡制限付株式報酬制度の内容

　イ．事後交付型譲渡制限付株式報酬制度の概要

　当社は，2018年5月14日開催の取締役会において，信託を通じた株式報酬の対象期間の満了に伴い，新たに事後交付型譲渡制限付株式報酬制度（リストリクテッド・ストック・ユニット，以下「本制度」といいます。）の導入を決議し，本制度に関する議案が，2018年6月28日開催の第

113 回定時株主総会（以下「本株主総会」といいます。）において承認され
ました。

　　（中略）

　本制度は，対象取締役等の貢献度等を総合的に判断の上，当社株式を
一定期間終了後に交付する類型の株式報酬制度となります。対象取締役
等は，本制度に基づき当社から支給された金銭報酬債権の全部を現物出
資財産として払込み，当社の普通株式について発行又は処分を受けるこ
ととなります。

　本制度に基づき対象取締役等に対して支給する金銭報酬債権の額は，
年額 1 億 5,000 万円以内（ただし，使用人兼務取締役の使用人分給与を含み
ません。）といたします。各対象取締役等への具体的な支給時期及び配
分については，取締役会において決定いたします。

　　ロ．対象取締役等に取得させる予定の株式の総数

　本制度により，当社が新たに発行又は処分する普通株式の総数は，年
2 万 7,000 株以内（ただし，本株主総会の決議の日以降の日を効力発生日と
する当社の普通株式の株式分割（当社の普通株式の無償割当てを含みます。）
又は株式併合が行われた場合，当該効力発生日以降，分割比率・併合比率等
に応じて，当該総数を，必要に応じて合理的な範囲で調整します。）とします。

　　ハ．本制度による受益権その他の権利を受けることができる者の範囲
　　対象取締役等のうち受益者要件を充足する者

2. 会計処理に係る開示について

①会計方針の注記

　株式報酬の会計処理について，引当金の科目にて処理している場合には，
引当金の計上基準として，会計方針の注記対象となる。萩原工業においては，
3）重要な引当金の計上基準，③役員株式報酬引当金として，「取締役向け役
員株式報酬規程に基づく当社株式の給付に備えるため，当連結会計年度末に
おける株式給付債務の見込額に基づき計上しております」との記述があった。
江崎グリコにおいては，3）重要な引当金の計上基準，④株式給付引当金と

して，「事後交付型譲渡制限付株式報酬制度（リストリクテッドストックユニット）」における，役員に対する将来の当社株式の給付に備えるため，株式報酬規程に基づき，役員に割り当てられたポイントに応じた株式の給付見込額を計上しております」との記述があった。

②連結貸借対照表の記載

　連結貸借対照表の負債の部においては，萩原工業では，固定負債に役員株式報酬引当金，江崎グリコでは，流動負債に株式給付引当金として計上されていた。萩原工業の方は，退職時に受け取るスキームであることから固定負債に計上されていると解される。

③連結損益計算書の記載

　萩原工業，江崎グリコいずれも，引当金繰入額として表示されていた。

　以上，抽出した2社の事例は，1つは株式交付信託であり，もう1つは，リストリクテッドストックユニットであるが，会計処理としては，いずれも当期における報酬の発生額を引当金に計上し，支払時点においては引当金を取り崩す処理が採用されていることが，連結財務諸表の表示からも明らかになった。

Ⅳ　仕訳処理の推定

　Ⅲ2を受けて，株式交付信託（萩原工業株式会社の事例）とリストリクテッドストックユニット（江崎グリコ株式会社の事例）につき，有価証券報告書上の情報をもって推定できる限りで，仕訳の推定を試みる。

1.　仕訳の推定　株式交付信託，萩原工業の場合

　引当金の増減がみられることから，引当金明細表の記載を確認する。
　ポイント発生時の仕訳は，引当金明細表の記載に，基づき以下のように推定できる。

萩原工業株式会社（2019 年 11 月 1 日〜 2020 年 10 月 31 日）
【引当金明細表】（単位：千円）

科目	当期首残高	当期増加額	当期減少額	当期末残高
（株式報酬以外省略）	（省略）	（省略）	（省略）	（省略）
役員株式報酬引当金	52,500	30,000	8,998	73,501

〈ポイント発生時〉

（借）役員株式報酬引当金繰入額 30,000 千円　　（貸）役員株式報酬引当金 30,000 千円

　費用計上額（借方）と，連結損益計算書の記載との一致が確認できる。次に，
報酬支給時の仕訳については，まず自己株式の動きを整理する必要がある。
自己株式の動きは，①信託財産の動き→②自社保有株の動き→③全体の動き
として整理する。

①　信託財産の動きは次のようになる（図表7-1）。

図表 7-1　信託財産の動き

	株式数 単位：株	金額 単位：千円
期首残高	79,575	149,998
増加	―	―
計	79,575	149,998
減少	▲ 4,800	▲ 9,048
期末残高	74,775	140,950

　信託財産における，自己株式の前期末の保有株式数及び金額，当期末の保
有株式についての情報は，「第 4【提出会社の状況】1【株式等の状況】(8)【役
員・従業員株式交付制度の概要】②信託に残存する自社の株式」から得られ
る。増加及び減少欄の数値は，「第 4【提出会社の状況】2【自己株式の取得
等の状況】(4)【取得自己株式の処理状況及び保有状況】」から得られる。表
の縦の計算の一致を確認し，信託財産における自己株式の動きの表が完成す

る。

②　自社保有と信託保有との合計は次の通りである（図表7-2）。

図表7-2　自社保有と信託保有の合計

（単位：株）

株式数	自社保有	信託保有	合計
期首残高	351,438	79,575	431,013
計	351,438	79,575	431,013
減少	0	▲ 4,800	▲ 4,800
期末	351,438	74,775	426,213

　合計欄の数値は，「連結株主資本等計算書の注記　1. 発行済株式の種類及び総数並びに自己株式の種類及び株式数に関する事項」から入手し，先に作成した信託保有財産の表から株式数を抽出，差引で自社保有株式の推移を求める。

③　連結株主資本等変動計算書の自己株式欄を並べて記載すると次のようになる（図表7-3）。

図表7-3　自己株式の動き

	株式数[※1] 単位：株	金額[※2] 単位：千円
期首残高	431,013	▲ 473,960
増加	0	0
減少	▲ 4,800	9,048
期末残高	426,213	▲ 464,912

※1　②の合計欄を転記
※2　連結株主資本等変動計算書の自己株式欄の金額

　③の減少欄の株式数及び金額と，①の減少欄の株式数及び金額のが一致することで，当該連結事業年度における自己株式の動きは，信託財産における役員に対する自己株式の交付によるもののみと推定される。

　よって，株式報酬支給に係る仕訳は以下のように推定される。

〈報酬支給時〉

　（借）役員株式給付引当金　　8,998千円　　（貸）自己株式　9,048千円

　　　　給与及び賞与（退職金）　　50千円

　借方差額は，自己株式処分差額という考え方もあると思われるが，連結株主資本等変動計算書の資本剰余金欄に動きがないことから，退職金としての引当金計上時点と，支給年度における退職金額の差額として処理されたと推定される。

2.　仕訳の推定　リストリクテッドストックユニット，江崎グリコ

　こちらも引当金の増減がみられることから，引当金明細表の記載を確認する。

〈ポイント発生時〉

　（借）株式給付引当金繰入額 29百万円　　（貸）株式給付引当金 29百万円

　　　・江崎グリコ株式会社（2020年1月1日〜2020年12月31日）
　　　【引当金明細表】

区分	当期首残高（百万円）	当期増加額（百万円）	当期減少額（百万円）	当期末残高（百万円）
（株式給付引当金以外省略）	（省略）	（省略）	（省略）	（省略）
株式給付引当金	30	29	30	29

　次に，自己株式の動きの整理であるが，信託による従業員インセンティブプランがあるので，それぞれに係る自己株式の増減を整理する必要がある[1]。
　整理したものが図表7-4である。

　さらに，処分欄に係る株数と金額については図表7-5に示す通りである[2]。

図表7-4　自己株式の動き[1]

	(1)会社保有	(2)インセンティブ プラン	計	連結株主資本等 変動計算書
	株式数	株式数	株式数	金額
	単位：千株	単位：千株	単位：千株	単位：百万円
前期末①	3,540,896	16,300	3,557,196	▲ 8,944
増加　②	914	135,500	136,414	▲ 699
処分　③	▲ 6,200	▲ 42,000	▲ 48,200	251
④	▲ 243		▲ 243	
期末　⑤	3,535,367	109,800	3,645,167	▲ 9,392

図表7-5　処分欄に係る株数と金額[2]

処分	株式数 (単位：千株)	金額 (百万円)
譲渡制限株	▲ 6,200	▲ 15
単元未満株	▲ 243	▲ 1
	▲ 6,443	▲ 16

　ここから推定される報酬支給時の仕訳は以下のようになる。

〈報酬支給時〉

　（借）株式給付引当金　　30百万円　　　（貸）自己株式　　　　15百万円

　　　　　　　　　　　　　　　　　　　　　　資本剰余金　　　15百万円

　ここにおいて連結株主資本等変動計算書を確認する。

　連結株主資本等変動計算書は図表7-6に示す通りである。

　資本剰余金の増加は12であり，推定される仕訳は15なので差額が発生しているが，これは，株式報酬以外の自己株式の処分があったことが推定される。株式報酬以外の自己株式の処分に関する仕訳は，次のように推定される。

図表7-6　当連結会計年度（自　2020年1月1日　至　2020年12月31日）

（単位：百万円）

株主資本					
	資本金	資本剰余金	利益剰余金	自己株式	株主資本合計
当期首残高	7,773	7,459	197,881	▲ 8,944	204,169
当期変動額					
剰余金の配当			▲ 3,895		▲ 3,895
親会社株主に帰属する当期純利益			11,836		11,836
自己株式の取得				▲ 699	▲ 699
自己株式の処分		12		251	263
自己株式の消却					
非支配株主との取引に係る親会社の持分変動		2,007			2,007
株主資本以外の項目の当期変動額（純額）					
当期変動額合計	－	2,019	7,940	▲ 447	9,512
当期末残高	7,773	9,479	205,821	▲ 9,392	213,682

①株式報酬以外の自己株式の処分により減少する自己株式の金額

　連結株主資本変動計算書の自己株式の処分額（251）

　　　　　　　　　　　　　－株式報酬の仕訳の借方金額（15）＝236

②株式報酬以外の自己株式の処分による自己株式の売却金額

　連結キャッシュフロー計算書の自己株式売却による収入＝234として求められる。

　連結キャッシュフロー計算書は図表7-7の通りである。

　以上から推定される仕訳は以下のようになる。

（借）現金預金　　　　234百万円　　　（貸）自己株式　　　　236百万円

　　　資本剰余金　　　　2百万円

図表 7-7　連結キャッシュフロー計算書

EDINET提出書類
江崎グリコ株式会社(E00373)
有価証券報告書

（単位：百万円）

	前連結会計年度 （自　2019年4月1日 至　2019年12月31日）	当連結会計年度 （自　2020年1月1日 至　2020年12月31日）
財務活動によるキャッシュ・フロー		
短期借入金の純増減額（△は減少）	△189	△27
長期借入れによる収入	－	696
長期借入金の返済による支出	△193	△334
利息の支払額	△11	△32
配当金の支払額	△4,253	△3,895
非支配株主への配当金の支払額	△19	△19
自己株式の売却による収入	244	234
自己株式の取得による支出	△5,002	△699
連結の範囲の変更を伴わない子会社株式の取得による支出	－	△5,343
その他	△190	△316
財務活動によるキャッシュ・フロー	△9,616	△9,738
現金及び現金同等物に係る換算差額	62	△591
現金及び現金同等物の増減額（△は減少）	△1,231	△5,556
現金及び現金同等物の期首残高	99,237	98,005
現金及び現金同等物の期末残高	※98,005	※92,449

資本剰余金は，15－2＝13 で，連結株主資本等変動計算書上の金額 12 とは，1 だけ差異が生じているが，有価証券報告書上では，端数処理が切り捨てとなっているため，端数処理による差額を推定できる。

V　おわりに

本章では，インセンティブ報酬に係る有価証券報告書上の開示の紹介と，株式交付信託及びリストリクテッドストックユニットの事例から，会計処理の推定を行った。結論は以下の通りである。

① 抽出した事例において，株式交付信託の会計処理が，おおむね実務対応報告第 30 号に則ったものであったこと。

② リストリクテッドストックユニットの会計処理についても，自己株式方式である場合に，株式交付信託と同様に引当金処理が行われていたということ。

本章では，執筆時点において事例として入手可能なもの使用したものから，2019 年 12 月に成立した「会社法の一部を改正する法律」（令和元年法律第 70

号）（以下「改正法」という）以前の開示及びその開示から推定される仕訳の分析を行ったものである。リストリクテッドストックユニットに関しては，「改正法」以後，実務対応報告第41号が発出されたため，今後はこのような開示・仕訳と異なる会計処理が行われる可能性がある。抽出した事例では，「改正法」以前の取引かつ実務対応報告第41号が発出前という状況の下，自己株式方式であることから，株式交付信託類似の取引として引当金処理が採用されたと推定される。

　実務対応報告第41号の適用ある会計処理については，改正会社法の施行日である2021年3月1日以後に生じたリストリクテッドストックユニットを含む事業年度の分析を改めて行う必要がある。

[注]
1　図表7-4の数値の出典は，以下の通りである。
　　・前期末と当期末の会社保有自己株式数（図表中(1)−①と(1)−⑤）
　　第4【提出会社の状況】1【株式等の状況】(7)【議決権の状況】②【自己株式等】の脚注
　　・前期末と当期末のインセンティブプランに係る信託保有自己株式数（図表中(2)−①と(2)−⑤）
　　第4【提出会社の状況】2【自己株式の取得等の状況】(4)【取得自己株式の処理状況及び保有状況】の脚注
　　・増加欄（図表中(1)−②）
　　第4【提出会社の状況】2【自己株式の取得等の状況】(3)【株主総会決議又は取締役会決議に基づかないものの内容】当事業年度における取得自己株式及び追加情報の注記（取締役及び執行役員に対する株式交付信託）
　　・増加欄（図表中(2)−②）
　　追加情報の注記（取締役及び執行役員に対する株式交付信託）
　　・処分欄（図表中(1)−③，④）
　　第4【提出会社の状況】2【自己株式の取得等の状況】(4)【取得自己株式の処理状況及び保有状況】
2　図表7-5の数値の出典は，以下の通りである。
　　第4【提出会社の状況】2【自己株式の取得等の状況】
　　(4)【取得自己株式の処理状況及び保有状況】

第7章担当　若林恒行（公認会計士）

インセンティブ報酬と

税法

税法としての給与
インセンティブ報酬を含めた
使用人給与・役員給与への検討

Ⅰ　はじめに

　通常，インセンティブ報酬とは，経営者が努力した結果として報酬が業績に連動し，それによって，株主と経営者の利害対立の緩和を狙うものとされる[1]。しかし，インセンティブ報酬は，役員だけではなく使用人にも適用される[2]ものであり，その支給手段として現金のみならず株式も付与される。労働基準法（以下，「労基法という」）24条では，使用者から労務の対価として支給される給与は，金銭で直接被用者本人に支払われるという報酬の労務対償性（賃金性）の原則が定められており，株式を付与した場合の取扱いが問われることになる。この点，被用者に対する債務免除によって生じた所得についても同様となる。

　一方，使用者側となる法人では，法人税法上，インセンティブ報酬を含めた支払給与について，金銭による給与のほか「債務の免除による利益その他の経済的な利益」の給付も給与となる旨を定めている（法法34④，36）ことから，法人がその役員または使用人に対して給付する金銭以外の経済的利益も給与に含まれるとされる。また，被用者側となる所得税法上も，金銭による給付のみならず，物または権利その他経済的な利益の経済的利益が収入を構成する（所法36①）ものとしており，給与所得には金銭のみならず金銭以外の経済的利益を含むものと解されている[3]。つまり，税法上では支給側と受給側とで一体となって金銭以外の経済的利益を給与と捉えていると考えら

れる。

　上記は税法上の給与の特徴であると考えられるところ，税法上の給与所得該当性として，最高裁昭和56年4月24日判決[4]（弁護士顧問料事件）によって確立されたとする，「従属性」及び「非独立性」の要件からの検討が想起される。しかし，インセンティブ報酬を含めた現物給付はともかく，債務免除益のような経済的利益がこれらの要件によってどのように給与所得に該当すると示されるのか，また，その給与所得該当性には使用人給与と役員給与との間に差異が生じるのかについて以下検討を行ってみたい。

II　税法上の給与所得該当性における労働法制からの示唆

　被用者と使用者との関係に着目した場合，給与所得該当性においては，雇用類似の働き方に関する検討会報告書[5]からの整理にみられる，労働法制における労働者の概念を参考にすることができる。労働者の概念は，大きく2分され，1つは労基法9条に規定する労働者，もう1つは労働組合法（以下，「労組法」という）3条に規定する労働者となる。

　まず，労基法9条に規定する労働者とは，「使用される者で，賃金を支払われる者」であり，労基法が定める労働条件による保護を受ける対象を確定するための概念と解される。労基法上の労働者の判断基準は，使用従属性[6]及び労働者性[7]を総合的に勘案することで個別具体的に判断することとされている[8]。したがって，請負契約等と称していても，労基法上の労働者としての実態がある場合には，労基法等の対象となる[9]。このように，労働者性の判断は，形式的にではなく，客観的な事実や実質的な事情に基づいて行われる。これは，労働関係法規が労働契約に対する強行法規的な性格をもっているからである[10]。

　また，労組法3条に規定する労働者は，職業の種類を問わず「賃金，給料その他これに準ずる収入によって生活する者」と定義されている[11]。労組法3条には「使用され」という要件が含まれていないため，失業者であっても「賃金，給料その他これに準ずる収入によって生活する者」である以上は，労組法上の労働者に該当する等，労基法上の労働者よりも広い概念と考えられ，

このような労組法上の労働者性は，基本的判断要素[12]と補充的判断要素[13]を用いて総合的に判断すべきとされている[14]。

以上の労基法と労組法における労働者性の判断基準からの給与所得該当性への示唆としては，ある労働者が指揮監督下にあるか否かの基本的判断要素として，報酬の労務対価性を必要とし，補充的判断要素として，顕著な事業者性（使用者からの独立性）が挙げられていることをみると，労働者性の判断基準と給与所得における労務提供の態様の判断基準（「従属性」及び「非独立性」）については共通するところがあるといえる。

もっとも，役員においては労基法と労組法における労働者性からの判断は困難であると思われるところ，役員には労働契約法上の労働者性[15]である，使用者に使用されて労働し，賃金を支払われる者という定義が該当する[16]。しかし，当該労働者性は労基法上の労働者概念と同一であるから，労働契約法上の労働者性の判断にあたっては，労基法上の判断基準がそのまま当てはまることになる[17]ため，役員も労働者となり，労働法制の対象となる。そうすると，前述したインセンティブ報酬の労務対償性との係わりでは，従業員だけでなく役員に対する株式報酬についてもその取扱いが問われることになるが，基本的には収益認識時期の問題となる。詳しくは後掲するⅥ2で述べる。

Ⅲ　所得税法における給与の性質

所得税法上，支払給与については自己への報酬や所法56等の例外はあるものの，使用人の給与につき必要経費（所法37①）に算入されることに疑問はない。そのため，支払給与については，その必要性だけでなく，客観性が要件となる[18]。一方で，受給者となる労務提供側では，勤労性所得という人的役務提供による所得の態様における所得区分の問題が立ちはだかる。そのため，給与所得の性質及び範囲の画定が必要となる。

給与所得は，所法28①において，「俸給，給料，賃金，歳費及び賞与並びにこれらの性質を有する給与に係る所得」と規定されており，給与所得の源泉となるものの例示列挙と理解されている。つまり，給与所得の条文解釈か

らは，「俸給，給料，賃金，歳費及び賞与」という名目で支給される報酬が給与所得であると考えられるが，条文上「これらの性質を有する給与」の文言は包括的に規定されており，課税要件が不明瞭なものとなっている。さらに，給与所得に該当する働き方を「雇用契約ないし雇用契約に準ずる関係」に限定していないことから，法人役員等の勤務について受ける報酬が給与所得に該当する[19]のみならず，法律的見地を離れ，税制上の考慮から給与所得とされている専従者給与もその範囲に含まれる[20]ことが，給与所得該当性を包括的なものにならしめている。

給与所得該当性については，前掲弁護士顧問料事件最判が示した労務提供の態様である「従属性」と「非独立性」の要件を現在も踏襲し続けている[21]。「従属性」については，雇用契約又はこれに準ずる契約に基づき他の者に従属していることを要件とし，他方の「非独立性」については，自己の危険と計算において営利を目的とし対価を得て継続的に行う経済活動ではないこと，つまり，事業所得ではないことを要件としているために，給与所得は元来，労務提供の対価としての事業所得等との区分やそれらの近接性が問題となっていると理解できる。また，同最判では，給与所得を「俸給，給料，賃金，歳費，年金，恩給，賞与並びにこれらの性質即ち一定の法律関係がその給与以前に存在する契約に基いて定時に定額に支払われる固定給与に係る所得をいう」としたうえで，給与所得にあっては，予め，継続的な給与額，その支払期が決定していて，これに基づいて報酬が支払われるのであって，事業経営と関係なく，別個の継続的な労務供給契約（顧問契約）に基づいて提供した労務に対し契約の相手方から受ける定期，定額の報酬は給与所得であると判示した。

しかし，労務の対価が定期的に支払われるか否か，あるいは現金で支払われるか現物で支給されるかについては条文上では判別できず[22]，その他にも「これらの性質を有する給与」が給与所得には含まれることから，弁護士顧問料事件における給与所得の定義も絶対的なものではないと解される。この点，田中治氏は従業員における給与所得該当要件について，給与所得の捉え方は2通りあるとする。1つは，使用者から給付される金員その他の経済的利益価値があるもののうち，従属的な労務の対価だけが給与所得に当たると

するもの，もう1つは，従業員としての地位に基づいて給付されるものは，個別具体的な労務の提供とそれに対する対価関係を問うことなく，すべて給与所得にあたるとする捉え方である[23]。この後者の捉え方は，最高裁昭和37年8月10日判決[24]（一ノ瀬バルブ事件）における，「勤労者が勤労者たる地位に基づいて使用者から受ける給付は，すべて所得税法にいう給与所得を構成する所得と解すべき」であるとする判示に基づくものである。

　本判決の考え方は，労務提供との対価関係を問わない点，及び「従属性」と「非独立性」という労務提供の態様の要件に関しても，「従属性」要件は，勤労者が勤労者たる地位に基づいて使用者から受ける給付であることで充足し，「非独立性」要件についても，「従属的とまではいえなくとも，使用者と独立した地位にさえいなければ給与所得該当性は充足する」[25] という見解を採用することで，給与所得該当性の検討においては最広義の考え方になる。この点，所法28①規定の給与所得に該当する働き方が包括的に定義され，「雇用契約ないし雇用契約に準ずる関係」に限定されていないこととも整合的である。しかし，この包括的な定義は様々な争訟を生じ，それらの判例の蓄積によって課税要件が限定され，弁護士顧問料事件最判において一応の定義化をみたと考えることができる[26]。つまり，給与所得該当性は，本来，広義に捉えることを前提にしているものの，被用者と使用者との関係から実質的に判断せざるを得ず，予測可能性と法的安定性の面からは給与所得該当性にある程度の限定をする必要があったということであり，それが弁護士顧問料事件の課税要件として表れているにすぎないという理解である[27]。

　以上からは，使用人給与における給与所得該当性の考え方は広狭二様あり，本来，給与所得該当性は広義に捉えられるべきであるものの，判例の積み重ねにより，狭義のものとして「従属性」や「非独立性」が「一応の基準」として示されていたと考えられる。

　しかしながら，フリンジベネフィットやストックオプション等の現物給付，及び債務免除による所得は，広義の給与所得該当性を用いなければ捕捉できないものと考えられる。特に，債務免除による所得は包括的所得概念による捕捉が意識されるが，あくまでも「勤労者たる地位」に基づいて受ける給付が前提であるとするならば，包括的所得概念を踏まえた給与所得該当性とい

うことになろう。

　ただし，「勤労者たる地位」に基づいて受ける給付とその報酬である労務の対価とは，使用者側の損金性とは裏腹に必ずしも明確に結びつくものとはいえない。報酬の労務対価性には，報酬の態様の評価という価値判断が伴う。そのため，その客観的な判断基準として「従属性」や「非独立性」が判例により整えられてきたと考えられるのである。

　しかし，昨今，在宅での労働提供を可能にするような労働環境の多様化によって，「使用者の指揮命令に服して」提供される労務の対価となる，いわゆる「従属性」が薄れつつあることが指摘された判例もある[28]ため，もう一方の給与所得該当性要件の「非独立性」のみで給与所得該当性を計ろうとする考え方もある。例えば，佐藤英明氏は，「非独立性」について，「『自己の危険と計算』による経済活動であれば収入の有無やその金額の増減についての危険を当該納税者が負担することになるから，これは報酬（収入）の稼得態様に関わる判断基準である」[29]と述べる。

　そのうえで，「『従属性』を示す事実として指摘されていた時間的，空間的な拘束や指揮命令に服するという労務提供の具体的態様は，そこで行われている経済活動—労務提供と報酬支払—が労務提供者からみて独立的に行われていないことを明らかに表す指標としての性格を有している。つまり，従属性が強ければ強いほど，労務提供に対して報酬が支払われるという関係は労務提供者において非独立的に行われていることを推認させるものなのである。」[30]と述べ，従属性要件を外形的な労務提供事実とする一方で，非独立性要件を労務提供の対価の態様，すなわち報酬の態様の判断基準として重視している。つまり，「非独立性」のみで給与所得該当性を計ろうとする考え方は，労務提供の対価の支給において形式よりも実質を重んじるために非独立性要件を重視していると考えられるのである。

IV　法人税法における給与の性質

　法人税法上においては，その法人としての特性上，給与所得は観念され得ない。ただし，使用人への支払給与，及び役員へ支払われる報酬についてそ

の損金性が問題となることはある。法人とその役員及び使用人との間における労務の提供に対する対価が広義の報酬であり，租税法令では給与と呼ばれることが多い[31]。法人税法の給与規定の趣旨は，その広義の給与について，健全な会計原則の動向を前提としながら，必要に応じて租税法上の規制を加えようとしていると考えることができる[32]。

さらに，法人税法規定の給与については，「定期的給与に該当するものは，社会通念にしたがって法人に従属した労務の提供について受ける対価であり，その対価の支払いが定期的に反復される性質を持つべきものであることが考えられる」[33]等と述べているところからすると，使用人給与の損金算入には，定期反復的なもので，かつ，客観的観察に耐えるような形式（例えば帳簿等の計算記録）を重視していると解される[34]。

以上のように，使用人の支払給与については，その支払実態に応じて税法上損金に含まれるべきでないものが観念されるものの，損金性自体は法人税の導入時から疑念なしとされていた。これは，会計と同様に法人の販管費として，収益との対応が意識されていたということでもある。しかし，役員への支払給与である役員報酬の損金性については，導入時より納税者と課税庁間での争いがあったものである[35]。

もっとも，従業員や役員の報酬の一形態とされるストックオプションについては，その職務執行の対価であり，それが新株予約権であっても損金性があるとされる[36]。しかし，受給者側では，その支給時ではなく権利行使時や譲渡時などに繰り延べられるため，役務提供完了時に費用計上するのは妥当でないとされ，平成18年度税制改正において，受給者側で所得税が課税される場合は，その事由の発生時点で損金算入される[37]こととなった。しかし，この場合に損金の額に算入されるのは，株式を交付した時点での現物出資の時価であり，権利行使時点での時価ではない。したがって，支給者側で損金算入する金額と受給者側役員等で所得税が課税される金額とに乖離が生じる点に留意したい。

また，同改正によって，以前は臨時の利益処分と考えられていた役員賞与が役員給与に統合されたことにより，従前の取扱いと比して，役員給与に関する損金性の範囲は拡大したと捉えられる[38]。しかしながら，当該改正は「役

員給与」として統一された概念を用いると同時に,「役員給与」の損金性に
つき,形式的要件をより厳格に定義したものであると指摘されている[39]。役
員給与規定の立法趣旨からは,役員給与は職務執行の対価の範囲であれば損
金に算入されるべきである[40]が,恣意性の排除の観点から役員給与を原則損
金不算入と位置づけ,例外的に法人税法で規定する範囲内において損金算入
を認める規定となっている[41]ことからも,形式的要件を重視し,実質的要件
を劣後させていることがみてとれる[42]。さらに,この点において,給与所得
該当性及び労働法制上の労働者性の判断が,形式よりも実質を重視しようと
していることとの不整合がみてとれる。

V ストックオプションに関する役員給与上の 給与所得該当性要件の考え方

役員給与の給与所得該当性をみてみると,木山泰嗣氏は,わが国における
役員給与の給与所得該当性について,その従属性と指揮命令の有無を構成要
件とし,「給与所得に争いのない役員報酬や代表取締役の報酬(特に会社のオー
ナーである場合)については従属性があるといえるのか,という疑問であ
ろう。この点についても,労務提供の態様という観点から考えれば,いずれ
についてもやはり従属性がある」[43]と述べ,また,指揮命令の有無について
は,前掲弁護士顧問料事件(昭和56年判決と表記)と最高裁平成17年1月
25日判決[44](親会社ストックオプション事件)を用い,役員給与においても一
般の従業員と変わらず給与の支給者に対する従属性と指揮命令が認められる
とする[45]。この考え方は,狭義の給与所得該当性からの判断であり,また,
前掲した労働法制における役員の労働者性と一致するものである。

しかしながら,インセンティブ報酬の一形態であるストックオプションに
ついては,昭和56年当時のわが国に存在していない支給形態であることか
ら,親会社ストックオプション事件最判における「対価の支給者と使用者の
同一性までは要求しておらず,所論引用の判例(弁護士顧問料事件最判)は
本件に適切でない」(括弧内-筆者)とした判示を見る限り,本件は経済的利
益の労務対価性を捉えて給与所得該当性を肯定していると考えられる[46]。つ

まり，本件は広義の給与所得該当性からではなく，権利行使益の受益者と本来の役務提供先（使用者）が異なっている場合における給与所得該当性の有無が主な論点とされ，それを肯定した事案であると評価される。

　以上からは，通常の役員給与については，基本的な給与所得該当性としては一般の使用人給与と同様に解されるが，ストックオプション制度等を用いた現物給付については，その給与所得該当性につき，所論があることが確認できる。また，当該所論における異同は，使用人あるいは役員が行った労務提供の相手方である給与支給者との関係が直接的か間接的か，間接的であっても直接的であるとみなせるか否かという判断から生じる[47]。この判断基準としては，親会社ストックオプション事件最判によれば，親会社からの給付であっても親会社と子会社をグループ一体とみなした親会社の子会社役員という「雇用契約又はこれに類する原因」（下線－筆者）にみていると理解できる[48]。

　当該事件の労務提供の対価への該当性については，ストックオプションの権利行使益は親子会社を同一とみる規定がない限り雇用関係若しくはそれに類似する契約関係に基づいて支給されるものではなく労務の対価性を欠いている[49]とか，米国親会社と原告との法的及び事実上の関係から雇用契約又はこれに類する関係に基づく非独立的な労務その他の役務の提供という支配従属関係は全く認めることはできない[50]という批判もあり，確実に労務提供の対価といい得るとはいえないものとなっている。しかし，役員給与規定の趣旨として実質よりも形式を重視することからすると，その受け手においても形式要件である「雇用契約又はこれに類する原因」が認められれば，当該権利行使益も当然に給与所得となると考えられる。また，形式要件が認められることによって広義の給与所得該当性に包摂される。つまり，親会社ストックオプション事件は当初より広義の給与所得該当性に該当していながらもなお，狭義の給与所得該当性を勘案し，従属性要件を排斥しつつ非独立性要件のみで給与所得該当性を見出した事案として整理できる。

　また，ストックオプションは経済的利益であるから，収入すべき金額は所法36②（金銭以外の物又は権利その他経済的な利益の価額は，当該物若しくは権利を取得し，又は当該利益を享受する時における価額）であり，その付与者（支

給者）における損金算入額と受益者における所得金額が等価・同時ではない[51] ことは法人側で前掲した。この点も，現物給付において労務提供の対価性に疑義が生じる一因であろう。したがって，以下で経済的利益における給与所得該当性要件と，労務提供の対価の関係についてさらに検討を行う。

VI 経済的利益等における給与所得該当性と 労務提供の対価の関係

I. 現物給付としての経済的利益の場合①（フリンジベネフィット）

現行の給与所得の範囲には，現金で支給されるもののほか，現物による追加的給付であるフリンジベネフィット（勤労者たる地位にもとづく経済的利益）も原則として含まれる。これは，前掲一ノ瀬バルブ事件最判において，「勤労者が勤労者たる地位に基づいて使用者から受ける給付は，すべて所得税法にいう給与所得を構成する所得と解すべき」であると判示されたものであり，広義の給与所得該当性と定義していたものである。しかし，弁護士顧問料事件最判において，給与所得を「提供した労務の対価として使用者から受ける給与をいう」と判示したことと比較すると，一ノ瀬バルブ事件最判における「勤労者たる地位」にもとづく給付という判示とは提供した労務との結びつきの強弱の指摘において差異がある[52] という見解がある。

給与所得を労務提供の対価として考えると，家族手当や住宅手当などの諸手当は労働の対価ではないため，給与所得を構成するものとはいい難いものになるが，それらの諸手当も「勤労者たる地位」に基づいて給付されていると考えれば，それらが給与所得に含まれることは自然に説明することができる。すなわち，給与所得の性質として労務の対価性を強く求めれば「現金による追加的給付」は給与所得以外の所得と判断されやすいのに対し，「勤労者たる地位」に基づく給付を広く給与所得と考えれば，それらも広く給与所得に含まれるという結論が導かれやすくなるからである[53]。このように考えると，フリンジベネフィットも同様に給与所得を構成するものといえるであろう[54]。

2. 現物給付としての経済的利益の場合②（インセンティブ報酬）

　同様に，現物給付であると理解されるストックオプションについても，前掲した親会社ストックオプション事件以降の判例・通説では，給与所得とされている[55]。しかしながら，インセンティブ報酬の種類が多様となり，それらの所得が一様に給与所得で良いのかという疑念も生じる。つまり，株式報酬の中でも，株式を購入する権利を付与されるだけのもの[56]か，配当や議決権までを与えられるもの[57]かという様々な差異があるにもかかわらず，一様に解して良いのかという疑念である。

　最近のインセンティブ報酬における判例は，収益の認識時期が主な争点である[58]が，給与所得該当性からの検討もあり得る[59]。この点，権利行使までの期間を考慮するか[60]，あるいは二重利得法を用いて[61]権利行使益に含まれる所得区分を考慮するか[62]という異なる観点があるため，報酬の種類に応じて，適宜検討が行われても良いのではなかろうか。

　しかし，以上の検討を踏まえても，支給されるインセンティブ報酬が，前掲した「雇用契約又はこれに類する原因」に基づく給付，すなわち，「勤労者たる地位」に基づく給付である限り，インセンティブ報酬は給与所得に該当すると考えられるため，そうすると，従業員か役員かという支給対象の差異においては取扱いが異なることはないと考えられる。

3. 債務免除益としての経済的利益の場合

　また，他に経済的利益になるものとして債務免除益がある。債務免除益の役員給与としての給与所得該当性を争ったものとして，理事長の組合からの借入金について組合が債務免除をした場合の経済的利益は給与に該当するか，また，当該経済的利益は源泉所得税納付における収入金額にあたるかが争われた倉敷青果荷受組合事件高裁判決[63]及び最高裁判決[64]が挙げられる。本件高裁は，本件地裁で給与所得に該当しても非課税となるとした判断を覆し，給与所得に該当するか否かを詳細に検討したうえで，「本件債務免除は，役員の役務の対価とみることは相当ではなく，『給与等』に該当するということはできない」（下線－筆者）と判示した。しかし，最高裁では，原審を破棄し，「同人がＸの理事長及び専務理事の地位にある者としてその職務を行っ

ていたことによるものとみるのが相当であり，XがAの申し入れを受けて
本件債務免除に応ずるにあたっては，Xに対するAの理事長及び専務理事
としての貢献についての評価が考慮されたことがうかがわれる。これらの事
情に鑑みると，本件債務免除益はAが自己の計算又は危険において独立し
て行った業務等により生じたものではなく，<u>同人がXに対し雇用契約に類
する原因に基づき提供した役務の対価として，Xから功労への報償等の観点
をも考慮して臨時的に付与された給付</u>とみるのが相当である。したがって，
本件債務免除益は所得税法28条1項にいう賞与又は賞与の性質を有する給
与に該当するというべき」（下線－筆者）と判示した。

　本件における金銭貸付けは，Aの専務理事及び理事長の地位に基づいて
行われたものであり，本件債務免除がバブル経済崩壊後の平成2年から平成
19年に至るまで行われなかったことからすると，本件債務免除益はAに対
する功労への報奨の意味合いが強かったことは否定できない[65]。また，債務
免除益が原則として経済的利益であること，及びその利益の受け手側と給付
側との関係が雇用契約又はこれに類する原因（雇用類似関係）にある以上，
支持され得る結論[66]とされているところをみると，広義の給与所得該当性に
よって，本件の給与所得該当性は認められたと解される。

　以上からは，現物給付や債務免除益の給与所得該当性は，労務の対価とし
ては必ずしも積極的に認められるものではないが，「勤労者たる地位」に基
づいて認められるもの，つまり，広義の給与所得該当性によって認められる
ものと整理できる。

　このように考えると，前掲した親会社ストックオプション事件の一連の判
決は，「労務提供の対価」の観点と，「勤労者たる地位」としての観点から主
に判断されていたとも考えられる。そうすると，当該事件の地裁は「労務提
供の対価」ではないとして，一時所得と判示したが，高裁及び最高裁は，親
会社の子会社役員としての「勤労者たる地位」を重視し，そこから「労務提
供の対価」を類推したと考えられる。つまり，「勤労者たる地位」が客観的
な外形的事実として存在している場合，それは広義の給与所得該当性に当て
はまり，給付される金銭や金銭以外の経済的利益については「労務提供の対
価」の態様に関係なく給与として判断されることとも整合的である。しかし，

債務免除益には金銭収入が伴わないため，報酬の労務対償性（賃金性）を満足しないが，それは，経済的利益をも取り込む税法上の給与所得概念と，金銭支給を原則とする労働法制との立法趣旨の相違が表れた結果であると考えられる[67]。もっとも，株式報酬の権利付与時にも同様の問題が生じるが，権利確定時は基本的に売却益を稼得するため，収益認識のタイミングのみの問題である。

4.　「特別な地位」に基づく横領による所得の場合

　上記を補足する事例として，社会福祉法人の理事長が横領によって当該社会福祉法人から得た金銭を賞与と判示した大阪高裁平成 15 年 8 月 27 日判決[68] が挙げられる。本件の原審[69] は，給与所得該当性からではなく，給与に係る源泉徴収の「支払」の意義に着目し，横領行為は金銭の支払ではないとして源泉徴収の対象とならず，したがって，対象となる金員についても給与所得ではないと判示したが，本判決では，理事長の地位と権限が着目され，その結果，対象となる金員を賞与と認定し，給与所得とした。本判決からすると，「勤労者たる地位」というよりも，理事長という「特別な地位」にあったからこそ所得が得られるとする考え方にも一定の合理性があることになる。

　しかし，労働法制からの示唆としては，労働契約法と労基法の使用従属性に関する判断基準によれば，当該横領による所得は，法人の財産を不当に奪って得た利得であるところからすると，そもそも法人の意に沿った指揮監督下での労務による対価にはならず，したがって「勤労者たる地位」に基づく所得ともならず，給与所得該当性は見出し得ない。そうすると，本件は同じく「特別な地位」にあったと解される前掲倉敷青果荷受組合事件や，親会社ストックオプション事件とは労基法の使用従属性に関する判断基準の範疇にあったか否かという点で根本的に異なっているといえる。

　そのように考えれば，広義の給与所得該当性には，労基法の使用従属性に関する判断基準を含むことが確認できる。この点で，給与所得該当性は広狭二様というよりも，広義の給与所得該当性を狭める判断基準をどのように置けば良いのか，またその基準をどのように客観的に説明することができるの

かを問われているといえよう。

VII　おわりに

　以上から，通常，債務免除益と同様にストックオプション等の株式報酬では，労働法制上の報酬の労務対償性（賃金性）を見出し得ないとされる。しかし，税務上，債務免除益は賞与として，また，株式報酬は労務提供の対価として給与所得とされる。これは，税法上で支給側と受給側とで一体となって金銭以外の経済的利益を給与と捉えること，つまり，「勤労者たる地位」に基づく広義の給与所得該当性から導かれる。

　したがって，「勤労者たる地位」に該当する支給形態であれば，一様に給与所得と判断できるものとなる。この点，使用人か役員かという待遇の違いについても労働法制からは同様に「勤労者たる地位」としての労働者性が認められることについては差異がない。

　しかし，法人税法上の使用人給与と役員給与における差異としては，役員給与が形式的要件を重視し，実質的要件を劣後させている関係から，使用人給与の給与所得該当性及び労働法制上の労働者性の判断において，形式よりも実質を重視しようとすることとの不整合がみてとれるのであり，また，インセンティブ報酬における給与所得該当性についても，その種類が多様となっている以上，それらの所得が一様に給与所得で良いのかという疑念も生じる。このように，給与所得該当性を広義で包括的に捉えたとしても，個別論点としては様々問題が生じている。これは，狭義の給与所得該当性で捉えるべき問題である。

　したがって，税法上の給与は，特に受給者側では，使用人給与や役員給与を問わず，広義の給与所得該当性を狭める判断基準をどのように置けば良いか，また，その基準をどのように客観的に説明することができるかが問われているということになろう。そのように考えても，狭義の給与所得該当性における「従属性」と「非独立性」の要件は「勤労者たる地位」を画するための要件ではなく，あくまでも，労務提供の態様の判断基準であり，「一応の基準」となるのである。

[注]

1　木村遥介「企業のガバナンスとリスクテイク」ファイナンス 54 巻 8 号（2018）63 頁。

2　HR ガバナンス・リーダーズ株式会社「令和 3 年企業の中長期的な企業価値向上に資する役員報酬の課題に関する調査報告書」『経済産業省委託調査報告書』（2021）12 頁参照。

3　石島弘「フリンジ・ベネフィット―現物給与の検討を中心にして―」租税法研究 17 号 54 頁（1989）55 頁。

4　最高裁昭和 56 年 4 月 24 日判決（税資 117 号 316 頁）。

5　厚生労働省「雇用類似の働き方に関する検討会報告書」（厚生労働省，2018）https://www.mhlw.go.jp/file/05-Shingikai-11909500-Koyoukankyoukintoukyoku-Soumuka/0000201113.pdf.（最終閲覧日 2022 年 4 月 18 日）

6　使用従属性に関する判断基準
　（1）　指揮監督下の労働
　　　　①仕事の依頼，業務従事の指示等に対する諾否の自由の有無，②業務遂行上の指揮監督の有無，③拘束性の有無，④代替性の有無
　（2）　報酬の労務対償性

7　労働者性の判断を補強する要素
　（1）　事業者性の有無①機械，器具の負担関係，②報酬の額
　（2）　専属性の程度
　（3）　公租公課の負担（給与所得の源泉徴収や社会保険料等の控除の有無）

8　労働省労働基準局編『労働基準法の問題点と対策の方向』（日本労働協会，1986）52 頁以下参照。

9　厚生労働省・前掲注(5) 5 頁。

10　水町勇一郎『労働法第 8 版』（有斐閣，2020）55-56 頁参照。

11　水町・同上，56 頁。

12　(1)事業組織への組み入れ，(2)契約内容の一方的・定型的決定，(3)報酬の労務対価性

13　(4)業務の依頼に応ずべき関係，(5)広い意味での指揮監督下の労務提供，一定の時間的場所的拘束，(6)顕著な事業者性

14　厚生労働省・前掲注(5) 6 頁及び，最高裁平成 23 年 4 月 12 日判決（新国立劇場運営財団事件）（民集 65 巻 3 号 943 頁）。

15　労働契約法 2 ①。

16　水町・前掲注⑽ 58-59 頁，及び大阪高裁平成 19 年 1 月 18 日判決（労判 940 号 58 頁）参照。

17　水町・同上，59 頁。

18　金子宏『租税法第 23 版』（弘文堂，2019）314-315 頁。

19　注解所得税法研究会編『注解所得税法六訂版』（大蔵財務協会，2019）517 頁参照。

20　注解所得税法研究会編・同上，517 頁。もっとも，いわゆる家族労働の場合，事業主

である世帯主と事業に従事する同居親族との間に雇用契約があるとみられるかどうかは問題であり，労基法も同居親族は通常は事業主との間に使用従属関係がある「労働者」（労基法 9）とはみていない（同上，517 頁）。

21　例えば，佐藤英明氏は，給与所得の性質について最も基本的な手がかりとなるのが弁護士顧問料事件であると述べている（佐藤英明『スタンダード所得税法第 2 版補正 2 版』（弘文堂，2020）157 頁）。

22　畠山武道『租税法』（青林書院，1979）106 頁。

23　田中治「給与所得概念における従属労務性」税務事例研究 Vol. 83（2005）29-30 頁参照。

24　最高裁昭和 37 年 8 月 10 日第二小法廷判決（民集 16 巻 8 号 1749 頁）。

25　酒井克彦「所得税法における給与所得該当性の判断メルクマール―従属性要件と非独立性要件―」中央ロージャーナル 14 巻 1 号（2017）87 頁。

26　弁護士顧問料事件最判は，給与概念を明らかにする試みをしてきた多数の判例の集積（木山泰嗣「給与概念の確立と変容」青山法学論集 57 巻 4 号（2016）126 頁参照）であり，「一応の基準」ということになっている。

27　佐藤，前掲注(21)，157 頁は同旨を述べている。

28　東京高裁平成 25 年 10 月 23 日判決（税資 263 号順号 12319）。

29　佐藤英明「給与所得の意義と範囲をめぐる諸問題」金子宏編著『租税法の基本問題』（有斐閣，2007）402 頁。

30　佐藤・同上，406 頁。

31　忠佐市『税務会計法　第四版』（税務経理協会，1973）313 頁参照。

32　忠・同上，313 頁参照。

33　忠・同上，323 頁参照。

34　忠・同上，323-324 頁参照。もっとも，給与の損金算入には法 22 ③のみならず，法 22 ④や法 74 ①も関わると考えれば，帳簿等が客観的観察に足り得る形式で記録されていることは，法人税法上の損金算入における十分条件であると考えられる。ただし，損金不算入とする別段の定めがあることから，帳簿等の記録があれば損金算入されるという必要条件は満たされない。

35　忠佐市「役員給与は益金支出か損金支出か」税経通信 24 巻 10 号（1969）18 頁参照。

36　武田昌輔監修『DHC コンメンタール法人税法』（第一法規，加除式）3447 の 13 頁参照。

37　武田・同上，3447 の 13-14 頁参照。

38　武田・同上，2161 の 4 頁。

39　谷口勢津夫『税法基本講義第 6 版』（弘文堂，2018）444 頁。

40　武田・前掲注(36) 2161 の 4 頁。

41　同改正では，役員給与に関する取扱いが大きく変更された。その趣旨としては，法人税法における損金を定める法法 22 ③を踏まえると，同様に職務執行の対価である使用人給与は同法 22 ③の範囲内であるが，役員報酬は同法の別段の定めとして整理された

うえで，損金性が認められる給与のみを限定列挙するという棲み分けにあるといえよう。

42　この点，渡辺徹也氏は法人税法34条1項各号に関する具体的な判断基準について，どちらかといえば形式的な支給形式に依存しているようにみえるとして，個々の事案において実質的に費用性の有無を判断することには相当の手間がかかるので，一種の割り切りによって一定の形式基準を重視する方法を採用したとする（渡辺徹也『スタンダード法人税法第2版』（弘文堂，2019）139頁参照。

43　木山・前掲注㉖149-150頁。

44　最高裁平成17年1月25日判決（民集59巻1号64頁）。

45　木山・前掲注㉖150-151頁。

46　成瀬洋平「源泉所得税における給与等の課税の取扱い」税大論叢73巻7号（2012）207頁。

47　この点，地裁判決へのものであるが，渡辺徹也氏は「給与所得といえるためには，従業員が提供した労務の質及び量と使用者からの給付との間に，何らかの相関関係がなければならないが，従業員の就労は必ずしも企業の業績に反映されるとは限らない上に，原告は子会社の従業員であるため，原告の就労との関係は，より間接的で稀薄なものであり，原告の就労と親会社の株価上昇との間に相関関係が存在するということは困難である。」と述べている（渡辺徹也「ストック・オプションに関する課税上の諸問題」税法学550号（2003）79頁）。

48　なお，「雇用契約又はこれに類する原因」とは，ストックオプション等の課税時期を定めた所得税法施行令84条の解釈通達である23～35共-6における文言であり，この点，品川芳宣氏は，何らかの役務の提供を提供する者でなければストックオプションを取得できないこと，法人税法施行令136条の4では権利行使価額と株式の時価との差額を役員報酬等として認識していること，付与後の一定期間被付与者の役務提供を通じて会社の業績向上（株価上昇）が期待されているので，権利行使益にも役務提供との相関関係が認められるとして，給与所得の性格が強いと主張している（品川芳宣「ストックオプション権利行使利益の所得の種類」税研108号（2003）79-80頁参照）。

49　三木義一「ストックオプション地裁判決とその問題点」税理46巻2号（2003）16頁。

50　大淵博義「米国親会社のストック・オプションに係る権利行使利益の所得区分と税法解釈の限界（その3完）」税務事例35巻8号（2003）12頁。

51　権利確定主義を内容とする所得税法施行令84条は，「…第36条第2項（収入金額）の価額は当該特定譲渡制限付株式又は承継譲渡制限付株式の譲渡についての制限が解除された日」と規定しており，法人側での付与とは等価・同時とはなり難い。この点，渡辺徹也氏はストックオプションにおいて従業員側と法人側とで対称的な取扱いとはなっていない点についての言及をしており，その原因を付与時課税がなされないことに求めている（渡辺徹也，前掲注㊼66-78頁参照）。さらに，川端康之氏も，アメリカ法はシンメトリーな扱いをすることで一貫性を確保しようとしていると述べ，わが国での付与者と受益者の非対称性に言及している（川端康之「新規事業と税制―ストック・オプシ

ョン制度の基礎構造―」租税法研究 25 号（1997）30 頁以下，及び 95-96 頁）。

52 佐藤・前掲注⑳412 頁。

53 佐藤・同上，413 頁参照。

54 この点，企業（法人）はその資産を無償で譲渡（贈与）しえない存在と解し，従業員が企業から受ける経済的利益をすべて社用関係で捉えるのであれば，福利厚生又は労務の対価（給与）としての給付と解されて給与の範囲に含まれると述べている（石島弘「フリンジ・ベネフィット課税について」山田二郎先生古稀記念論文集『税法の課題と超克』（信山社，2000）38 頁）。

55 東京地裁平成 24 年 7 月 24 日判決（税資 262 号順号 12010）は，リストリクテッドシェアが給与所得か退職所得か，と収益の計上時期が争点であったが，給与所得該当性の検討において地裁は，前掲親会社ストックオプション事件最判及び地判を引用している。

56 ストックオプションが該当する。

57 リストリクテッドストックやストックユニットが該当する。

58 東京地裁平成 24 年 7 月 24 日判決（税資 262 号順号 12010）（リストリクテッドシェア），東京地方裁判所平成 27 年 10 月 8 日（税資 265 号順号 12736）（ストックユニット）等がある。

59 上記東京地判平成 24 年 7 月 24 日の争点は，給与所得該当性と収益認識時期であった。

60 所得区分については，リストリクテッドストック付与時から一定期間は役員として継続して勤務していることが，大幅に変更しない限り給与所得として課税されると考え，雇用の継続が要求される「一定の期間」を短期間にすれば一時所得や雑所得の可能性はある（渡辺徹也「インセンティブ報酬に対する課税―リストリクテッドストック等を中心に―」税務事例研究 150 号（2016）47 頁）。

61 ストックオプションについて二重利得法を用いた事例として，東京高裁平成 16 年 12 月 8 日判決（税資 254 号順号 9849）がある。

62 ストックオプションにおける給与所得と資産の譲渡による所得との区分可能性について，権利行使利益は単独の性質を有しているのではなく，給与所得と資産の譲渡による所得の混合的性質を有していると考えるべきであり，問題はどのように区分するか，又はどちらの性質をより重要と判断し，それを 1 つに絞るかどうかである（一高龍司「ストック・オプション判決について―資産の譲渡の対価としての性質の検討を中心に―」租税研究 655 号（2004）105-106 頁）。

63 広島高裁平成 26 年 1 月 30 日判決（税資 264 号順号 12402）。

64 最高裁平成 27 年 10 月 8 日判決（民集 251 号 1 頁）。

65 今本啓介「債務免除益が給与等に該当するとされた事例」ジュリスト 1489 号（2016）10-11 頁参照。

66 木山泰嗣「債務免除益が給与に当たるとされた事案」税経通信 71 巻 1 号（2016）189 頁。

67 林幸一氏も「労働基準法と税法とは，法目的に違いがある。したがって，労働法と税

法とでは，それぞれ対象者に違いを生じうる」として同旨を述べている（林幸一「事業所得と給与所得との区分」大阪府立大學經濟研究 54 巻 2 号（2008）144 頁）。

68　大阪高裁平成 15 年 8 月 27 日判決（税資 253 号順号 9416）。

69　京都地裁平成 14 年 9 月 20 日判決（税資 252 号順号 9198）。

第 8 章担当　宮崎裕士（九州情報大学）

現行法の規定内容から探る
役員給与税制の背後にある考え方
業績連動給与を中心として

I　はじめに

　法人税法における役員給与の損金算入規制は，もともと我が国で，役員賞与を利益処分（利益として算定された中から支払うべきもの）としてきた経緯に由来する[1]。役員賞与について，従来，商法上の利益処分案に係る承認決議（旧商283①）により支給される実務慣行が定着していたが，会社法では役員賞与は役員報酬と同様に職務遂行の対価として整理され，役員賞与についても「報酬等」に含まれることになり，その株主総会決議に基づいて支給されるとともに，利益処分案の承認による支給の規定自体がなくなった[2]。そして，平成17年11月29日付け企業会計基準委員会「役員賞与に関する会計基準」（企業会計基準4号）において，役員賞与は，発生した会計期間の費用として処理することとされた。

　これらを機縁として[3]，平成18年度税制改正が行われ，定期同額給与，事前確定届出給与，利益連動給与（平成29年度改正以後は業績連動給与）という基本3類型が定められ，これらに該当しない役員給与は全額損金不算入とされた。他方で，これまで損金算入が認められていなかった役員賞与や業績連動型の役員報酬について，一定の厳格な要件の下で損金算入を認める途が拓かれている。

　ところで，法人税法が一定の役員給与を損金不算入とする実質的な根拠には，職務執行の対価としての性質が希薄なもの，すなわち収益に対応する費

用としての性質が希薄なものが含まれている―差し当たり，費用性否定説，あるいは費用性が否定されるものを利益の処分という概念で括るという意味で利益処分説と呼ぶ―という考え方が存在する可能性がある[4]。役員給与税制の背後にある考え方，趣旨あるいは実質的根拠は，同税制に係る個別の規定の解釈論や立法論に影響を与える重要な論点である。本章では，この点について，その候補として，費用性否定説ないし利益処分説ともいうべき考え方に関心を寄せつつ，考察を行う。

II　現行法の規定内容から探る役員給与税制の背後にある考え方

　現行の役員給与税制は，費用性否定説のみならず，役員給与は職務執行の対価としての性質が認められる限りにおいて，収益を稼得するための費用として損金に算入されるという原則論を基本としつつも，課税の公平，恣意性の排除，課税上の弊害といった趣旨を含みもつ。また，株主の目線において「企業価値を高める」というコーポレートガバナンスの考慮又はこれへの配慮[5]（ないし会社法等への配慮）もその背後に存在する可能性もある。その上，執行の便宜等の考慮により，条文化に当たって形式基準等を採用している。よって，現行の役員給与税制の背後にある考え方について，1つの視座から単純に説明することは難しいという側面を有する。このことを踏まえつつ，役員給与税制の背後にある考え方を考察する。

1.　『平成18年度税制改正の解説』による説明

　立案担当者によって記載された『平成18年度税制改正の解説』は，法人が支給する役員給与について，次のように課税の公平と課税上の弊害という観点から検討を進めている[6]。

- 役員に直接的に経済的利益を帰属させるという態様からお手盛り的な支給が懸念されるという性質を有しており，法人段階での損金算入を安易に認め，結果として法人の税負担の減少を容認することは，課税の公平の観点から問題がある。

- 役員給与については，未払計上の場合には所得税法上の賞与に該当しない部分について現実の支払時まで個人所得税の負担が生じず，未払計上でない場合にあっても支給額に応じて逓増する給与所得控除部分が課税されないものであるから，法人段階での安易な損金算入を認めれば，法人・個人を通じた税負担の軽減効果が高く，課税上の弊害が極めて大きい仕組みとなっている。

同解説は，上記の点を踏まえて，次の通り説明する[7]。

> 「このような状況の下，わが国税制では，従来から役員給与の支給の恣意性を排除することが適正な課税を実現する観点から不可欠と考えており，具体的には，法人段階において損金算入される役員給与の範囲を職務執行の対価として相当とされる範囲内に制限することとされてきました。そして，役員給与が職務執行の対価として相当な範囲内であるか否かを個々の事例に応じて実質的に判定することが困難であることを踏まえ，改正前においては，この区別を専ら役員給与の外形的な支給形態によって行うこととし，具体的には，定期に定額支給するものを「報酬」，それ以外のものを「賞与」と区別して，役員賞与に該当するものについては，損金の額に算入しないこととしてきました。しかし，この区別については，基準としては明確なものである反面，画一的・形式的に過ぎるといった指摘もあったところです。〔下線筆者〕」

そのうえで，同解説は，次のように述べている[8]。

> 「今般の税制改正においては，会社法制や会計制度など周辺的な制度が大きく変わる機会を捉えて，こうした役員給与の損金算入のあり方を見直すこととし，具体的には，従来の役員報酬に相当するものだけでなく，事前の定めにより役員給与の支給時期・支給額に対する恣意性が排除されているものについて損金算入を認めることとするとともに，従来課税上の弊害が最も大きいと考えられた法人の利益と連動する役員給与についてもその適正性や透明性が担保されていることを条件に損金算入

を認めることとしました」

　恣意性の排除が適正な課税の実現につながることは理解できるが，職務執行の対価としての相当性という考え方については，直接的な基準とすることは難しいことに鑑み，実定法の背後に潜在するものとして位置づけられているのであろうか。そうであればそれは現行税制においても変わらないのか。ここでいう職務執行の対価としての相当性という視点を費用性否定説に引き寄せて理解することができるであろうか。

　上記の解説も参考にしたうえで，原則として損金算入であるはずの役員給与を損金不算入とする役員給与税制の背後にある考え方の候補として，仮に，「①費用性の否定」（費用性否定説），「②課税の公平」，「③恣意性の排除」，「④課税上の弊害」を挙げることができるとしても，これらの重み付けや関係性は必ずしも判然としない。③や④は，結局は①や②につながる可能性もあるし，④は課税ベースの確保という視点で説明することもできそうである。例えば，恣意性が強くなると，費用性が否定される又は課税の公平に反するという評価に向かうという見方がありうるし，費用性が否定されるようなものを損金として認めることは課税の公平に反するという見方もありうる[9]。

　かように①～④は競合するというよりも，相互に関係するため，現行役員給与税制が主としてどのような考え方に基づいて成り立っているかを一意的に断ずることはやはり難しい。どの程度，費用性が否定され，課税の公平が損なわれ，恣意性があると損金性が否定されるべきであるのか，各観点の比重をどのように考えればよいのか。このことを踏まえても，現行の役員給与税制の背後にある考え方を探求する際のアプローチとして，実際の規定に着眼することは有益である。

　以下では，紙幅と本書の主題との関係を考慮し，基本３類型のうち業績連動給与に係る規定内容について，「①費用性の否定」，「②課税の公平」，「③恣意性の排除」，「④課税上の弊害」という観点を候補として念頭に置きつつ，とりわけ「①費用性の否定」という観点から説明できるかを検討する。

2. 業績連動給与

(1) 最近の税制改正とコーポレートガバナンス

業績連動給与とは，次のいずれかに該当する給与をいう（法法34⑤）。

- 利益の状況を示す指標，株式の市場価格の状況を示す指標その他の同項の内国法人又は当該内国法人との間に支配関係がある法人の業績を示す指標を基礎として算定される額又は数の金銭又は株式若しくは新株予約権による給与

- 特定譲渡制限付株式又は承継譲渡制限付株式，あるいは特定新株予約権又は承継新株予約権による給与で無償で取得され，又は消滅する株式又は新株予約権の数が役務の提供期間以外の事由により変動するもの

もともとは，「利益に関する指標」を基礎として支給されるものを対象としていたが，平成28年度改正において，利益連動給与の定義が「利益の状況を示す指標を基礎として算定される額を支給する給与」に改正されるとともに，その指標の範囲が「利益の額，利益の額に有価証券報告書に記載されるべき事項による調整を加えた指標その他の利益に関する指標」であることが明記された。「利益に関する指標」の範囲については，条文上「利益に関する」と規定されていることもあり，導入当初から単なる「利益」だけではなく「利益に一定の調整を加えたもの」も含まれるとの考え方がとられていたが，具体的な規定がなされていないことから，実務上，「利益に一定の調整を加えたもの」として含まれるものの範囲について疑義があったことを踏まえて，規定の明確化が図られたものである[10]。

これによって，損益計算書上の利益数値のみならず，有価証券報告書の記載事項を使って算出されるEBITDAや修正当期純利益（当期純利益±過年度調整損益）のような修正利益指標，その他の各種財務指標も利用できることが明らかになり，翌年度の改正によって，株価，インデックス比，過年度比，株主総利回り等も算定の基礎となる指標に含められるようになった[11]。

補足すると，平成27年6月より東京証券取引所で適用されているコーポレートガバナンスコードの要請等を背景に，法人がその役員に中長期的なイ

ンセンティブ効果又はリテンション効果をもたせること等を目的として，多様な形態の給与等を支給する事例が増加しつつある一方，経済的効果が同様と考えられる給与等であっても支給形態が異なる場合には税制上異なる取扱いとなるなど，役員給与等の実態と税制上の損金算入要件との乖離や役員給与等の類型間での不整合が生じていた。そこで，平成29年度税制改正では，平成18年度改正による整理も踏まえて，適正な手続等を経ていることという要件を維持したうえで，短期業績連動と長期業績連動，現金報酬と株式報酬など，各種の役員給与等について全体的に整合的な制度となるように税制の整備が行われ，業績連動給与への名称変更，株式の市場価格の状況を示す指標の追加，売上高の状況を示す指標の追加などの改正が行われた[12]。令和元年度及び令和2年度改正における報酬委員会又は報酬諮問委員会における決定等の手続の見直しも含めて，近時の改正は，コーポレートガバナンスの考慮又はこれへの配慮を色濃く反映したものといえよう[13]。

(2) 業績連動給与規制の趣旨

業績連動給与の損金算入が認められるのはどのような場合か。支給額が事前に確定しているものではないものの，法人（同族会社にあっては，非同族会社の100％子会社に限る）が業務執行役員全員に支給するものであり，確定額等を限度として客観的な計算方法により算定され，その算定方法は独立社外取締役を過半数として構成される報酬委員会で決定されるなど適正な手続を経たもので，有価証券報告書等で開示されており，所定の期日までに交付され又は交付される見込みであり，損金経理をしており，かつ，他の業務執行役員のすべてに対してこれらの要件を満たす業績連動給与を支給する場合に限って，業績連動給与の損金算入が認められる（法法34①三）。支給額について，過大役員給与の損金不算入規定では対応しきれないものが存在しうることを暗に示しているが，単なる支給額の規制というよりも，業績に連動して支給する給与の損金算入を認めるための諸条件を定めたものと捉えた方が適当であるかもしれない。

利益の状況を示す指標を基礎として支給額が算定されるような給与の損金算入を認めることは利益処分としての性質を有するとして，費用性否定説

（「①費用性の否定」という観点）と正面衝突を起こすおそれがある[14]。業績連動給与は，利益の分配と職務執行の対価という2つの要素を有するという見解もある[15]。平成18年度改正において，かような利益連動給与の損金算入が認められたのであるから，費用性否定説は少なくとも同改正以後は採用されていない，という見解をとる論者もいるであろう。この点を措くとしても，この改正の趣旨について，立案担当者は次の通り説明している[16]。

> 「いわゆる業績連動型報酬については，法人の利益に連動して役員給与の支給額を事後的に定めることを許容することは安易な課税所得の操作の余地を与えることとなりかねず，課税上の弊害が極めて大きいことから，およそ損金算入が認められる余地がないものと考えられてきました。しかし，このような形態の役員給与であっても，<u>職務執行の対価性に欠けるものではなく，支給時期・支給額に対する恣意性を排除した上で損金算入の余地を与えることとすれば</u>，多様な役員給与の支給形態により中立的な税制を実現し得ることとなります。そこで，支給の透明性・適正性を確保するための一定の要件を課した上で，このような形態の役員給与についても損金算入を可能とすることとされました。〔下線筆者〕」

下線部分について，職務執行の対価としての性質を有する役員給与であっても一定の場合には，損金算入を認めないことがありうることを言外に示しているとみることができる[17]。他方，いわゆる業績連動型報酬についても「職務執行の対価性に欠けるものではな」いと述べる文脈であることからすれば，少なくとも立案担当者としては，「①費用性の否定」という考え方を採用していないようにもみえる。また，その後に続く「支給時期・支給額に対する恣意性を排除した上で損金算入の余地を与える」という部分は，業績連動給与に課せられた厳格な要件が「③恣意性の排除」という趣旨のために設けられたものであることを窺わせる。

もっとも，現行法が業績連動給与の損金算入要件として高いハードルを用意していることを，「③恣意性の排除」という理由のみで十分に説明することはできるであろうか。例えば，利益がある場合に限り利益に一定率を乗じ

た額を役員給与として支給するような業績連動給与は，確定額を限度とした
ものという要件に抵触し[18]，損金算入は認められない可能性があるが，この
ような給与が押しなべて恣意的なものであるとはいえまい。確定額等を限度
とする要件は，利益処分的な役員給与が損金に算入されることに対する根強
い警戒心を具体化したものであり，「①費用性の否定」という考え方に根差
しているのではないか。

　また，法人税法は，業績連動給与の損金算入要件として厳格な開示要件を
設けている[19]。事前確定給与のごとく，算定方法の事前届出制ではなく有価
証券報告書における開示とされたのは，後述するように，基本的には，不特
定多数の株主による統制を期待してのことであろう。そうすると，その底流
には，「③恣意性の排除」という観点のみならず，「①費用性の否定」，すな
わち利益処分的なものを認めないという伝統的な考え方の残滓が存在するの
ではないか。利益を役員と株主との間で分配するようなことを想定しつつ，
一方当事者である株主，あるいは広くステークホルダーによる統制ないし監
視下に置く趣旨であるとすれば，なおさらである。

　さらに，例えば，会社法上の分配可能額（会社461）の範囲内で当期の利
益の全額が役員給与として支給されるような指標に基づいて支給されるもの
は，（今後も）損金算入が認められることは難しいと思われるが[20]，その理由
として，「③恣意性の排除」という観点よりは，上記の伝統的な考え方を挙
げた方が腹に落ちる。

　業績連動給与の損金算入要件は定期同額給与や事前確定届出給与よりも，
一層，厳格なものであるし，一般の中小企業が業績連動給与を損金の額に算
入することは想定されていないことも明らかである。業績連動給与について，
法が事前確定届出給与とは別枠で用意し，客観性や適正性を確保しようとし
て一層，厳格な要件を設けたのは，やはり，業績連動給与は本来的には利益
処分として損金に算入されるべきではない，費用性が希薄であるという考え
方，あるいは，少なくとも利益処分的な役員給与が損金に算入されることに
対する根強い警戒心が改正後においても，なお生きながらえている証左であ
るといえるのではないか[21]。この点に関して，平成29年度改正に関するもの
であるが，立案担当者の次の説明を確認しておく[22]。

　「役員給与に関する税制というのは，法人税法では 270 万社を一緒にして扱っているということもありますが，限りなく内部取引に近い外部取引であると言われておりまして，特に同族会社などで，役員に好きなように決定されるというお手盛り的な支給が懸念されるので，<u>恣意性を排除しなければいけない</u>というのが，適正な課税を実現する観点からの税制の問題意識として常にあります。また，<u>利益処分的なものについても考える必要があります。法人税というのは所得課税ですので，利益処分的な支出については損金算入する理屈がないという中で，役員給与の中にも利益処分的なものがあれば，それは損金算入を制限すべきというような考え方が伝統的にあります。</u>

　そのような考え方の下で，今から 11 年前の平成 18 年改正において，会社法の改正によって役員賞与を利益処分で支給できなくなったことなどを契機としまして，大きな改正をしまして，一定の整理がされております。具体的には，定期に定額を支給する，いわゆる月給のようなものの他，事前の定めによって役員給与の支給時期や支給額に対する恣意性が排除されているものについて損金算入を認めるという事前確定届出給与といわれる類型，そして，利益と連動する役員給与については適正性や透明性が担保されていることを条件に損金算入を認めるという利益連動給与の類型の 3 類型について損金算入をするという整理がされております。<u>今回はこの考え方については大きく変えない</u>という整理の下で改正がされています。〔下線筆者〕」

同じ担当者は，次のような説明も行っている[23]。

　「もともと利益連動給与というのは利益処分ではないかという議論がある中で，職務執行の適正な対価であることを担保するために<u>厳しい手続要件を課しております。算定方法の内容の開示</u>ですとか，<u>報酬委員会の決定</u>という要件が設けられているのは，不特定多数の株主にその算定方法を見ていただいて判断していただこうという趣旨です。〔下線筆者〕」

　これらの説明は，上記のような「①費用性の否定」という考え方が現行法の底流において脈々と受け継がれているという見方が成り立つことを裏付ける1つの材料になりうる。平成29年度改正においては，退職給与で業績連動給与に該当するもの及び新株予約権による役員給与について，法人税法34条1項の損金算入要件を満たさないものは，損金不算入とされた。この点について，同じ担当者は，他の箇所においても，利益処分的な役員給与が損金に算入されることに対する根強い警戒心を垣間見せている[24]。

Ⅲ　おわりに

　役員給与税制の背後にある考え方，趣旨あるいは実質的な根拠は，同税制に係る個別の規定の解釈論や立法論に影響を与える重要な論点である。現行の役員給与税制について，法人税法が一定の役員給与を損金不算入とする実質的な根拠には，職務執行の対価としての性質が希薄なもの，すなわち収益に対応する費用としての性質が希薄なものが含まれている―詰めるべき点は残されているものの，差し当たり，費用性否定説，あるいは費用性が否定されるものを利益の処分という概念で括るという意味における利益処分説―という考え方が存在する可能性がある。このような理解が正しいことを前提とすると，原則として損金算入であるはずの役員給与を損金不算入とする役員給与税制の背後にある主たる考え方ないし趣旨の候補として，「①費用性の否定」（費用性否定説），「②課税の公平」，「③恣意性の排除」，「④課税上の弊害」などを挙げることができるが，これらの重みづけや関係性は必ずしも判然としない。

　これまでの考察も踏まえて次の点を指摘しておきたい。第1に，現行の基本3類型に係る規定（規制）との関係では，「③恣意性の排除」という考え方の存在感が増している一方で[25]，「②課税の公平」，あるいは「④課税上の弊害」に加えて，「①費用性の否定」という考え方が根強く残っており，これらが混在している可能性もある。

　第2に，基本3類型の規定内容は形式基準をとりいれたものであるという見方を前提として，このことによって，規定の背後に存在する主たる考え方

ないし趣旨と，実際の規定との間に生じる離齬を把握し，除去するような解釈論，あるいは立法論的な営みが求められることになる。例えば，形式基準である以上，その背後に存在する主たる考え方や趣旨との関係において過大包摂ないし過小包摂の可能性が生じることは否めない[26]。一例を挙げるとすれば，役員給与の支給時期を恣意的に操作するような処理をしたことで，定期同額給与規制や事前確定届出給与規制に抵触して，損金不算入とされるケースである。「③恣意性の排除」という観点のみから損金不算入を導くならば，しかるべき時期に損金算入を認める設計もありうる。いわゆる決算賞与の支給時期を恣意的に操作して，計上した場合，使用人賞与の損金算入時期を定める法人税法施行令72条の3によってその計上時においては損金不算入となる可能性はあるが，しかるべき時期に損金算入が認められうる。しかしながら，定期同額給与規制や事前確定届出給与規制に抵触した役員給与については，その全額が永久に損金不算入となる[27]。この意味で一種の過大包摂ないし過大規制となっているという見方もありえよう。もっとも，視点を変えてみると，「①費用性の否定」など「③恣意性の排除」以外の考え方が働いた結果とみることもできる。支給時期の操作によって支給された役員給与については，職務執行の対価性が希薄化するという考え方である。

　いずれにしても，上記2つの指摘は，役員給与税制に関する解釈論や立法論を議論する際の手掛かりとなる。

[注]
1　岡村忠生『法人税法（第3版）』（成文堂，2007）139-140頁参照。
2　相澤哲・石井裕介「株主総会以外の機関」相澤哲編著『立案担当者による新・会社法の解説』（商事法務，2006）105頁，相澤哲・岩崎友彦「株式会社の計算等」相澤哲編著『立案担当者による新・会社法の解説』（商事法務，2006）130頁参照。
3　立案担当者の表現は「会社法制や会計制度など周辺的な制度が大きく変わる機会を捉えて」となっている。『平成18年度　税制改正の解説』（大蔵財務協会，2006）323頁（佐々木浩ほか）参照。
　　https://warp.da.ndl.go.jp/info:ndljp/pid/10404234/www.mof.go.jp/tax_policy/tax_reform/outline/fy2006/fl808betu.pdf. 以下，本章で引用するURLの最終閲覧日は2021年8月7日である。佐々木浩・小原一博「平成18年度税制改正（法人税関係）について―会社法制定に伴う整備等を中心に―」租税研究681号（2006）31頁以下は「契機

として」と表現しており，言葉を選んで，統一的な表現に努めている様子がうかがえる。

4　主として立案関係資料や改正の沿革を手掛かりとして，上記可能性を検討する試みとして，泉絢也「法人税法における役員給与税制の背後にある考え方」千葉商大論叢58巻1号（2020）37頁以下参照。

5　渡辺徹也『スタンダード法人税法〔第2版〕』（弘文堂，2019）145頁参照。

6　前掲注(3)『平成18年度　税制改正の解説』323頁。

7　前掲注(3)『平成18年度　税制改正の解説』323頁。

8　前掲注(3)『平成18年度　税制改正の解説』323頁。なお，佐々木・小原・前掲注(3)40頁，国税庁・平成19年3月13日付け課法2-3ほか1課共同「『法人税基本通達等の一部改正について』（法令解釈通達）の趣旨説明」における法人税基本通達9-2-46の解説部分も参照。

9　例えば，東京地判平26・7・18税資264号順号12510参照。

10　財務省HP『平成28年度　税制改正の解説』331-333頁（藤田泰弘ほか）参照。https://www.mof.go.jp/tax_policy/tax_reform/outline/fy2016/explanation/pdf/p0294_0385.pdf.

11　鈴木一水「役員給与等に係る税制の整備の意義」税研195号（2017）43-44頁参照。

12　財務省HP『平成29年度　税制改正の解説』301頁以下（藤田泰弘ほか）参照。https://www.mof.go.jp/tax_policy/tax_reform/outline/fy2017/explanation/pdf/p0292-0378.pdf. 税制改正の背景については，小竹義範・安藤元太「平成29年度法人税関係の改正について」租税研究813号（2017）172頁以下も参照。

13　渡辺・前掲注(5)145頁参照。

14　このような見方は立案当局における伝統的なものであることを示唆するものとして，若槻礼次郎『現行租税法論』（和仏法律学校，1903）285頁参照。

15　藤曲武美「役員給与と損金性（業績連動給与を含む）」税務会計研究31号（2020）41頁参照。なお，法人税法54条や54条の2は，「役務の提供を受ける」，「当該役務の提供に係る費用」など，職務執行の対価であることを前提とする文言を擁することを指摘しておく。

16　前掲注(3)『平成18年度　税制改正の解説』327-328頁参照。佐々木・小原・前掲注(3)41頁も参照。

17　なお，旧法人税基本通達9-2-13注書1は，毎月支給される役員報酬の額が前月の売上高に応じて増減するように定められているような場合には，その役員報酬として支給する給与の額のうち売上高のいかんにかかわりなく支給されることとされている金額を超える部分の金額は，定期の給与に該当しないとする一方，同通達9-2-15は，その役員に対して月俸，年俸等の固定給のほかに歩合給を支給している場合でも，使用人に対する支給基準と同一の基準によっているものであれば，定期の給与とすることを認めていた。

18　なお，確定した額等を限度としている算定方法の意義を定める法人税基本通達9-2-

18 参照。

19 業績連動給与規制が定める厳格な開示要件に関して，弥永真生「業績連動給与─改正
の影響及び今後の課題─」税研 195 号（2017）62 頁，鈴木・前掲注⑾ 45-46 頁におけ
る議論が参考になる。開示に関して，三上二郎・坂本英之「役員報酬，ストック・オプ
ション」商事法務 1776 号（2006）31-32 頁も参照。

20 現行法では趣旨に根差した何らかの解釈操作が行われて，損金不算入という結論が出
されるのではないかと思われる。この場合の趣旨解釈の参考として，国税不服審判所裁
決令和 1・6・7 未公刊 TAINS コード F0-2-912 参照。

21 もちろん，業績連動型の給与であるからといって，費用性が直ちに失われるわけでは
ないという反論は想定される。

22 小竹・安藤・前掲注⑿ 173-174 頁（小竹義範）。

23 小竹・安藤・前掲注⑿ 181 頁（小竹義範）。

24 小竹・安藤・前掲注⑿ 174 頁（小竹義範）。

25 紙数の関係上，詳述できないが，筆者は，定期同額給与規制や事前確定届出給与規制
においても，主として「③恣意性の排除」という考え方が織り込まれているという立場
である。

26 そもそも，過大役員給与規定があるにもかかわらず基本 3 類型のような詳細かつ厳格
な規制を用意する必要があるのかという点について，疑問を抱く見解もあるであろう。
他方，過大役員給与規定の粗さを問題視することもできよう。なお，コーポレートガバ
ナンスの実践として，役員報酬にインセンティブとしての機能が期待される今日，現行
法人税法の過大役員給与の損金不算入規定（実質的基準。法人税 34 ②，法人税令 70 一
イ）によって損金不算入とする税制上の措置を墨守することに対して疑問があり，報酬
ガバナンスの構築がなされている場合には，税制上も損金算入とする方向での議論の進
展が望まれる，という見解が示されている。奥島孝康ほか編『新基本法コンメンタール
会社法 2〔第 2 版〕』（日本評論社，2016）182 頁（福原紀彦）参照。

27 この点を指摘するものとして，藤井誠「事前確定届出給与規定の課題」税研 195 号
（2017）55 頁参照。同論稿では，減価償却費との比較において，利益操作防止の観点か
ら事前確定届出額と相違して支給された給与は全額が損金不算入とされるべしとの理屈
が通るならば，利益調整目的での償却限度額を超過する減価償却についても同様の取扱
いがなされるべきことになるが，現行制度においては減価償却超過額が損金不算入とさ
れるに止まっており，法人税法内部における首尾一貫性が毀損されている状況にある，
と指摘している。逆に，このように減価償却費の課税関係との対比によると，役員給与
の額は，減価償却費に係る減価償却資産の取得価額等のような客観的な限度額を確定し
づらく，また，役員個人が利益を受けるとともに，所得税法の課税関係や法人税との負
担調整も生じうるという特徴が際立つ。

第 9 章担当　泉　絢也（千葉商科大学）

インセンティブ報酬に係る
業績連動給与の損金算入の一考察

Ⅰ　はじめに

　法人税法上の役員給与税制のうち，インセンティブ報酬を代表する給与は業績連動給与であろう。この業績連動給与税制は，コーポレートガバナンス改革の影響を受けて，平成28年度改正以降改正を積み重ねており，その制度自体は相当複雑となっている。

　また，インセンティブ報酬としての特定譲渡制限付株式や特定新株予約権をより利用しやすくなるための改正が行われたが，当該株式等にかかる給与の損金算入については，損金算入のタイミングは法人税法54条及び54条の2で，損金算入できる額については法人税施行令111の2第4項及び111の3第3項において，その取扱が別途規定されている。この点につき，複雑化している課税実務の効率化を目的として，その損金算入にかかる税制上の取扱いを整理し，そのうえで何らかの問題点を洗い出すことができないだろうか。

　そして，そもそも平成18年度改正前では損金算入が認められていなかった業績連動給与は，定期同額給与や事前確定届出給与よりも相当厳格な要件の下で損金算入が認められている。この点，こうした業績連動給与の損金算入要件について，現行法上どのような法解釈がなされているのだろうか。

　以上2つの問題意識の下，本章では，業績連動給与の損金算入制度を考察し，その問題点を洗い出すことにより，今後の損金算入の在り方について展

望するとともに，このような厳しい要件を課している業績連動給与の損金算入要件にかかる法解釈について，現時点で唯一争われた裁決を素材に考察を行う。

II　業績連動給与制度

1.　業績連動給与の性格

　業績連動給与は法人の利益に連動して給与の支給額等を決定するものであり，利益の処分と考えられていた。しかし，平成18年度改正にあたっての考え方では，コーポレートガバナンス改革の政策を背景とした会社法における職務執行対価の明確化を踏まえ，法人税法は，「いわゆる業績連動型報酬については，法人の利益に連動して役員給与の支給額を事後的に定めることを許容することは安易な課税所得の操作の余地を与えることとなりかねず，課税上の弊害が極めて大きい」としつつも，「このような形態の役員給与であっても，職務執行の対価性に欠けるものではなく，支給時期，支給額に対する恣意性を排除した上で損金算入の余地を与えることとすれば，多様な役員給与の支給形態により中立的な税制を実現しうることとな」ることから，「支給の透明性・適正性を確保するための一定の要件を課したうえで，このような形態の役員給与についても損金算入を可能とする」と変更したのである[1]。このように，近時の改正は，株主の目線において「企業価値を高める」というコーポレートガバナンスへの配慮を反映したものといえるだろう。

　なお，当時の立案担当者によれば，「利益連動給与は平成18年改正で導入する際に反対論が結構ありました。（中略）様々な検討の結果，第三者チェック機能としての開示が要件に入ってきたのです。『開示によって厳格なチェックが入る』ということで，制度の導入に対する理解が得られることになったと思います[2]。」と述べていることから，「開示」によって厳格なチェックが入ることから，業績連動給与の導入が可能となったことが分かる。したがって，「有価証券報告書等による開示」要件は，業績連動給与の損金算入重要な役割を担うこととなったといえよう。

　そもそも，業績連動給与の損金算入要件は，定期同額給与や事前確定届出

給与よりも，更に厳格なものとなっており，一般的な同族会社は業績連動給与を損金算入することはできない。このように，業績連動給与がその支給の透明性・適正性を確保するために更なる厳格要件を設けたのは，やはり，業績連動給与は法人の利益に連動してその支給額を事後的に定めることから，本来的な利益処分としての性格という役員給与は損金に算入するべきでないという根本的な考え方が，改正後においても根付いているということとも捉えることができるだろう。

2. 業績連動給与の範囲

⑴ 意義

　業績連動給与とは業務執行役員に対して支給する下記給与で，利益の状況，株式の市場価格の状況，売上高の状況を示す指標（総称して業績連動指標という。）を基礎として算定されるものをいう（法法34⑤)[3]。

---

　　a．金銭
　　b．適格株式
　　c．適格新株予約権
　　d．特定譲渡制限付株式で無償取得（没収）される株式の数が役務の提供期間以外の事由により変動するもの
　　e．特定新株予約権で消滅する新株予約権の数が役務の提供期間以外の事由により変動するもの

⑵ 損金に算入される業績連動給与

　上記のうち損金算入の対象となる業績連動給与はa，b，c，eに限られ，かつ一定の損金算入要件をすべて満たした場合に損金算入が可能となる（法法34①三）。

　平成29年度税制改正により，特定譲渡制限付株式に係る役員給与が「業績連動給与」に該当する場合には，その全額が損金の額に算入できないこととなった（法法34①三，法基通9-2-16の2）。すなわち，当該給与は法法34

条5項の業績連動給与という定義には含まれるものの，法法34条1項三号の損金算入の対象となる業績連動給与には該当せず，損金不算入となる点にことに留意が必要である[4]。

この点，コーポレートガバナンスの影響により，経営者に中長期的な企業価値向上のインセンティブを与え，企業の「稼ぐ力」向上につなげることができると期待されるとして，平成28年度改正により，特定譲渡制限付株式が法人税法上認められたという経緯に照らせば，逆に平成29年度改正により利益その他の指標を基礎として無償で取得（没収）される数が変動する場合に損金算入ができないこととされたことは残念であるとの見解がある[5]。すなわち，利益その他の指標を基礎として譲渡制限が解除される数や無償取得される数を変動させることによって，経営者に中長期的な企業価値向上のインセンティブを実効的に与えることができるのだとすると，事前確定届出給与要件をみたす特定譲渡制限付株式の交付だけでは，経営陣に株主目線での経営を促したり，中長期の業績向上インセンティブを与えるといった観点からのメリットは少なくなり，会社法的観点からは，株主にとっては株式価値が薄められるだけに終わってしまうというリスクがあるとの懸念である[6]。

業績連動給与に係る特定譲渡制限付株式の損金不算入については，会社法の資本充実の原則及び評価の方法，会計上の取扱いについて議論があり，まだ環境が整備されている途上であるため，税務上積極的にこれを規定して損金算入を可能とすることは時期尚早と考えられ，当面の対応として対象外とするとの考えからの改正である[7]とのことから，上記環境の整備を踏まえたうえで，当該株式の損金算入の可否についての今後の検討と改正が望まれよう。

3. 特定譲渡制限付株式及び特定譲渡制限付新株予約権の損金算入

法人税法54条及び54条の2は，特定譲渡制限付株式や特定新株予約権を交付した場合に，いつ損金算入できるのかという費用の帰属年度に関するルールである[8]。以下，発行法人側の税務上の取扱いについて，特定譲渡制限付株式と特定新株予約権に分けてその論点を整理し，そこでの矛盾点を指摘したうえで，当該矛盾を解決すべく，考えられうる提言を探る。

(1) 特定譲渡制限付株式

i 損金算入のタイミング

譲渡制限が解除され，個人の側で「給与等課税額が生ずることが確定した日（権利確定時）」に，法人税法上は役務の提供を受けたものとする（法法54①）。この点，法人税法は費用計上のタイミングを所得税の課税のタイミングにおおむね適合させている。したがって，譲渡制限株式を交付した時点や役務提供があった段階では損金算入できず，役員が所得税法上の課税を受けることが確定されるまで損金算入を待たなければならない[9]。

なお，役員給与として損金算入するためには，「事前確定届出給与」要件を満たす必要がある。

ii 損金算入できる金額

法人税法上損金算入できる額は，確定数給与は「株式を交付する旨の定めをした日における株式の一単位当たりの時価×交付株式数（交付決議時価額）」，それ以外は「特定譲渡制限付株式の交付につき給付され，又は消滅した債権の額」（法令111条の2④）であり，これは役員における収入金額（制限解除時の株価）と等しくならない[10]。なお，令和2年改正により，特定譲渡制限付株式に係る消滅債権がない場合には，特定譲渡制限付株式の「交付された時の価額」（法令111の2④一）とされた。

(2) 特定新株予約権

i 損金算入のタイミング

役員等に付与した特定新株予約権が行使された場合，発行法人側においては，その行使の日（給与等課税事由が生じた日[11]）において，役員等から役務の提供を受けたものとする（法法54の2①，法令111の3②）。すなわち，役員が所得税の課税を受けた日に，法人側で損金算入されることとなる。ただし，役員給与として損金算入するためには，「事前確定届出給与」又は「業績連動給与」要件を満たす必要がある。

ii 損金算入できる金額

法人税法上損金算入できる額は，確定数給与（所定の時期に確定した数の新株予約権を交付する旨の定めに基づいて支給する給与）は「株式を交付する旨の定めをした日における株式の一単位当たりの時価×交付株式数（交付決議時価額）」，それ以外は「新株予約権の交付時」における新株予約権の時価（法令111の3③）であり，これは役員側で課税を受ける金額（権利行使の株価―行使価額）とは通常一致しない[12]。

(3) 矛盾点の検討と提言

このように，特定譲渡制限株式及び特定新株予約権ともに，法人側と役員側で，損金算入が認められる時期と所得課税を受ける時期は一致するものの，金額（損金算入額と収入額）は一致しない。この不一致は，制度の不備ともいえ，課税の公平の観点からも問題であろう。

例えば，役員が報酬債権として月額150万円を現物出資することで，特定譲渡制限付株式の交付を受け，法人は役員報酬として月額150万円の特定譲渡制限付株式を交付していたが，譲渡制限解除時の当該株式の時価が200万円であった場合，当該特定譲渡制限付株式について，譲渡制限解除時に法人が損金算入できる金額は150万円となる。その一方で，譲渡制限解除時に役員の収入金額は，譲渡制限解除時の価額（所法84①）であるため，200万円となる。これは，特定新株予約権の場合も同様であり，役員が当該新株予約権を行使して課税を受ける金額（権利行使時の価額-払込金額）と，法人が損金算入できることとなる金額（特定新株予約権の交付時における価額）は一致しない。

なおかつ，役員側が給与所得として課税されれば，法人には源泉徴収義務が生じる（所法183以下）が，法人としては，自らが200万円の役員給与を支払ったとして，その源泉徴収義務を負わせられることとなる一方で，法人が損金算入できるのは，150万円という役員等によって現物出資された報酬債権等の額に限られるのである[13]。

このような矛盾点につき，立法論として，法人側の損金算入額と役員側の収入金額が異なる制度を改めて，両者を一致させる方法，すなわち，法人側

で 200 万円の損金算入を認める方法もありうるとの見解[14]もある。ただし，法人が費用を支出していると何らかの擬制を踏まえた理論構成をしても，株式報酬は，現金を支出せずに役員側に株式の時価という価値を与える性質であることから，やはり，法人が現金という支出をしていない限り，税法上はそのような損金を認める立法論の策定は困難であろう。

　この点，上記例でいえば，役員は，報酬債権として 150 万円を現物出資することで株式の交付を受けているという点を勘案し，法人側が損金算入する額の 150 万円と同様に，譲渡制限解除時の価額ではなく，その職務執行の対価としての報酬債権は 150 万円なのであるから，役員側の収入金額も 150 万円であると解することは，不可能ではないだろうとも思われる。この点についても，今後の更なる検討と改正が望まれる。

Ⅲ　業績連動給与の損金算入が争われた裁決

　次に，業績連動給与の損金算入の可否について，その法解釈はどのようになされているのだろうか。業績連動給与について争われた裁判例は過去に見当たらず，唯一その損金算入について法解釈が示された裁決[15]がある。以下，業績連動給与の損金算入要件のうち，客観性要件を充足するか否かという点について，その法解釈が争われた事例（令和元年 6 月 7 日裁決・大裁（法）平30-79／タインズ F0-2-912）を検討する。

I.　裁決の検討

（1）　事案の概要

　本件は，審査請求人が，業務執行役員に支給する利益連動給与を損金の額に算入して，法人税等の確定申告をしたところ，原処分庁が，請求人の利益連動給与は，その算定方法が客観的なものとはいえないから損金の額に算入することはできないなどとして，法人税等の各更正処分等をしたのに対し，請求人が，その算定方法は客観的なものであるなどとして，原処分の一部の取消を求めた事案であり，争点は，本件算定方法は，本件各事業年度の利益に関する指標を基礎とした客観的なものであるかである。

(2) 裁決の論理構成

i 利益連動給与の損金算入規定の趣旨解釈

　まず審判所は，利益連動給与が損金算入される趣旨について，「職務執行の対価性に欠けるものではなく，支給時期・支給額に対する恣意性を排除したうえで損金算入の余地を与えることとすれば，多様な役員給与の支給形態により中立的な税制を実現し得ることとなることから，平成18年度税制改正により，支給の透明性・適正性を確保するための一定の要件を課したうえで，このような形態の役員給与についても損金算入を可能とすることとされたもの」と述べている。

ii 算定方法にかかる客観性要件の意義

　そのうえで，「法人税法第34条第1項第3号イの『算定方法が……客観的なもの』という要件を満たすというためには，その算定方法が，個々の業務執行役員の給与の支給時期・支給額の決定に恣意が働かないような算定方法，すなわち，当該算定方法に利益に関する指標等を当てはめさえすれば個々の業務執行役員に対して支払われるべき利益連動給与の額が自動的に算出される算定方法であることを要し，事前の定めとは別途の事後的な評価を加えて支給額が決まる算定方法などは上記要件を満たさないものと解するのが相当である」と解釈したうえで，「当該開示を有価証券報告書に記載する方法により行う場合には，上記の「算定方法が……客観的なもの」という要件を満たすか否かは，有価証券報告書に記載されて開示された算定方法により判断すべき」としている。

iii 本件へのあてはめ

　審判所は，「本件算定方法において考課係数を用いているところ，本件開示において，この考課係数については……マイナス考課の適用条件や考課係数の具体的な算定方法についてはなんら記載されていな」いとしたうえで，「本件算定方法における考課係数については，取締役社長が，各事業年度終了後の4月末に開催される取締役会の席上において，具体的な適用要件や算定方法を示し，その具体的な数値についても，取締役社長が，事業年度終了

時に合理的な資料に基づいて判断の上決定し，当該取締役会の席上で承認を
受けることとされていた」という事実を認定した。これらを踏まえて審判所
は，「本件算定方法における考課係数については，請求人は，マイナス考課
の適用条件や具体的な算定方法について，本件開示で何ら開示しておらず，
マイナス考課とするか否かも含めて，本件開示後に取締役社長が決定してい
るのであるから，当該考課係数の決定において恣意が排除されていると認め
ることはできず，本件算定方法が，利益に関する指標を当てはめさえすれば
個々の業務執行役員に対する利益連動給与の額が自動的に算出されるもので
あるとは認められない」として，「「算定方法が……客観的なもの」という要
件を満たさない」と判断したのである。

(3) 検討

ⅰ 算定方法が「客観的なもの」の要件

　法人税法 34 条 1 項 3 号イ柱書では，「その支給額の算定方法が，当該事業
年度の利益に関する指標……を基礎とした客観的なもの」として，「イ⑴確
定額を限度としているものであり，かつ，他の業務執行役員に対して支給す
る利益連動給与に係る算定方法と同様のものであること」「イ⑵職務執行期
間開始の日の属する会計期間開始の日から 3 月を経過する日までに，一定の
適正な手続きを経ていること」「イ⑶その内容が，⑵の政令で定める適正な
手続きの終了の日以後遅滞なく，有価証券報告書に記載されていることその
他財務省令で定める方法により開示されていること」の 3 つの要件を満たす
ものに限定している。

　この「客観的なもの」にかかる「程度等」に関しての課税庁の解釈は明ら
かにされていない[16]ため，本件算定方法が「客観的なもの」であると判断す
る際は，個々の事案ごとに個別具体的に判断することとなると思われる。

ⅱ 業績連動給与制度の趣旨と客観的なものの意義

　平成 18 年度改正における業績連動給与制度の趣旨が，「法人の利益に連動
して役員給与の支給額を事後的に定めることを許容することは安易な課税所
得の操作の余地を与えることとなりかねず，課税上の弊害が極めて大きい」

けれども，「支給時期，支給額に対する恣意性を排除」したうえで，「支給の透明性・適正性を確保」することにより損金算入を認めるというものであるということを踏まえれば，本裁決がこの平成18年度税制改正の経緯と制度の趣旨を考慮したうえで，「客観的なもの」の文言解釈として，本件「算定方法」が，支給時期・支給額の決定に恣意が働かないような算定方法，すなわち，「当該算定方法に利益に関する指標等を当てはめさえすれば個々の業務執行役員に対して支払われるべき利益連動給与の額が自動的に算出される」方法を，「客観的なもの」の判断基準としたことは，この方法によれば，主観的な恣意はないものと考えられるため，妥当なものと考える。

iii 論理構成

本件は，そもそも，有価証券報告書において記載した事前に定めた算定方法の考課係数において，マイナス考課の適用条件や考課係数の具体的な算定方法が何ら記載されていないという事実自体から，本件算定方法は「当該算定方法に利益に関する指標を当てはめさえすれば個々の業務執行役員に対する利益連動給与の額が自動的に算出されるものであると認められない」から，客観的なものとはいえない，との判断であったものと思われる。本件では，マイナス考課の適用条件や考課係数の具体的な算定方法について，本件開示後に取締役社長が決定している。この点について審判所が「事前の定めとは別途の事後的な評価を加えて支給額が決まる算定方法などは上記要件を満たさない」と解して，その具体的な決定において恣意性が排除されていると認められない，という論理構成で判断している点は妥当であると考える。

本裁決は，支給時期・支給額に対する恣意性の排除という観点から，支給時期・支給額の決定に恣意が働かないような算定方法として，「客観的なもの」という文言について「当該算定方法に利益に関する指標をあてはめさえすれば個々の業務執行役員に対する利益連動給与の額が自動的に算出されるものであること」という解釈を明示したことに意義があろう。

従来，有価証券報告書等に開示が求められる算定方法の内容につき，実務上，どの程度の記載を行えば要件を充足するかという点が議論になっていたが，本裁決における法解釈に基づく判断は，開示要件を検討するにあたり参

考となるだろう[17]。そうすると，算定方法の決定においては，本件における「考課係数」と同様の「業績評価係数」，「支給割合」といったさまざまな「係数」や「割合」自体の算定根拠を具体的に有価証券報告書等に開示する必要があることが重要となるだろう[18]。

2. 算定方法が「客観的なもの」の判断基準を満たすことの意義

　先述したように，法人税法上の業績連動給与の損金算入要件は，定期同額給与や事前確定届出給与よりも，更に厳格なものとなっている。インセンティブ報酬の括りでみても，事前確定届出給与とは別に，①客観性のある算定方法の内容の開示（透明性）や②報酬委員会などの決定を経るという適正な手続き（適正性）を要求しているのは，従来の利益処分とされた役員賞与と区別して，透明性や適正性を担保したうえで認めたものと解される。すなわち，業績連動給与については，本来，利益処分として損金に算入されるべきではなく，職務執行の対価としての費用性が認められないものであるという根本的な考え方が，改正後も根底に根付いているから，その損金算入要件はかなり厳格となっているのではないだろうか。そうすると，この業績連動給与については，恣意性が排除されたうえで，適正性と透明性が確保されなければならないこととなろう。

　そして，損金算入が認められる業績連動給与の算定方法は，「支給の透明性・適正性の確保」のみならず，それは「客観的なもの」であることが求められている。この「客観的なもの」の解釈について，上記裁決が，支給時期・支給額に対する恣意性の排除の観点から，支給時期・支給額の決定に恣意が働かないような算定方法として，「客観的なもの」という文言について，「当該算定方法に利益に関する指標等をあてはめさえすれば個々の業務執行役員に対して支払われるべき利益連動給与の額が自動的に算出される算定方法であることを要」することを明示したことは，今後の課税実務上の判断にあたり，参考となるだろう。

　従来，有価証券報告書等に開示が求められる算定方法の内容につき，実務上，どの程度の記載を行えば要件を充足するかという点が議論になっていた。この点にかかる法解釈を示した唯一の本裁決[19]における判断基準は，この開

示要件を検討するにあたり参考となるだろう。すなわち，手続き上は，本裁決における判断基準を参照し，「当該算定方法に利益に関する指標等を当てはめさえすれば個々の業務執行役員に対して支払われるべき業績連動給与の額が自動的に算出される算定方法」であるか否かという観点で検証が行われることが考えられる[20]。その際は，算定方法の決定においては，本件における「考課係数」と同様の「業績評価係数」，「支給割合」といったさまざまな「係数」や「割合」自体の算定根拠を具体的に有価証券報告書等に開示する必要があることが重要であろう[21]。

　そして，全体的に俯瞰すれば，本裁決において「客観的なもの」に係る判断基準が示されたことは，その文言に従って，それが「客観的なもの」と判断されるならば，法人税法34条1項三号の規定ぶりから，この規定に係る3つのサブ要件の①確定額等を限度とし，かつ，他の業務執行役員に対して支給する業績連動給与に係る算定方法と同様のものであること（法34①三イ⑴），②報酬委員会が決定をしているなど適正な手続き（適正性）を経ていること（法34①三イ⑵），③その内容が，有価証券報告書等で開示（透明性）していること（法34①三イ⑶）の要件が，初めて次に検討すべき条文の要件として生きてくる。この点に，算定方法が「客観的なもの」の判断基準を満たす意義があるのだと考える。そして，算定方法が「客観的なもの」と判断されれば，そのことを発端に，業績連動給与規制に重要な地位を占める「支給の適正性・透明性」を確保する道筋を作ることとなるため，本裁決が客観的要件を具体的に示したことについても意義があるといえよう。

IV　おわりに

　以上，業績連動給与の損金算入制度を考察し，その問題点を洗い出すことにより，今後の損金算入の在り方について展望するとともに，このような厳しい要件を課している業績連動給与の損金算入要件に係る法解釈について，現時点で唯一争われた裁決を素材に考察を行った。

　同制度のうち，特定譲渡制限付株式及び特定譲渡新株予約権ともに，法人側と役員個人側で，損金算入が認められる時期と所得課税を受ける時期は一

致するものの，金額（損金算入額と収入額）は一致しないという制度の矛盾点があり，これは課税の公平からも問題があった。この問題に対し，先に述べたような立法論的見解も検討の余地があろう。今後の税制改正が望まれる。

そして，業績連動給与は恣意性の排除に加えて，支給の透明性・適正性を確保する観点から，厳格なものとなっているが，その一方で，業績連動給与の法解釈については，現時点では本章で取り上げた裁決のみである。本来，相当厳格な規定となっている業績連動給与の該当性要件が課税庁と納税者において殆ど争われていない実態を，どのように解するのかについては，今後の判例等の累積によって明らかになるものと思われる。

なお，本裁決で，算定方法が「客観的なもの」の判断基準が明示されたことは，課税実務上，このような判断基準において「客観的なもの」と判断されれば，そのことを発端に，業績連動給与規制に重要な地位を占める「支給の適正性・透明性」を確保することができ，最終的に損金算入が可能となることにつながるため，本判決は課税実務に有意義な影響を与えるものと思われる。

近時，インセンティブ報酬に対応する役員給与税制については，主にコーポレートガバナンス改革の影響から，毎年税制改正が行われている。そのため，引き続き役員給与の損金算入要件該当性について検討を行い，その法解釈や課税実務上の取扱いを更に精査することによって，企業経営上におけるインセンティブ報酬の具体的な導入が，税法上の法的安定性や予測可能性という１つの観点からも，柔軟に実行されることを望みたい。

［注］
1　財務省『平成18年度税制改正の解説』327-328頁。
2　佐々木浩ほか「誌上座談会　平成29年度税制改正の趣旨と実務への影響（上）」税務通信3454号（2017）44頁。また，「利益連動給与についてはとくに要件が厳格に定められている。それは，透明性や適正性を担保して，従来利益処分とされた役員賞与と区別するためであり，手続的にも，有価証券報告書または政令で定める方法による開示が要求されている」との説明もある（水野忠恒『大系租税法　第3版』（中央経済社，2021）523頁）。
3　損金算入要件については，別の章による説明を参照。

4 藤曲武美「平成29年度役員給与税制の改正（業績連動給与）」税経通信72巻11号（2017）
　126頁参照。

5 弥永真生「業績連動給与—改正の影響及び今後の課題」税研195号（2017）66頁参照。

6 弥永・同上，66頁参照。

7 小竹義範・安藤元太「平成29年度法人税関係の改正について」租税研究813号（2017）
　175・193頁参照，財務省「平成29年度税制改正の解説」304頁参照。

8 渡辺徹也『スタンダード法人税法　第2版』（弘文堂，2019）147頁。

9 渡辺・同上，147頁。

10 渡辺・同上，147頁参照。

11 特定新株予約権は，特定譲渡制限付株式と異なり，権利行使が可能となったとしても
　株価次第では行使されずに消滅する可能性が残るため，従前どおり行使日（給与等課税
　事由が生じた日）に役務の提供を受けたものとすることとされている（財務省・前掲注
　(1)314頁）。

12 松尾拓也・西村美智子・中島礼子・土屋光邦編著『インセンティブ報酬の法務・税務・
　会計』（中央経済社，2017）185頁。

13 渡辺・前掲注(8)148頁参照。

14 渡辺・同上，148頁参照。

15 この点，鈴木修教授は，「業績連動給与（旧：利益連動給与）が導入されて10年超を
　経過しているが，裁判に係争されているものは筆者の知る限りなく，また，裁決につい
　ても本章で取り上げたもの以外には見当たらない。」（鈴木修「業績連動給与　職務執行
　の評価係数・割合の算定根拠も要開示」税務弘報68巻6号（2020）53頁）と述べている。

16 鈴木・前掲注(15)50頁。なお，鈴木修教授によれば，「e-Gov法令用語検索をしたとこ
　ろ……法令中の「客観的」という用例は，税法（国税）においては本号にしかない（地
　方税においても，地方税法施行令54条の42及び54条の45において「客観的な事情」
　という例があるのみである）（54頁）」とのことである。

17 北村導人・乙部一輝「近時の役員報酬税制に係る論点に関する検討—近時の裁判例・
　裁決令等を参照して—」Pwc Legal Japan News（2020）7頁参照。

18 鈴木・前掲注(15)50-51頁参照。

19 裁判ではないが，この点に関する唯一争われた事例という意味で，この裁決は重要で
　あろう。

20 北村・乙部・前掲注(17)7頁参照。

21 鈴木・前掲注(15)50-51頁参照。

第10章担当　道下知子（青山学院大学）

インセンティブ報酬としての
業績連動給与のあり方

Ｉ　はじめに

　役員給与とは経営者の恣意性を反映した「お手盛り」の給与となることが懸念されるものであり，この恣意性は，特に業績連動給与において問題となりやすいものであるため，その算定方法として，既存株主だけでなく課税庁や潜在的投資家から納得の得られる最適な業績連動の要素が必要となると考えられる。

　したがって，最適な業績連動の要素とは何かという疑問が追加して想起されるが，これを用いた業績連動給与の支給やその損金算入までを考えた場合には，①対象役員による恣意的な所得操作の余地をなくすこと，②対象役員の職務執行の対価として，支給の透明性や適正性を確保すること，③用いた業績連動指標が適正であったか否かを事後的に評価することが可能であること，の３点が満たされたものになるのではなかろうか。

　なぜなら，①は，恣意性の排除という，法人税法上の役員給与を損金算入させるための要件を充足するものであり，②は，その報酬の計上を有価証券報告書に記載するに際して，採用した指標の根拠や合理性を，有価証券報告書の利用者が広く理解できるものということであり，③は，②が満たされたとしても，業績と連動した働きとはその役員在籍中の責任（経営上のリスク）においてなされた結果であるから，役員交代が行われた後の責任負担は在籍時の旧役員が負うべきであるという考え方によるものである。

したがって，業績連動給与として損金算入可能な業績連動の要素としては，以上の3点は全て満たされていることが望ましいと考える。

特に，③の視点は役員報酬の開示についての「企業戦略の達成の確度を計る観点から必要な経営戦略の達成度と報酬のつながりが，報酬決定の際のKPI（重要業績指標（key performance indicator））を含めて十分に説明されていない」[1]という指摘にもあるように，指標設定後に達成度を計る等をし，指標を有意義にするためには必須の要件である。

また，会社法と税法との兼ね合いからは，コーポレートガバナンス（以下，「CG」という）コードの位置づけを，外部からみることのできる社内統制の客観的指標と位置づけており，会社法というハードローに対して会社が任意に変更できるソフトローとしての働きを期待しているものである。そのうえで，会社法と税法とをどのように調整していくかという問題を解決しなければならない。

以上の観点から，CGを踏まえたインセンティブ報酬としての最適な業績連動給与の在り方について検討を行いたい。

II 業績連動給与の採用経過と業績連動指標の必要性

そもそも，税法上の業績連動型報酬は，定時・定額要件を満たさない変動報酬として役員賞与の性質を持つものと理解されており，会計における費用収益対応の原則の埒外にあった。また，それは，旧商法269条下での問題点として，株主価値向上やCG重視の立場から，連動型報酬制度を与えたい場合に適切に対応することができないことが取り上げられた[2]ことによって浮き彫りになった[3]ものであり，その解決策として平成14年改正商法において269①二に「報酬中額が確定せざるものについてはその具体的なる算定の方法」として規定され，また，商法特例法21条の11の規定として導入されたものである。しかし，税法上は商法改正以降も「役員賞与」については利益の処分であり，またその支給形態が定時・定額要件を充たさないことを理由に損金算入を認めなかったという経緯がある[4]。

その後，平成17年の会社法改正に伴い，会社法361①における「職務執

行の対価として株式会社から受ける財産上の利益」とされ，それに伴い旧商法283①における「利益処分の承認手続」を経て支給されるものとしてではなく，「役員報酬」と「役員賞与」は同様に会社法361①に基づき支給されることになったため，それに平成18年度税制改正が対応し，一定の要件のもとで利益連動給与として損金算入が認められることになったが，この一定の要件については，「実務上はかなり厳しい要件と考えられる」[5]と評価されていた。

　しかしながら，平成29年度税制改正に伴い，利益連動給与について業績連動給与と名称を変更したうえで内容の整理・見直しを行ったことにより，従来は利益連動の性格を持った業績指標しか利用できなかったのを見直し，さらに，中長期の指標を採用できるようにした。この業績連動給与の規定で最も重要なのは，業績連動給与に該当しただけでは損金算入可能とならず，さらなる一定条件を満たした場合にのみ損金算入が可能とされた点である[6]。つまり，形式面だけでなく，実質面をも考慮して「業績連動給与」が損金算入されているということであり，それはCGの趣旨[7]に即した内容であることを要求されている。その結果として，業績連動給与は，「役員に会社の業績の増進のために精勤し，奮励努力することを促すことを目的とした制度であるが，その特色は，役員相互間の公平の維持を図りつつ，客観的な基準に基づき，公正な手続で決定がなされ，かつ決定を公開させることによって，恣意的な利益の流失を防止し，合わせて役員給与の決定を公正・迅速にさせるための措置が制度の中に組み込まれている」[8]と意義づけられた。

　したがって，業績連動指標は，この業績連動給与に「役員相互間の公平の維持」を図りつつ，「客観的な基準」を与えることに資するものでなければならないということになる。また，この場合の「客観的な基準」を与える主体は，あくまでも報告側である納税者であるが，有価証券報告書への記載を求めることの意味を踏まえると，業績連動指標は，経営者である報告側と，株主等の被報告側の双方において「客観的な基準」足り得なければならないことになると考えられる。

　現在の業績連動給与における業績連動指標については，役員報酬に関する別段の定めである法法34①三とその政令委任規定である法令69⑩～⑫にお

いて規定され，その算定の基礎となる指標の範囲については，業績連動指標を基礎として算定される数の適格株式を交付する給与で確定した数を限度とするものが平成29年度税制改正で対象に加えられた（法法34①三イ）。すなわち，金銭以外の資産が交付される場合でも，役務の提供を受けた内国法人または関係法人（法法34⑦）が発行する適格株式または適格新株予約権が交付されるものであれば業績連動給与になり得ることになった[9]。

　しかし，前述したように，業績連動給与における算定方法の要件としては，（経営者と投資家等の財務諸表利用者の双方に）客観的なものであることが要求され，例えば会社の業績への貢献度について事後に評価して当該評価を加えたところで給与の額の算出を行うものや算定方法の中に定性的な要素が含まれているもの等も要件を満たさず，決定された算定方法に業績連動指標を当てはめさえすれば業績連動給与の額が自動的に算出されるものが求められている[10]。この取扱いは，例えば，法基通9-2-18[11]における業績連動給与の支給額又は交付数の具体的な上限額の設定にも表れており，業績指標を根拠にして報酬の上限変動があるような報酬の支給態様は困難となっている。

　以上からは，業績連動給与に用いることが可能な指標とは，客観的で，かつ，報酬上限はあらかじめ具体的に設定されているものであって，定型的な算式に組み込むことで報酬の額を自動的に決定可能な指標ということになる。これは，「Ⅰはじめに」で掲げた「①対象役員による恣意的な所得操作の余地をなくすこと」を満たすものである。

Ⅲ　業績連動指標を用いた役員による恣意的な所得操作とは何か

　ここで取り上げる所得操作は，業績連動指標自体を役員が意図したように変動させることを企図した恣意的な所得操作である。つまり，役員が利益や株価を恣意的に操作することが可能か否かということになるが，これには(1)恣意的な売上調整もしくは損出し[12]，及び(2)ビッグバス[13]があてはまる。(1)恣意的な売上調整もしくは損出しは，いわゆる期ズレや，契約書を用いた通謀及び子会社や関連会社を用いた「恣意的な価格設定」によって行われるも

のであり，租税回避行為としても認識されることになる。他方で，⑵ビッグバスは恣意的な損出しであることには差異はないが，基本的に経営陣交代時にのみ行われることや，会計基準に従った範囲であれば保守主義の原則に則った会計政策として認められている点で大きく異なる。

これらのうちで，業績連動指標を用いた役員による恣意的な所得操作として基本的に考慮しなくてはならないものは，⑴恣意的な売上調整もしくは損出しということになろう。これは租税回避行為と同視されることも問題であるが，⑵ビッグバスと違い経常的に行うことが可能なものであり，また，結果として利益調整が生じるため，利益を用いた指標（ROE，ROA，ROIC 等）を経営目標や投資の目安として利用する企業及び投資家[14]に対して誤った表示をすることになるからである。

したがって，法法 34 ①の趣旨である恣意性の排除の観点からも，当該利益操作は防止する必要があり，その有効な防止策としては，外部監査や内部統制機能，及びその基準となり得る CG コード[15]を挙げることができるであろう。なお，CG コードのインセンティブ報酬に対する影響については，第1章を参照されたい。

Ⅳ　対象役員の職務執行の対価として 支給の透明性や適正性を確保する観点

対象役員の職務執行の対価として支給の透明性や適正性を確保するという観点は，平成 18 年度税制改正により，「（利益連動給与という形態が）職務執行の対価性に欠けるものではなく，支給時期・支給額等に対する恣意性を排除したうえで損金算入の余地を与えることとすれば，多様な役員給与の支給形態により中立的な税制を実現し得ることとなるため，支給の透明性・適正性を確保するための一定の要件を課したうえで，このような形態の役員給与についても損金算入を可能とすることとされた」[16]（括弧内 – 筆者）ことに端を発すると解される。

しかし，近年の業績連動給与税制に関する税制改正は，「役員に適切なインセンティブを付与するための規律の整備に関する論点の検討」[17]にみられ

るような CG を踏まえたインセンティブの考え方が採用された結果として捉えられるものである[18]。

CG は，所有と経営が分離した企業における株主と経営者間のエージェンシー問題[19] を解決するためにも有力な手段とされる[20]。この観点からエージェンシー問題解決の有力な手段として考えられたものが，経営者の私的利益と株主の利益の不一致を防ぐために，経営者の役員報酬を業績に連動させる業績連動型報酬であった[21]。したがって，業績連動給与税制が CG に求める役割とは，業績連動給与における恣意性の排除，及び適正なインセンティブの付加基準ということになろう。

他方で，これらの改正は，企業価値の向上に向けて業績連動給与をいかに普及させるかという観点が際立っており，「対象役員の職務執行の対価として，支給の透明性や適正性を確保する」という観点からは些か遠ざかっている印象を受ける。CG コードに従っていれば支給の透明性や適正性が担保されるということであれば，当該コードは会社内部のみの規則であるソフトローとしてではなく，外部規範性を持つハードローとしての役割を果たしていることになる。

しかし，CG コードの履行に際しては，その原案において，「会社の業種，規模，事業特性，機関設計，会社を取り巻く環境等によって様々に異なり得る」[22] ため，「会社が取るべき行動について詳細に規定する『ルールベース・アプローチ』（細則主義）ではなく，会社が各々の置かれた状況に応じて，実効的なコーポレートガバナンスを実現することができるよう，いわゆる『プリンシプルベース・アプローチ』（原則主義）を採用」[23] し，「法令とは異なり法的拘束力を有する規範ではなく，その実施に当たっては，いわゆる『コンプライ・オア・エクスプレイン』（原則を実施するか，実施しない場合には，その理由を説明するか）の手法を採用している。すなわち，本コード（原案）の各原則（基本原則・原則・補充原則）の中に，自らの個別事情に照らして実施することが適切でないと考える原則があれば，それを『実施しない理由』を十分に説明することにより，一部の原則を実施しないことも想定」[24] したものとして，「会社側のみならず，株主等のステークホルダーの側においても，当該手法の趣旨を理解し，会社の個別の状況を十分に尊重することが求めら

れる」[25] と考えられており，あくまでもその位置づけを規範（ハードロー）ではなく，会社の個別の状況に応じて尊重されるべきもの（ソフトロー）としているところからも，業績連動給与税制が当該コードに求める「透明性や適正性の担保となり得る指針」の拠り所としての役割には齟齬があるように見受けられる。つまり，「Ⅰはじめに」で掲げた「②対象役員の職務執行の対価として，支給の透明性や適正性を確保すること」に疑義が生じている。

また，この齟齬は，CGを強化するために用いられるとする業績連動給与が，エージェンシー問題を解決する手段となるかが依然不透明であることを導出する。経営業績によるインセンティブとして報酬が機能していたか否か，換言すれば，株主と経営者の利益が合致していたか否かは，事後の評価としてのみ表れるからである。これは，「Ⅰはじめに」において「③用いた業績連動指標が適正であったか否かを事後的に評価することが可能であること」として掲げたものであるため，上記の必要性について，以下で検討してみたい。

Ⅴ　用いた業績連動指標の適正性を事後的に評価することの必要性とクローバック条項との関連性

まず，業績連動指標に対する事後的評価は何ゆえ必要と考えるのかについて検討する。「Ⅰはじめに」で示したように，金融審議会ディスクロージャーワーキング・グループ報告「資本市場における好循環の実現に向けて」[26] の「2.役員報酬に係る情報」の箇所において，現状の日本の役員報酬の開示について，「企業戦略の達成の確度を計る観点から必要な経営戦略の達成度と報酬のつながりが，報酬決定の際のKPIを含めて十分に説明されていない」という問題提起がなされていることからも分かるようと考えられる。

つまり，業績連動指標の設定時においてCGに則った指標を設定できていたとしても，それを経営に対する達成度と関連させて事後的に評価する機会がなければ，いくら業績連動給与税制の要件緩和によって中長期の経営を評価可能な制度足り得たとしても，実態が伴っていないと評価されることになりかねないということである。

経済産業省が作成した「『攻めの経営』を促す役員報酬～企業の持続的成

長のためのインセンティブプラン導入の手引～」によれば，業績連動報酬や自社株報酬は，業績や株価の変動に応じて経営陣が得られる経済的利益が変化するため，中長期的な企業価値向上への動機づけとなると考えられる[27]。また，インセンティブプランを導入する場合，経営戦略・経営計画等において掲げている財務的な指標等を業績連動報酬の支給条件（KPI）に紐づけることが考えられる。このKPIの選定に際しては，「稼ぐ力」の強化を重視し，P/L項目を中心に，売上高，営業利益（率），経常利益（率），当期純利益，EBITDA，EPS等を用いることも考えられる[28]。このように，経営業績と連動可能な指標は多様で，しかもその選択にはCGの掲げる透明性や適正性とは相容れない恣意性の介入や，選定上の困難が生じる。しかし，事前に生じる困難ならば，業績に応じて一度計上された報酬を事後的に遡及し，修正することができる仕組みを採用することによって解決できるとも考えられる。

この仕組みは，一般に欧米ではクローバック（claw back）と呼ばれ，業績連動報酬において報酬額算定の基礎となる業績の数値が誤っていた場合，または，エクイティ報酬において株価が誤った情報を反映して不当に高くなっていたために報酬額もそれに比例して高くなったという場合に，水増しされた支給済みの業績連動報酬を会社に強制返還させる仕組み[29]であり，株主を犠牲にして経営者が利得することを防ぐことを目的としている[30]。

この仕組みについては，アメリカではクローバック条項として法整備がなされており[31]，また，イギリスではCGコードに規定[32]が設けられているため，"comply or explain"の原則から採用しない場合に説明を求めるものになっている[33]。

このクローバックによって，報酬決定時における業績を，事後的にではあるが過去に遡って評価し直すことで，中長期の経営とインセンティブ報酬との関連性を客観的に開示することが可能となると考えられているのである。

なお，アメリカ法におけるクローバックを強制する根拠としては，「①実際に役員が手にする報酬額を実際の業績により密接に連動させることにより，役員報酬の業績連動性を高める，②財務報告についての不正（manipulation）を抑止する，③会社から経営者に対する不当な財産移転を是正する（あるいは防ぐ）ことにより，株主に対する公正性（fairness）を確保するということ

に求められそうである」[34]とする見解がある。

Ⅵ　わが国におけるクローバック条項採用の現状と検討課題

　わが国においても，クローバック条項の取扱いについては，日本取締役協会「2016年度経営者報酬ガイドライン（第四版）」[35]において，報酬制度が経営者の過度なリスクテイクを助長しないための仕組みとして，大幅な会計修正・不正・巨額の損失発生時に，過去に支給された報酬に対する返還を求めるクローバック条項や，権利移転前の報酬の減額を行うマルス条項を設定することが提起されている[36]。

　なお，わが国において既にクローバック条項（マルス条項含む）を採用している企業の例としては，武田薬品工業，日本板硝子，三井住友フィナンシャルグループ，ヤマハ，横河電機が株式報酬において採用しており，金銭報酬についても導入している例としては，みずほフィナンシャルグループ，コニカミノルタ，野村ホールディングス等がある[37]。

　しかし，わが国においてクローバック条項を採用する場合，現行税法において役員給与返還時における過年度の法人税法や所得税法での調整方法が不明である点が課題となる。わが国においては，給与の返還が支給年度を跨いで行われるか否かにかかわらず，課税所得計算の遡及的調整によるべきことを要請する所得計算の特例が設けられている。しかし，本特例には給与所得と退職所得の金額の計算における法定額の控除しか認められていないため，損益通算の対象となる損失の発生が想定されていないという不備がある。これは，返還年度における控除型調整による法的救済を期待し得ないという，わが国の課税所得計算構造に由来するものである[38]とされる。

　役員報酬の遡及修正が行われた場合，法人は，過年度の確定した決算を遡及修正することはせず，当期で前期損益修正として修正し，修正申告を行う[39]。他方で，当該役員の個人所得においては，取り消された年分の給与所得につき，更正の請求を行うことになる。ここで，取り消された給与につき，年末調整で課税関係が終了している場合等は，更正の請求を行うために当該年分の確定申告を行わなければならないこと，及び，更正の請求には5年の

法定期限があることが手続上の課題として浮上する。

　また，当該報酬の返還については所法64①[40]に基づいて行われることになるが，現状，給与の返還は源泉徴収税額の調整として処理されてはいる[41]。また，給与支給前に設定された返還条件の成就（クローバック条項）について，現行法上，基本的には「その他これに類する事由」に該当し，所法64①の適用対象となり得るものと解される[42]。

　しかし，所法64①は，給与の返還に関する合意の締結時期によって適用可否を判定する構造を採用しておらず，給与の返還が非自発的なものか否かによって適用可否を判定する構造を採用しているものと解される[43]。しかし，事前ではない事後の合意に基づく給与の返還は，課税上贈与と扱われており[44]，源泉所得税の還付は認められないことになる[45]。

　事前の合意があり，なおかつ非自発的か否かで源泉所得税の還付の適否が決定するのであれば，クローバック条項等に予め返還条件を設定しておけば還付が認められることになるのであるが，不正による返還等の取締役自身の不法行為に基づく自発的返還と，例えばコロナ禍による業績低迷を受けた自発的返還では，還付というある種の救済について評価が異なることになる。そのため，不正等の不法行為か，あるいはやむを得ない事情によるものかという区別が生じるのであるが，これは，次項において「クローバック条項の発動要因とそれらの差異」として現に表出しているものでもある。この点，更正の請求を含め，クローバック適用時における報酬の返還に伴う関連規定の整備が必要であろう。

VII　クローバック条項の発動要因と それらの差異がもたらす影響

　クローバック条項の発動要因には，(ア)役員等が業績連動報酬の算定の前提を誤ったとみなして「不当利得返還請求」とする場合と，(イ)役員等が行った不法行為等における制裁としての「損害賠償請求」となる場合が想起される。アメリカ法においては，(ア)には証券取引所法10-D条が対応し，(イ)にはサーベンス・オクスリー法304条が対応すると考えられる[46]。(ア)と(イ)における主

な差異は, (ア)は不当利得として客観的に合理的な範囲のみ返還すればよく (民法 703 条), 取得に際し善意無過失であれば現存利益の返還で済むのに対し, (イ)は不法行為につき故意または過失があると客観的に認められるのであれば, 損害賠償責任を負い, 被害の全額もしくはそれ以上の金額を請求されることになるが, その不法行為の事実の立証については被害者側が行うことになる (民法 709)。

つまり, 企業あるいは株主が役員等の不法行為を立証しなければならず, そうであれば, (イ)のクローバックについては株主代表訴訟の提起を前提とする。また, 不法行為の内容が有価証券報告書等の虚偽記載であれば, 金融商品取引法違反となると同時に会社法 423 条に定める任務懈怠行為に該当するため, この場合も株主からの損害賠償請求を提起されることになる。しかし, 民法上と金融商品取引法上の賠償責任との重複については現行法では整理されておらず, 制裁として過重になる可能性は否定できない[47]。

このように, 役員報酬の返還事由についても大きく二分され, また, 企業ごとに報酬付与の形態も多様であることから, その返還形態 (マルスとクローバック) に応じた課税所得計算の調整方法については, マルス条項が民法 127 の解除条件付法律行為, クローバック条項が同条の停止条件付法律行為と解されることから, 調整対象金額及び調整対象年度における差異の発生が懸念されるため, 立法による公平性の確保が求められる。しかし, そのためには業績連動型報酬採用企業にクローバック条項等の規定整備が同時に求められることにもなるため, わが国においても将来的にはアメリカ型の法規定 (ハードロー) による規制 (制裁的な意味合いを含む) か, イギリス型の CG コード (ソフトロー) による規制かのいずれかの方法による整備が進んでいくことにはなるであろう。現状, わが国ではイギリス型の企業の裁量に任せた規定の整備方法を採用しているようである。

わが国の CG が単に企業価値向上を目的とするものであるならば, イギリス型として, 報酬についても各企業の特徴を踏まえつつ, 原則主義による緩やかな統制で良いと考えられる。しかし, CG が内部統制に資するもの, あるいは, 不正を正すためのものとして期待されているのであるならば, 予測可能性と法的安定性の面からハードローとしてのアメリカ型の細則主義に移

行しなくてはならないであろう。また，ハードローに移行することで，Ⅳで述べたような，業績連動給与税制がCGコードに求める「透明性や適正性の担保となり得る指針」の拠り所としての役割への離齬の解消につながることになる。

仮にハードローに移行したならば，「Ⅰはじめに」で掲げた「②対象役員の職務執行の対価として，支給の透明性や適正性を確保すること」を充たすことにつながり，それはさらに，業績連動給与が株主の利益に沿う形で支給されることにつながることから，エージェンシー問題を解決する手段としても働くことにもなる[48]。

同時に，会社の内部規範としてではなく，法規範としてCGが整備されることによって，非同族会社の子会社ではない同族会社にも業績連動給与の適用への基礎が整備されることになるとも考えられるのである。

Ⅷ　おわりに

以上，わが国におけるCGを踏まえたインセンティブ報酬としての最適な業績連動給与の在り方について様々に検討を行ってきた。

近年のインセンティブ報酬としての業績連動給与は，CGを踏まえたインセンティブの考え方が採用された結果であるが，経営に対する達成度と報酬のつながりを示す指標，すなわち業績連動指標が，投資家と企業との対話による中長期的な企業価値の向上を目指すというCGの観点から十分に説明されていないとされ，業績連動指標と業績連動給与との関連をどのように説明するかが問われていた。

これらの関連の説明の一助となるものが，株主を犠牲にして経営者が利得することを防ぐことを目的とした，誤った財務諸表の数値に基づいて水増しされた支給済みの業績連動報酬を会社に強制返還させる仕組みであり，欧米ではクローバックと呼ばれている。クローバックを採用することによって，報酬決定時における業績を事後的にではあるが過去に遡って評価し直すことが可能になることで，経営とインセンティブ報酬との関連が客観的に開示されることになる。わが国の企業においても，CG強化の観点から，このクロ

ーバック条項がすでに採用され始めている。また，クローバックの採用によって，「Ⅰはじめに」で掲げた「③用いた業績連動指標が適正であったか否かを事後的評価することが可能であること」を充たすことができ，他の①，②においても資するものとなる。

　しかし，CG コードが原則主義かつソフトローである限り，企業の独自性が尊重される一方で，クローバックの業績連動への牽制を自主的に促すことは難しいとされる。さらに，クローバックが採用されても，現行税制上は報酬の返還についての手続が，不明確かつ不十分であり，関連する規定の整備が急務となっている。

　この点，CG コードがハードローに移行することによって，職務執行の対価として，支給の透明性や適正性を確保すること」を充たすことにつながり，それはさらに，同族会社における業績連動給与の採用の基礎を形成することにも繋がると考えられる。しかしこれは，当初 CG コードが想定した「会社法というハードローに対して会社が任意に変更できるソフトローとしての働き」とは異なるため，この移行については今後注視していきたい。

[注]

1　金融審議会ディスクロージャーワーキング・グループ報告「資本市場における好循環の実現に向けて」（https://www.fsa.go.jp/singi/singi_kinyu/tosin/20180628/01.pdf（最終閲覧日 2022 年 4 月 18 日））（2018）11 頁。

2　今井宏監修『改正商法と実務対応』（商事法務，2005）122 頁。

3　金子宏氏は，「取締役の業績連動型報酬は，取締役の職務執行と会社の業績の改善・向上との間に，直接の因果関係が認められる場合には，相当な金額の範囲内で，賞与ではなく報酬に当たり，損金に算入されると解すべきであろう」と述べる（金子宏『租税法第 10 版』（弘文堂，2005）308 頁参照）。

4　武田昌輔監修成道秀雄編『法人税の損金不算入規定』（中央経済社，2012）10 頁。

5　武田監修成道編・同上，10 頁。

6　濱田康宏『役員給与』（中央経済社，2018）355 頁。

7　金融庁「コーポレートガバナンス・コードの策定に関する有識者会議」（2015 年 3 月）の資料によれば，「コード（原案）において，『コーポレートガバナンス・コード』とは，会社が，株主をはじめ顧客・従業員・地域社会等の立場を踏まえたうえで，透明・公正かつ迅速・果断な意思決定を行うための仕組み」とされている（金融庁「コーポレート

ガバナンス・コード原案～会社の持続的な成長と中長期的な企業価値の向上のために～」
(2015) 2 頁（https://www.fsa.go.jp/news/26/sonota/20150305-1/04.pdf（最終閲覧日
2022 年 4 月 18 日））。

8　金子宏『租税法第 23 版』（弘文堂，2019）397 頁。

9　渡辺徹也『スタンダード法人税法第 2 版』（弘文堂，2019）146 頁。

10　武田昌輔監修『DHC コンメンタール法人税法』（第一法規，加除式）68 頁。

11　法第 34 条第 1 項第 3 号イ(1)《損金の額に算入される業務連動給与》の「金銭による
給与にあっては確定した額を，株式又は新株予約権による給与にあっては確定した数を
それぞれ限度としているもの」とは，その支給する金銭の額又は適格株式若しくは適格
新株予約権の数の上限が具体的な金額又は数をもって定められていることをいうのであ
るから，例えば，「経常利益の○○％に相当する金額を限度として支給する」という定
め方は，これにあたらない。

12　恣意的な所得操作について，浅井氏は，「所得者（法人・個人）は，租税回避目的あ
るいは株主対策等の目的で，価格を低く設定したり高く設定したりして利益（所得）を
操作することがある。いわゆる恣意的な価格の問題である。租税回避行為に関していえ
ば，親子会社間取引，関連会社との取引，会社と役員との取引又は特殊関係者間の取引
において所得を少なくする意図で取引価格の設定をする」と述べている（浅井光政「租
税法上の時価を巡る諸問題―法人税法，所得税法及び相続税法における時価の総合的検
討―」税大論叢 36 号（2001）86-87 頁）。

13　山本昌弘氏は，「ある期に巨額の損失を計上し，身軽になったうえで翌期以降にさら
なる成長を目指すという会計政策も存在する。（中略）。この会計政策は，人間が風呂に
入りすっきりして身奇麗になることに似ているので，文字通りビッグバスとよばれてい
る」と説明している（山本昌弘「日本企業の利益管理―行動ファイナンスに基づく実証
研究―」明大商学論叢 92 巻 2 号（2010）193 頁）。

14　一般社団法人生命保険協会「企業価値向上に向けた取組に関するアンケート集計結果
（2018 年度版）」9 頁によると，企業の中期経営計画に用いる指標 1 位「利益額・利益額
の伸び率」，2 位「ROE」，3 位「売上高・売上高の伸び率」となっているのに対し，投
資家の経営目標として重視する指標 1 位「ROE」，2 位「ROIC」，3 位「総還元性向（配
当＋自己株式取得／当期利益）」となっていた。また，この投資家の傾向について山本
氏は，「投資家が利益指標を重視するのは，彼らが要求する配当が当期純利益をもとに
決定されるからである。…（中略）…もともと当期純利益は会計基準上操作可能性があ
り，そのような指標に対する投資家の拘りが強まれば強まるほど，より利益管理が行わ
れるというジレンマが表れてしまう。そこに ROE に代表される利益指標を企業評価指
標に使用する際の最大の問題点が存在する。」と述べている（山本・同上，198 頁）。

15　金融庁資料によれば，CG コードの趣旨として「本コード（原案）には，株主に対す
る受託者責任やステークホルダーに対する責務を踏まえ，一定の規律を求める記載が含
まれているが，これらを会社の事業活動に対する制約と捉えることは適切ではない。（中

略）。こうした状況の発生こそが会社としての果断な意思決定や事業活動に対する阻害要因となるものであり，本コード（原案）では，会社に対してガバナンスに関する適切な規律を求めることにより，経営陣をこうした制約から解放」することを挙げている（金融庁・前掲注(7) 2-3 頁）。

16　武田昌輔・前掲注（10）62 頁。

17　法制審議会「部会資料 4 役員に適切なインセンティブを付与するための規律の整備に関する論点の検討（平成 29 年 6 月 21 日開催）」(2017) (http://www.moj.go.jp/content/001237434.pdf（最終閲覧日 2022 年 4 月 18 日))。

18　特に，平成 28 年度以降の税制改正には，CG を強化し経営者を中長期の企業価値創造へと動機づける観点から行われるという特徴がみられる（鈴木一水「役員給与等に係る税制の整備の意義」税研 33 巻 3 号（2017）45 頁）。

19　所有と経営が分離した企業における役員給与のお手盛りという現象も，株主の利益に沿わない形で役員が振舞うという意味でエージェンシー問題の顕在化の一局面とする見解がある（長戸貴之「法人税法における役員給与」民商法雑誌 154 巻 3 号（2018）451 頁参照）。

20　鈴木・前掲注(18) 45 頁参照。なお，鈴木氏は，「所有と経営が分離し企業経営が経営者に委ねられ，株主による企業の実態に関する理解が困難になり経営者に対する監視も行き届かなくなると，経営者は株主を犠牲にして自己の利益を図る機会を有するようになり，また経営者が過剰または過少投資，会社財産の私消・流用，あるいは任務懈怠といった利己的な行動を取ると企業経営が不効率となり企業価値は損なわれるが，このようなエージェンシー・コストの発生を避けるには経営者の利害を株主の利害と一致させればよく，株式報酬や業績連動報酬はそのための有力な手段となる」と述べている。

21　国枝繁樹「業績連動型報酬と税制」税務弘報 55 巻 5 号（2007）124 頁。

22　金融庁・前掲注(7) 3 頁。

23　金融庁・同上，3 頁。

24　金融庁・同上，4 頁。

25　金融庁・同上，4 頁。

26　金融審議会ディスクロージャーワーキング・グループ報告・前掲注(1) 11 頁。

27　経済産業省産業組織課「『攻めの経営』を促す役員報酬〜企業の持続的成長のためのインセンティブプラン導入の手引〜（2019 年 5 月時点版）」（経済産業省，2019）19 頁参照（https://www.meti.go.jp/press/2019/05/20190531001/20190531001-1.pdf.（最終閲覧日 2021 年 9 月 15 日))。

28　全国株懇連合会「中長期的インセンティブプランの実務―業績連動報酬・自社株報酬の導入の手引き―」東京株式懇話会（2018）16 頁参照（https://www.kabukon.tokyo/activity/data/study/study_2018_05.pdf.（最終閲覧 2022 年 4 月 18 日))。

29　津野田一馬「経営者報酬の決定・承認手続（二・完）」法学協会雑誌 133 巻 1 号（2016）105 頁。

30　尾崎悠一「第7章ドッド・フランク法制定後の米国における役員報酬規制の動向」資本市場研究会編『企業法制の将来展望』（公益財団法人資本市場研究会編，2013）272頁参照。

31　経営者報酬に関する情報は証券取引委員会（Securities and Exchange Commission: SEC）規則 S-K 項目 402 に詳細に規定され，その内容は，Compensation Discussion and Analysis：「報酬の議論と分析」として詳細に規定されることになっており，その開示すべき具体例の一つとして，"(VIII) Registrant policies and decisions regarding the adjustment or recovery of awards or payments if the relevant registrant performance measures upon which they are based are restated or otherwise adjusted in a manner that would reduce the size of an award or payment."：「(Ⅷ) 報酬額算定の基礎とされた関連の業績指標において，報酬額が減額される方法で修正あるいは調整がなされる場合の，報酬額の調整あるいは返還に関する方針及び決定」がアメリカにおけるクローバックと呼ばれる仕組みである。つまり，アメリカにおけるクローバックとは，基本的に報酬としての権利がすでに確定し支給されたものを（不当利得として）返還させるものと理解できる。これは，2002 年制定のサーベンス・オクスリー法 304 条及び 2010 年制定のドッド・フランク法 954 条を踏まえた証券取引所法 10-D 条にそれぞれ規定されている（大塚章男「役員報酬とコーポレート・ガバナンス― claw back 条項を手掛かりとして―」筑波ロー・ジャーナル 21 号（2016）23-30 頁, 佐藤丈文・田端公美「『クローバック条項』導入上の法的留意点」経理情報 No. 1557（2019）45-46 頁, 及び, 高橋陽一「クローバック条項をめぐる法律関係と課題」ビジネス法務 20 巻 1 号（2020）45-46 頁参照）。

32　Section 5-Remuneration on Consultation on "shorter and sharper" UK Corporate Governance Code: "Provision37 requires remuneration schemes and policies to enable boards to override remuneration outcomes"「報酬スキームや報酬ポリシーには，企業がすでに支払った報酬の返還を可能にする条項を必要とする。」

33　高橋・前掲注(31) 46 頁, 及び, 佐藤・田端・前掲注(31) 46 頁参照。

34　尾崎・前掲注(30) 272 頁。

35　日本取締役協会投資家との対話委員会「2016 年度　経営者報酬ガイドライン（第四版）―経営者報酬ガバナンスのいっそうの進展を―」（日本取締役協会，2016）1 頁以下参照（https://www.jacd.jp/news/opinion/161026_01report.pdf.（最終閲覧日 2022 年 4 月 18 日））。

36　日本取締役協会投資家との対話委員会・同上, 11 頁。

37　澁谷展由・阿部直彦「クローバック条項導入企業の分析」資料版商事法務 425 号（2019）25-27 頁参照。

38　倉見智亮「給与返還時における課税所得計算の調整方法」西南学院大学法学論集 50 巻 4 号（2018）141 頁。

39　倉見智亮『課税所得計算調整制度の研究』（成文堂，2021）398 頁は，「学説及び課税

実務は理論的には遡及的調整を妥当な処理としつつも」としながら同旨を述べる。

40　その年分の各種所得の金額（事業所得の金額を除く。以下この項において同じ。）の
計算の基礎となる収入金額若しくは総収入金額（中略。）の全部若しくは一部を回収す
ることができないこととなつた場合又は政令で定める事由により当該収入金額若しくは
総収入金額の全部若しくは一部を返還すべきこととなつた場合には，政令で定めるとこ
ろにより，当該各種所得の金額の合計額のうち，その回収することができないこととな
つた金額又は返還すべきこととなつた金額に対応する部分の金額は，当該各種所得の金
額の計算上，なかつたものとみなす。

41　倉見・前掲注㊴ 403 頁は，「過誤納充当届出書を提出することで，源泉徴収義務者に
対する過誤納金の還付（国税通則法 56 条）に代えて，同届出書の提出日以降に支給さ
れる給与に係る源泉徴収税額から過誤納金相当額を控除することが認められている」（所
基通 181〜223 共-6（3））と述べる。

42　倉見・前掲注㊴ 406 頁。なお，この点について倉見氏は，「役員が返還すべき額を負
担しない場合，経済的成果の喪失がないとして，所法 64 ①及び所得税法 152 条の適用
が排除されうる」と付記している。

43　倉見・前掲注㊴ 407 頁。

44　平成 12 年 12 月 5 日裁決（裁決事例集 60 集，335 頁）。

45　占部裕典・清松順子「取締役会による役員報酬の遡及的減額決議とその課税関係」三
木義一・田中治・占部裕典『租税判例分析ファイルⅡ法人税編』（税務経理協会，2006）
434-455 頁参照。

46　高橋・前掲注㉛ 47-48 頁。

47　高橋・同上，49 頁参照。なお，同氏は賠償責任保険の免責事項との関係でも過度な
制裁とならないようなクローバック条項を定めるべきとしている（同上，48-49 頁）。

48　長戸・前掲注⑲ 451 頁参照。

第 11 章担当　宮崎裕士（九州情報大学）

業績連動給与の同族会社への適用に関する課題

I　はじめに

　平成29年度税制改正において業績連動給与が導入されたことは記憶に新しいが，未だに同族会社[1]への適用は基本的に前提とされていない[2]。これは，従前の利益連動給与の内容が引き続き踏襲されていることからも，想定の範囲内であるともいえる。もちろん，業績連動給与の対象となる有価証券報告書を有する企業の100%子会社である同族会社については，業績連動給与の適用が可能となった点は一歩前進したともいえるが，対象となる同族会社の範囲がかなり限定されてしまうため，従前と大きく変わっていないともいえる。

　こうした経過を踏まえ，本章においては，業績連動給与が有価証券報告書を有する企業の100%子会社以外の同族会社に適用できない理由を改めて確認し，将来的に，同族会社への適用に道筋をつけるためには，どのような前提条件が必要となるのかといった点について考察を行う。

II　法人税法における同族会社と利益連動給与

　同族会社とは，法人税法2条10項において定められており，一般的には会社の所有と経営が分離していない企業を指し，税制上一定の制約を受けるものである[3]。

　また，平成 18 年度税制改正において，利益連動給与が導入され，以下のように定義されていた。

（利益連動給与の意義）
　損金の額に算入することができる利益連動給与とは，同族会社に該当しない法人が業務執行役員に対して支給する利益連動給与（利益に関する指標を基礎として算定される給与をいう）で，次に掲げる要件を満たすもの（他の業務執行役員のすべてに対して次に掲げる要件を満たす利益連動給与を支給する場合に限る）をいう[4]。
　　①　その算定方法が，当該事業年度の利益に関する指標（有価証券報告書に記載されるものに限る）を基礎とした客観的なもの。
　　②　利益に関する指標の数値が確定した後 1 月以内に支払われ，又は支払われる見込みであること。
　　③　損金経理をしていること。

　ここでの説明にあるように，利益連動給与に関して「同族会社」に該当しない法人とあることから，中小法人であっても非同族会社であれば，利益連動給与を用いることが可能であるように読み取ることができる。しかし，有価証券報告書に記載された算定方法によることとされているため，事実上，上場企業や大企業等に限定されていたのである。
　その後，平成 28 年度税制改正において，利益連動給与の算定指標の範囲に ROE（自己資本利益率）その他の利益に関連する一定の指標が含められ，平成 29 年度税制改正において導入された業績連動給与については，従前の利益連動給与よりも算定に用いることのできる指標が増え，利益の他に売上高の状況を示す指標や，株式の市場価格の状況を示す指標等を参照することが加えられ，業績連動指標を基礎として株式又は新株予約権を交付する場合においては，確定した数を限度とすることが要件とされたことからも，当初の利益連動給与から大きく変わったことが確認できる。
　また，非同族会社の完全子会社であることを前提に，同族会社においても業績連動給与の適用が認められることとなった[5]。これにより，同族会社に

おいても業績連動給与の適用についての道筋が開かれたともいえるが，その一方で，親会社である非同族会社については，相変わらず有価証券報告書等を有する企業であることが必要となるため，事実上，上場企業や大企業の連結対象となる100％子会社であることが前提条件となる。もちろん，上場企業や大企業等の非同族会社の子会社となれば，対象となりえる同族会社の範囲が極めて限られてしまうことになるため，適用対象が広がったと安易に考えることはできない。

Ⅲ 同族会社に業績連動給与が適用できない理由についての検討

同族会社に業績連動給与を適用することができない理由[6]は様々考えられるが，そもそも何故そのような規制を受ける必要があるのか，想定できる理由をいくつか挙げ検討を行う。

⑴　会社の所有と経営が分離していないためお手盛りとなる

⑵　役員給与の算定について「適正性」や「透明性」の確保が難しい

⑶　株式が上場されていないことから株価を参照することができない

上記⑴については，平成18年に利益連動給与が導入された当時から指摘されてきた点であり，同族会社においては永遠の課題でもあるといっても過言ではない。しかし，同族会社であっても，所有と経営が分離できている場合もまったく無い訳ではない。厳密にいえば，同族会社とされる中にも，複数の取締役や監査役が存在し，大企業並のコンプライアンスが維持できている同族会社[7]もあれば，100％株主でもある代表取締役が1人で経営する同族会社も存在する。いずれにしても，役員給与に関していえば，上場企業のような透明性のある開示が行われていないため，一部の経営者の強い意向による恣意的な決定が排除されているとはいい切れない。

つぎに，⑵の役員給与の算定について「適正性」や「透明性」の確保は正直なところ難しい。多くの同族会社は⑴にある通り，所有と経営が分離して

いないため，役員給与については株主でもある代表取締役が，過去の報酬支給の実績や，業績の見通し，代表者個人の家計の状況等により決定されるケースが多く，恣意的である点は否定できない。本来，「適正性」や「透明性」を確保する目的は，株主を中心とする一定の利害関係者に対し，役員給与であれば算定の基となった根拠を示すことにある。そのため，株主イコール経営者であるケースが圧倒的に多い同族会社においては，「適正性」や「透明性」の必要性についてはあまり議論されてこなかったともいえる。

　また，⑶については，本質的な問題というよりも形式的な問題であり，同族会社の株式は市場に公開されていないため，いわゆる公開企業における市場取引の結果としての株価を算定の根拠とすることができないのは当然である。また，株価以外の指標を使って業績連動給与の算定を行うことが可能であるため，本質的な問題点とはいえない。もちろん，取引相場のない株式の評価として，会社の規模に応じて類似業種比準方式や純資産価額方式を組み合わせて評価することは可能であるが，こうした株式の評価額はあくまでも相続や贈与などの際に算出することを前提としているため，上場企業等の株価と同義に取り扱うことはできないものと思われる。その理由として，中小企業のM&Aの際に算出される株価については，こうした評価方式は参考にされる程度であり，実質的な売買価額になることは考えにくいからである。

　上記以外にも，業績連動給与が同族会社に適用できない理由は考えられるが，同族会社において上記⑵の役員給与の算定について「適正性」や「透明性」の確保ができれば，業績連動給与が同族会社においても適用可能であると仮定した場合，どのようにすれば「適正性」や「透明性」の確保を行うことができるか，以下，個別に検討を行う。

Ⅳ　役員給与の算定に関する「適正性」や「透明性」の確保

　平成18年度税制改正において，支給の「適正性」や「透明性」を確保するための一定の要件を課した上で，利益連動給与についても損金算入を可能とすることとされた[8]。つまり，「適正性」や「透明性」の確保ができない同族会社においては「お手盛り的な支給が懸念」[9]などの理由から，利益連動給

与を導入することは事実上できないということでもある。この点について、弥永真生（2017）によると「中小企業についても（むしろ、キャッシュ・アウトフローを最小限に抑えたいベンチャー企業についてはなおさら）、『業績連動給与』の損金算入を認めることが政策的に適切であると考えられるが、適正な手続きの確保と透明性の確保（開示）をいかに図るべきかという課題が残っている」[10] と指摘している。

逆説的に考えれば、同族会社における役員給与の算定について、「適正性」や「透明性」の確保ができるのであれば、お手盛り的な支給がされないことになるため、業績連動給与についても認められるのではないかとも考えられる。

こうした点を念頭に置き、「適正性」や「透明性」の確保行うためには、どのような点について改善を行うべきか、以下、検討を行う。

I. 「適正性」の確保

まず「適正性」について、日本公認会計士協会における日本の監査制度の説明において「公認会計士監査は外部監査であり、独立した第三者として企業等の財務情報について監査を行い、財務情報の適正性を利害関係者に対して保証する役割を果たしている」[11]（下線部筆者加筆）と説明されている。つまり、上場企業等の場合、公認会計士が監査[12]を行うことで、財務情報の「適正性」が確保できているものと考えられる。もちろん、業績連動給与を適用する際に、有価証券報告書等を有する企業とされている点からも、公認会計士による監査が実施されていることが前提であると考えることも可能である。

その一方で、同族会社については、通常、公認会計士による外部監査を行うことが義務づけられておらず、「適正性」が確保されているか否かについて第三者によるお墨付きがないため、結果として「適正性」の有無について確認をすることができないのである。もちろん、同族会社のような上場をしていない企業であっても、任意で公認会計士の外部監査を受けることは可能であり、「適正性」の確保ができる可能性は皆無ではない。しかし、仮に同族会社がインセンティブ報酬を導入するだけのために、公認会計士による外部監査を任意で受け「適正性」の確保を行うことは、コストの面からも現実

的ではない[13]。そこで，「適正性」の確保のための，より現実的な方法について，以下検討を行う。

(1) 監査役を通じた適正性の確保

すべての取締役会を構成する株式会社については，監査役の設置が必要となる。また，監査役の監査の範囲には，通常，業務監査や会計監査がその範疇に入る（会社389）。上場会社の場合であれば，会計監査は監査法人の公認会計士に委任を行い，監査役は会計監査の相当性を担保すれば良いとされているが，中小法人の場合であれば，監査役の監査の範囲は，予め範囲の限定[14]を行わない限り業務監査や会計監査にも及ぶのである。

つまり，監査役が本来有している監査役としての権限を発揮することが可能であれば，同族会社といえども，適正性の確保を担保することができるものと考えられる。しかし，現実的に同族会社の監査役は，代表者の親族等であるケースが多く，名ばかりの状態であることが常態化しているように思われる。このような状況下であれば，本来の監査役としての職務を果たすことはできないため，同族会社といえども，社外から監査役を入れることも検討に値するものと考える。もちろん，社外からの監査役の導入については，コスト面において負担が少ないとはいいがたいが，コンプライアンスが求められる昨今においては，現実的でないとはいい切れない。

(2) 税理士等を通じた適正性の確保

同族会社の場合，会計や税務の専門家として税理士等と顧問契約を締結していることが大半であると思われる。しかし，契約内容は多岐にわたり，会計記帳から決算書・申告書の作成や提出まで行う契約もあれば，申告書の作成と提出のみを行う契約など，税理士等の関与の方法を断定することはできない。

しかし，多くの場合，最終的に申告書の作成や提出を行っていることからも，会計情報へのアクセスと確認を行っているため，疑問の出る取引内容については，事前に会社側に照会を行い，内容について精査をしている場合が多いように思われる。

　つまり，会計情報をまったく精査すること無しに，申告書を作成すること
は少なく，関与の方法にかかわらず，最低限の確認と修正は行っているもの
と考えられる。そのため，「適正性」の確保を担保する側の者として，税理
士等は，ある意味適任であるともいえる。もちろん，税理士等の職務での立
場上，あくまでも税務の観点から役員給与の額に関してアドバイスを行うケー
スが多い事から，適正性の確保という意味合いからは外れてしまう点や，
自身が作成した決算書を自身で監査を行うことについても問題がないとはい
えない。

　また，公認会計士とは与えられた職務の範囲が異なることから，税理士等
は公認会計士のような監査の役割を果たすことは現実的に困難であると思わ
れる[15]。もちろん，予め用意したチェックリスト等を使い，問題の有無を確
認することは可能であるが，それ以上の役割は，業務の範疇からも難しいも
のと思われる。

2. 「透明性」の確保

　次に，「透明性」の確保について考えるにあたり，まずその言葉の意味を
確認したい。「透明性」とは，その言葉の通り，物事についてはっきりと分
かるように見通せる状況を示す一般用語であり，ここでは，役員給与等の決
定までのプロセスや根拠となる数値を明らかにすることにある。また，広い
意味において，会社の運営や組織の活動状況の結果を，外部の利害関係者に
知らしめることを指すものと考える。そのため，会計情報やそれに関連する
情報が適宜発信されており，利害関係者が必要とする情報にアクセスできる
状況が求められる。

⑴　決算公告を通じた透明性の確保

　会社法では，計算書類の公告が義務づけられている。つまり，株式会社は
法務省令で定めるところにより，定時株主総会の終了後遅滞なく，貸借対照
表（大会社にあっては，貸借対照表及び損益計算書）を公告しなければならな
い（会社440①）。この公告の方法については，定時株主総会の終結の日後5
年を経過する日までの間，継続して電磁的方法により不特定多数の者が提供

を受けることができる状態に置く措置をとることができる（会社440③）。つまり，インターネット等を利用して，紙を使わずに電磁的方法により提供を受けることができる状況を指すものと考えられる。

決算公告の範囲は，株式会社の場合，資本金又は負債総額に応じて，公告への記載内容が異なる[16]。また，貸借対照表への記載にあたっては，資産では流動資産，固定資産，繰延資産の合計を記載し，負債においては，流動負債，固定負債のうち，引当金については詳細に記載することができる。例えば，賞与引当金以外の引当金については，通信欄等に個別に引当金を記載することが可能となる。

しかし，こうした決算公告を行っている同族会社はごく一部であり，コストがかかることや事実上過料が課されていないことなどから，結果として形骸化している制度であるといっても過言ではない。そのため，決算公告の制度や公告の範囲を見直し，また，今まで以上に電磁的方法による開示をしやすい環境作りを行い，公告を行わない企業に過料等のペナルティを課さない限り，現状では，決算公告を積極的に利用する企業は増えないものと考えられる[17]。

もちろん，同制度を拡充して同族会社において，役員給与の算定方法や算定基準等について決算公告による開示を行った企業については，業績連動給与の適用を一定の範囲で認める方向で議論が進めば，将来上場を目指す企業等においては，今まで以上に積極的な決算情報の開示を行うことが期待できる。そのうえ，投資家を中心とする利害関係者の注目を集めることにより，「透明性」の確保以上のメリットも想定される。

(2) EDINET を通じた透明性の確保

EDINET とは「金融商品取引法に基づく有価証券報告書等の開示書類に関する電子開示システム」のことで，有価証券報告書，有価証券届出書，大量保有報告書等の開示書類について，その提出から公衆縦覧等に至るまでの一連の手続きを電子化するために開発されたシステムであり，以下の目的の実現のため，24 時間 365 日（定期保守等の計画停止期間は除く。），稼働している[18]。

- 有価証券の発行者の財務内容，事業内容を正確，公平かつ適時に開示すること。
- 有価証券を大量に取得・保有する者の状況を正確，公平かつ適時に開示すること。
- 投資者がその責任において有価証券の価値その他の投資に必要な判断をするための機会を与え，投資者保護を図ること。

このように，EDINET は主に上場企業向けの開示を行うシステムとして稼働している。

もちろん，同族会社が決算情報をそのまま EDINET を通じて開示することは想定されていないが，上場企業以外の決算情報を開示する同族会社版の EDINET を作ることで，開示を行うことは可能であると考えられる。

以上のように，コストの面や改めて開示の範囲を検討しなければならないなど，課題は山積しているが，決算公告が会社法で規定されていながらも，実質的に開示している同族会社がごく僅かであることなどからも，同族会社版の EDINET を作り，利用促進を行うことも検討に値するものと考える。

V　おわりに

同族会社に業績連動給与を導入することに対しては，「適正性」や「透明性」を確保することで，その第一歩に繋がる可能性が少なからず残されているものと思われるが，課題も多いことは間違いない。

もちろん，「同族会社といっても，中小法人から大規模法人まで一様ではなく，損金算入の条件を体現する要件をどのように設定するべきかという難しい問題はあるにせよ，一律に排除すべきではない」[19]との意見もある。その一方で，業績連動給与を同族会社に適用をするためには，コスト面における課題が浮き彫りになったともいえる。つまり，業績連動給与を導入するために一定のコストを許容することができる企業は問題ないが，そうしたコストを許容できない多くの同族会社においては，導入に消極的にならざるを得ないという現実が存在する。

　同族会社の経営者の中には，業績連動給与に頼らずとも，定期同額給与や事前確定届出給与だけでも，差し当たって問題がないと考える者は多く存在する。しかし，業績連動給与が選択肢として使えるが使わないことと，そもそも制度として使えないことは，同族会社にとって本質的に公平な状況であるとはいいがたい。また，将来にわたって業績連動給与を同族会社に適用することができないというのであれば，同族会社の決算数値は常にお手盛りであり，客観性の無い利益金額が決算書に書かれているという事を，暗に認めてしまう事にもなりかねない。

　林仲宣（2006）は業績連動給与の中小企業への適用について「取締役全員に共通の単純な算定方法を設け，機械的に報酬を算定するのではなく，個々の取締役の業績を評価する方法が重要とされるならば，この方法は，中小企業にとっても極めて効果的であり有益な方法になる」[20] と指摘している。つまり，業績連動給与そのものは，同族会社を中心とする中小企業の実情に合っており，うまく機能することができれば，中・長期の業績向上に貢献する制度となる可能性は捨てきれない。

　コロナ禍の現在，我が国の財政状況は悪化の一途を辿っていることは明らかであり，将来，中小企業等に与えられている税制上の優遇措置が縮減される可能性は大いに考えられる。そうであるならば，現状において同族会社において適用されていない制度があれば，それらの制度の中で，同族会社においても適用を可能とすることで恩恵が受けられる制度については，個別具体的な施策を検討することが重要である。

　本章で述べた通り，業績連動給与を同族会社に適用するためには，「適正性」や「透明性」の確保が必要である。「適正性」の確保については，社外監査役等の利用を促進し，税理士等による業績連動給与に関するチェックリストの導入を行い，「透明性」の確保については，同族会社における決算公告制度の拡充と利用促進，もしくは，同族会社版の EDINET を導入することで，実現の可能性は十二分にあるものと考察する。

［注］
１　同族会社の判定に際しては，会社の株主等の３人以下の個人や法人が，以下のいずれ

かの条件にあてはまる場合に同族会社に該当することになる（法法2⑩）。
① 保有する株式の数又は出資の金額が，会社の発行済株式の総数又は出資の総額が50％を超える
② 保有する議決権が会社の議決権の50％を超える
③ 合名，合資又は合同会社等である会社の社員の総数が50％を超える

2 令和3年度税制改正において，投資運用業を主業とする「非上場の非同族会社等」については，業績連動給与の算定方法等を金融庁のウェブサイトへ掲載する場合等には，損金算入を認める特例が設けられた。

3 この点について金子宏『租税法（第24版）』（弘文堂，2021）84頁は「所有と経営の分離している会社の場合と異なり，少数の株主のお手盛りにより税負担を減少させるような行為や計算を行うことが可能」としており，税制上の制約を一定程度受けることは不合理であるとはいい切れないとしている。

4 国税庁「役員給与に関するQ&A」平成18年6月。

5 利益連動給与が導入された当時よりも，上場企業等の多くが持株会社方式を採用している。そうした持株会社方式の企業が増えることで，本来の事業会社が持株会社の100％子会社となるケースが増えている。そのため，業績連動給与の対象となる企業の範囲を非同族会社のみとするのではなく，100％子会社である同族会社もその対象に含める必要があったものではないかと考えられる。そう考えるのであれば，平成29年度の税制改正において導入された業績連動給与は，平成18年に導入された利益連動給与よりも，その対象範囲を広げようとしたのではなく，本来，業績連動給与の対象とすべき上場企業等の100％子会社について，改めてその対象範囲に含めたものとする見方が妥当であると考える。

6 同族会社に業績連動給与が認められない理由について，小林磨寿美・大野貴史『中小企業における戦略的役員報酬と税務』（大蔵財務協会，2020）168頁は「業績連動給与が一般的な同族会社で認められないのは，配当と給与の実効税率差に背景がある」としており，同族会社においては「業績連動報酬は利益処分ですべきという考え方」である点を指摘している。つまり，同族会社においては，株主イコール役員であることが多いことから，敢えて業績連動給与とするまでもなく，配当を出すことにより代替できるとする考え方がその背景にあるのではないかと思われる。

7 もちろん，所有と経営が一見して分離している場合であっても，形式的な分離であり，事実上は所有と経営が分離しているとはいえない場合も考えられる。例えば，生え抜きの従業員を経営者に据える場合，会社の事実上の所有者である旧経営者一族の意向をまったく無視することは不可能であるとも考えられるからである。

8 財務省『平成18年度税制改正の解説』ファイナンス別冊（大蔵財務協会，2006）328頁。

9 財務省・前掲注(8)323頁。

10 弥永真生「業績連動給与―改正の影響及び今後の課題」税研33巻3号（2017）67頁。

11　日本公認会計士協会 http://www.hp.jicpa.or.jp/ippan/cpainfo/about/jpaudit/（最終
　　閲覧日 2021 年 3 月 21 日）

12　監査の対象となる会社は，①大会社（会社 328），②監査等委員会設置会社及び指名
　　委員会等設置会社（会社 327 ⑤），③会計監査人の任意設置を行った会社（会社 326 ②）
　　等が挙げられる。

13　同族会社は上場企業のように金融証券取引法による規制を受ける対象ではないため，
　　公認会計士による監査の意味合いを上場企業と同程度であると考えるのは早計である。
　　そうした意味においては，公認会計士による外部監査を依頼する際の保証の内容や程度
　　をどのように設定し依頼するのかといった検討も不可欠となる。

14　非公開会社においては，監査役の監査の範囲を会計監査に限定することが可能である。

15　税理士が行う監査としては，公益活動の一環として行われる「地方公共団体監査制度」
　　や「政治資金監査制度」等がある。

16　大会社以外（非公開会社）資本金 5 億円未満又は負債総額 200 億円未満（株式譲渡制
　　限有）については貸借対照表を，大会社以外（公開会社）資本金 5 億円未満又は負債総
　　額 200 億円未満（株式譲渡制限無）については貸借対照表（固定資産細分）が決算公告
　　への記載内容となっている。

17　決算公告の趣旨は，債権者の保護を行うために用いられている制度であるため，本来
　　の目的とは異なる利用目的のために制度の変更を提案することは本来の趣旨から外れる
　　ことになるかもしれないが，利用の検討を行う価値はあるように思われる。

18　金融庁ホームページ https://www.fsa.go.jp/search/20130917.html（最終閲覧日 2021
　　年 3 月 27 日）。

19　鈴木修「業績連動給与：職務執行の評価係数・割合の算定根拠も要開示」税務弘報
　　68 巻 6 号（2020）51 頁。

20　林仲宣「業績連動型取締役報酬と税制上の課題」税法学 556 号（2006）122 頁。

第 12 章担当　四方田 彰（税理士）

インセンティブ報酬の
事例検討と課題
事前確定届出給与の裁判例を素材に

I　はじめに

　インセンティブ報酬に対応するわが国の役員給与税制として，事前確定届出給与と業績連動給与が挙げられる。この税務上の取扱いに係る近時の税制改正を概観すると，わが国でその必要性が謳われているコーポレートガバナンス改革の導入が大きく影響している。すなわち，平成28年度及び平成29年度税制改正では，当該コーポレートガバナンスの考え方を取り入れ，インセンティブ報酬に係る役員給与税制を利用しやすくするために，当該税制の緩和がなされるような改正が行われた。

　このような近年の法人税法の改正は，経営者による中長期の企業価値創造を引き出すためのインセンティブとして，株式報酬等を柔軟に活用できるようにするための環境整備が行われてきたともいえ，恣意性の排除の視点は残しながらも，コーポレートガバナンス重視へと，規制の重点が変わってきたともいえるだろう[1]。

　インセンティブ報酬に対応する役員給与税制の損金算入の可否について考えた場合，「継続勤務条件あり」のインセンティブ報酬については，「事前確定届出給与」の損金算入の可否，「業績条件あり」のインセンティブ報酬については，「業績連動給与」の損金算入の可否を検討する必要ある。ただし，上記のように規制が緩和されてきたといえ，法人税法は，事前確定届出給与と業績連動給与の取扱いついて厳格な損金算入要件を設けている。このこと

は，「利益処分的な給与は損金不算入」という考え方が根強く残っている（すなわち，法改正によって一部が緩和されたにすぎない）ことを示しているともいえるだろう[2]。

　それでは，厳格な規制が強いられている両役員給与税制の損金算入要件について，課税実務ではどのような法解釈がなされているのだろうか。そして，そこにはどのような問題があるのか。この点，課税実務上では「裁判例」という括りからみると，執筆現在では業績連動給与にかかる裁判例はなく，唯一裁決が1つあるのみである。そのため，本章では事前確定届出給与に焦点を絞り，特に，会社法及び企業会計基準の役員報酬制度が大きく変化したことに伴い，平成18年度改正において大幅に変更された役員給与制度に関する初めての訴訟とされる，事前確定届出給与税制の損金算入の可否が争われた裁判例を検討し，その問題点について法解釈からの考察を行う[3]。

II　事前確定届出給与

I.　事前確定届出給与の趣旨

　事前確定届出給与の歴史は，昭和38年12月税制調査会「所得税法及び法人税法の整備に関する答申」（第2・7 VI）における「あらかじめ定められている報酬の一部を盆暮等に支給する場合……その額があらかじめ定められていることに着目し，これを報酬として認めることとする」という提言に端を発しているが，ようやくにして平成18年度税制改正時にこの提言が取り入れられたものとされる[4]。そうすると，昭和38年答申が「その額があらかじめ定められていることに着目」している理由が，平成18年度税制改正の「利益調整を意図した役員給与の恣意的な支給による法人税の課税回避を防止するため」という改正趣旨に合致しているからであると考えられよう[5,6]。

　事前確定届出給与を導入した趣旨については，「支給時期及び支給額が株主総会等により事前に確定的に定められ，その事前の定めに基づいて支給する給与であり……所轄税務署長に事前の定めの内容に関する届出がされたものであることを要件として，そのような支給であれば，役員給与の支給の恣意性が排除されており，その額を損金の額に算入することとしても課税の公

平を害することはないためである」と解されている[7]。役員給与は，職務執行の対価であるものは損金性を有することが前提であるが，法人税法34条1項の趣旨である「役員給与の支給の恣意性の排除」と「課税回避の防止」との関係からは，定期の給与の支給形態ではなく，かつ業績連動給与としての支給でないものについては，「事前の定めに基づいて支給」される事前確定届出給与に限り，損金算入を認める趣旨と考えられる[8]。

2. 事前確定届出給与の要件

　事前確定届出給与の損金算入の要件は，その職務執行の対価として支給する給与の支給時期，確定した額の金銭や確定した数の株式等が事前に定められているものにつき，同族会社の場合には所轄税務署長にその事前の定めの内容に関する届出が，所定の期限までにされており，当該事前の定めに基づいて支給する給与であることが必要である。

　ここでの事前の「届出」要件は，同族会社の場合である。この届出要件については，事前確定届出給与の趣旨からも，少数株主に支配されている同族会社については，利益調整等の恣意的な操作の恐れが相対的に高いから，その恣意性を排除をするために，課税庁にその「届出」を提出することを要件とすることとしたと解することができよう。

　事前確定届出給与の損金算入を考えた場合，事前の定めのとおりに支給していない場合の損金算入の可否が問題となろう。そこで本章では，同規定の損金算入要件を巡って，その法解釈が争われた裁判例を検討し，そこでの問題を洗い出したうえで法解釈による解決策の提言を試みる。

　この裁判例には，減額支給の場合と増額支給の場合がある。どちらの裁判例も，減額支給と増額支給の点で違いはあるものの，裁判所の判断はほぼ同じ論理構成であった。すなわち，どちらの場合も役員の職務執行期間を一単位とすることを前提に，1回でも事前確定届出額と異なる支給がなされたときは，その期間の全ての事前確定届出給与が損金不算入されたのである。減額支給の場合では，役員給与が減額されることにより，法人の所得の金額は多くなるから，そのことのみを考慮する限りは，法人税の課税を回避するなどの弊害が生ずるおそれはないようにみえる。しかし，裁判所の判断は増額

支給の場合と同じであった。この点，裁判所はどのような判断基準で判断しているのだろうか。一見すれば課税の弊害がないように思われる減額支給の場合の裁判例を考察することは意義があるだろう。したがって，ここではこの減額支給のケースを検討する。

Ⅲ　裁判例の検討

1.　事案の概要

　　原告は，定時株主総会の決議により，12月及び翌年7月に支給する役員賞与の支給時期，届出額の給与を支給する旨を定めた事前確定届出給与に関する届出を期限内に所轄税務署長に提出したが，冬季賞与は定めの通りに支給したものの，夏季賞与は業績悪化を理由に臨時株主総会決議によって減額する旨の決議を経て減額支給し（事前確定届出給与に関する変更届出（法令69⑤）は提出していない），冬季賞与分については損金に含めて確定申告したところ，所轄税務署長が事前確定届出給与の全額が損金の額に算入されないとして更正処分をしたため，原告が各処分の取消を求めた事案[9]である。

　　争点は，届出通りに支給した冬季賞与も，事前確定届出給与に該当せず，損金の額に算入されないか否かである。すなわち，同一の職務執行期間における夏季賞与の事前確定届出給与が損金不算入となることと，冬季賞与の事前確定届出給与の損金算入該当性との関係の法解釈である。

2.　判旨の論理構成

　　第一審東京地裁は，以下の論理構成により，原告の請求を棄却した[10]。

⑴　事前確定届出給与の損金算入の趣旨

　「事前確定届出給与の額について損金の額に算入することとされたのは，事前確定届出給与が，支給時期及び支給額が株主総会等により事前に確定的に定められ，その事前の定めに基づいて支給する給与……であり……納税地の所轄税務署長に事前の定めの内容に関する届出がされたものであることからすれば，その支給については上記のような役員給与の支給の恣意性が排除されており，その額を損金の額に算入することとしても課税の公平を害する

ことはないと判断されるためであると解される」

⑵　実際の支給額が届出額と異なり減額された場合—夏季賞与についての判断

「役員給与の支給が……事前の定めに係る確定額を下回ってされた場合には，役員給与の額が減額されることにより，法人の所得の金額は多くなるから，そのことのみを考慮する限りは上記弊害が生ずるおそれはないようにみえる。しかし……下回ってされた場合も，役員給与の支給が所轄税務署長に届出がされた事前の定めのとおりにされなかった場合にほかならず，この場合には，当該役員給与は事前確定届出給与該当性の要件を満たさない」

「確定額を下回ってされた場合であっても，当該役員給与の額を損金の額に算入することとすれば，事前の定めに係る確定額を高額に定めていわば枠取りをしておき，その後，その支給額を減額して損金の額をほしいままに決定し，法人の所得の金額を殊更に少なくすることにより，法人税の課税を回避するなどの弊害が生ずるおそれがないということはできず，課税の公平を害することになる……下回ってされた場合であっても……事前の定めのとおりにされたということができない以上，事前確定届出給与に該当するということはできない」

⑶　一の職務執行期間中に複数回の支給がされた場合の事前確定届出給与該当性判断

「当該役員給与の支給が所轄税務署長に提出された事前の定めのとおりにされたか否かは，特別の事情がない限り，個々の支給ごとに判定すべきものではなく，当該職務執行期間の全期間を一個の単位として判定すべき……当該職務執行期間……における全ての支給が事前の定めの通りにされたものであるときに限り，当該役員給与の支給は事前の定めのとおりにされたこととなり，当該職務執行期間に……における支給中に1回でも事前の定めのとおりにされたものでないものがあるときには，当該役員給与の支給は全体として事前の定めのとおりにされなかったこととなる」

⑷　届出通りに支給した冬季賞与の事前確定届出給与該当性

「本件夏季賞与の支給は……届出がされた事前の定めのとおりにされたものではないのであるから，本件各役員給与の支給は全体として所轄税務署

に届出がされた事前の定めのとおりにされなかったこととなる」ため，本件
夏季賞与と同一の職務執行期間中に支給された冬季賞与が，届出がされた事
前の定めのとおりであるものであっても，上記のとおり全体として判断する
ことから，「本件冬季賞与を含む本件各役員賞与は……事前確定届出給与に
該当しない」

3. 検討

　本件は，平成 18 年度改正後の役員給与制度に関する初めての訴訟であり，
本判決は，同制度及び事前確定届出給与の趣旨を示し，事前確定届出給与に
関して指摘されていた問題について初めて判断を下した点では意義があるも
のといえる[11]。

(1) 減額の場合の事前確定届出給与該当性—夏季賞与の場合

　本判決は，業績悪化を理由に，役員給与の支給が事前届出額と異なり減額
して支給した場合である[12]。減額支給の場合では，役員給与が減額されるこ
とにより，法人の所得の金額は多くなるから，そのことのみを考慮する限り
は，法人税の課税を回避するなどの弊害が生ずるおそれは生じないようにみ
える。この点本判決は，事前確定届出給与に該当するための要件として，そ
の規定の文言について，「役員給与の支給が実際に所轄税務署長に届出がさ
れた事前の定めのとおりにされることを要するというべき」と文理解釈した
うえで，上記 2 (2) の二つの理由を示して，増額支給の場合は同要件を満たさ
ないことは明らかであるが，減額支給の場合にも同要件を満たさないと判断
した。

　この減額支給の場合に事前確定届出給与に該当しないという判断は，課税
実務上の取扱いでもあり[13]，学説上も一般的とされている[14]。

　この判断は，法 34 条 1 項 2 号から委任を受けた法人税法施行令 69 条 5 項
が業績悪化改定事由により届出給与を減額する場合に変更届出を義務付けて
いることなどの法令の文言の合理的解釈からも，この点についての本判決の
判断は妥当といえよう[15]。

(2)　一の職務執行期間中における複数回支給にかかる事前確定届出給与該
　　　当性判断—届出とおりに支給した冬季賞与の事前確定届出給与該当性
　本件で問題となったのは，同一の職務執行期間における夏季賞与の事前確
定届出給与が損金不算入となることと，冬季賞与の事前確定届出給与の損金
算入該当性との関係の法解釈である。すなわち，夏季賞与の損金不算入が冬
季賞与の損金算入該当性に影響を及ぼすのか否か，である。

　同一の職務執行期間中において複数回の支給がある場合，事前確定届出給
与該当性について，個々の支給ごとに判定するのであれば，冬季は冬季だけ
で判定することになるから，それが事前の定めのとおりの支給であれば，損
金算入の可能性が残る。一方，両者を一体として判定するのであれば，夏季
賞与が事前確定届出給与に該当しないとされた段階で，自動的に冬季賞与も
損金算入できないこととなる[16]。

　本判決は，上記2(3)「特別の事情がない限り，個々の支給ごとに判定すべ
きものではなく，当該職務執行期間の全期間を一個の単位として判定すべき」
と判示した。その理由として，会社法の委任契約に関する条文（会社法330
条等）を参照して「取締役の報酬及び賞与については……毎事業年度の終了
後一定の時期に召集される定時株主総会の決議により，次の定時株主総会ま
での間の取締役の給与の支給時期及び支給額が定められるのが一般的であ
る」ことを根拠とし，「特別の事情がない限り，当該役員給与にかかる職務
執行期間の全期間の当該役員の職務執行の対価として一体的に定められたも
のであると解することができる」としたのである。

　課税実務では，役員給与は一般的にその職務執行の対価の決定が株主総会
の決議により行われることからすれば，役員給与は定時株主総会から次の定
時株主総会までの間の職務執行の対価と解し[17]，本判決同様に，一つの職務
執行期間中に複数回にわたる支給がされた場合については，当該職務執行期
間の全期間を一個の単位として判定するという見解を採っている。これに対
して，その理由付けについては，かかる役員給与の性質からは論理必然的に
職務執行期間を一つの単位として判定すべきという結論が導かれるものと思
われない[18]との疑問が呈されている。しかし，本判決は「当該職務執行期間
の全期間を一個の単位として判定すべきものであるとするのが，事前の定め

を定めた株主総会の決議の趣旨に客観的に適合し，相当である」として，課税実務の見解を是認している。

なお，国税庁の趣旨説明のうち，当初事業年度に所轄税務署長に届出がされた事前の定めのとおりの支給をし，翌事業年度に事前の定めと異なる支給をした場合でも，当初事業年度の課税所得に影響を与えるようなものでないときには，当初事業年度に支給された役員給与については損金算入が認められるとの解説がある[19]。これについて本判決も，この扱いを肯定している。すなわち，本判決も，事業年度を跨ぐ支給とはいえ，個別支給の妥当性を認めている[20]。この点，本判決が「職務執行期間の全期間を一個の単位として判定するべき」と解するならば，理論的には，たとえ翌事業年度とはいえ，職務執行期間中において，届出と異なる支給をしている以上，事前確定届出給与に該当しなくなったことを理由として，当初事業年度の所得について納税者は修正申告をすべきであり，その方が，「職務執行期間の全期間を一個の単位として判定すべき」という判決文の論理は首尾一貫することになる，との見解[21]がある。この見解に基づけば，この理論的でない扱いを（たとえ納税者に有利になるからとはいえ）法令解釈通達の趣旨説明で行うことには，租税法律主義の観点からも問題があるとの批判[22]は首肯できよう。

⑶　法人税施行規則22条の3第1項3号と同規則5号からの解釈

ここでは，法人税法施行規則からの解釈について検討する。まず，施行令69条2項の委任を受けた法規22の3第1項5号において「事前確定届出給与に係る職務の執行の開始の日」を記載した書類提出と規定しているのは，職務執行期間を一個の単位としてみていることが前提となっているようにも思われる。また，法人税基本通達9-2-14や国税庁の趣旨説明及び本判決も同様の考え方に立っているように読める[23]。

一方で，法規22の3第1項3号において「事前確定届出給与の支給時期並びに各支給時期における支給金額」を記載した書類提出と規定しているのは，役員給与の個々の支給ごとに判定するとする解釈も十分成り立ちうるとする見解がある[24]。この見解によれば，所轄税務署への届出書に個々の支給ごとにその支給時期及び支給金額を記載させれば，個々の支給ごとの役員給

与の支給の恣意性は排除されることとなる[25]。同様の見解として，当該法規によれば，手続上は，各役員の各支給時期における各支給額が問題となるのであり，個々の支給時期ごとに事前に届出がなされた内容と突合せが重要となるから，法は，むしろ職務執行期間の全期間を一個の単位とするよりも，個々の支給ごとに判定することを予定しているように読める[26]とするものがある。

このように法の委任を受けた法規の各規定ぶりによって解釈の相違が生じている。この解釈の相違の可能性があること自体，租税法律主義上の法的安定性の観点から問題があるのではないだろうか。

⑷　個々の支給ごとに判定した場合の課税上の弊害

本判決では，上記会社法の規定からの理由説明に付け加え，個々の支給ごとに判定すべきものであるとすれば，課税上弊害がありうる点も判断の理由としている。すなわち，「個々の支給ごとに判定すべきものであるとすれば，事前の定めに複数回にわたる支給を定めておき，その後，個々の支給を事前の定めのとおりにするか否かを選択して損金の額をほしいままに決定し，法人の所得の金額を殊更に少なくすることにより，法人税の課税を回避するなどの障害が生ずるおそれがないということはでき」ないことを根拠とし，その弊害の可能性ゆえに，個々の支給ごとに判断すべきものとすれば，事前確定届出給与の趣旨が没却されることとなると判示しているのである。

これは，2つ目の判示である「下回った場合」における課税回避の弊害への懸念から導かれる考え方と同様と思われる[27]。すなわち，複数回の支給ごとに，事前の定め通りに支給した時は損金算入，そうでなければ損金不算入になるとすれば，事業年度末付近で，当期の業績を睨みながら支給を見送っても，その回の支給分だけ損金不算入になるから，全体としての支給額を高額に定めていて，最初は定め通りの支給をしながら，事業年度が進むにつれ，後の支給で所得額を調整することが可能となる（以下「枠取り理論」とする）のであり，その懸念は，支給回数が増えるほど高まることになろうという考え方[28]である。本判決でも，このような枠取り理論から，すなわち租税回避否認という観点から，個々の支給ごとに判定する方法を否定したと思われ

る[29]。この点，事前確定届出給与の趣旨である恣意性の排除及び課税の公平の観点からは，この考え方は合致する。

⑸　「特別の事情」の提示

本判決では，「特別の事情」があれば，個々の支給ごとに判定される余地があることとされた。本判決は，本件冬季賞与及び夏季賞与が，個々の支給ごとに，本件事業年度の直前の事業年度の定時株主総会から本件事業年度の定時株主総会までの間の本件各役員給与に係る職務執行期間を複数の期間に区分し，各期間の役員らの職務執行の対価として個別的に定められたものであると解することができる事情を「特別の事情」としたが，本件全証拠によっても本件の事実はこれにあたらないため，本件各役員給与は，上記職務執行期間の全期間の役員らのそれぞれの職務執行の対価として一体的に定められたものであると解すると判断している。

しかし，いかなる場合に「特別な事情」が認められるかについては明言しておらず[30]，上記例示もどのような場合を想定しているかは明確ではない。ただし，本判決によって，個々の支給ごとに判定される余地のある「特別の事情」の一例が示されたという点については，意義があるだろう。

4.　本判決の問題点―事前確定届出給与の根本的な問題点

本判決は，同一の職務執行期間における複数支給の場合の事前確定届出給与該当性について，特別の事情がない限り個々の支給ごとに判定すべきものではなく，当該職務執行期間の全期間を一個の単位として判定すべきと判断して，両賞与を損金不算入と判示した。

税法の世界では，ときにオール・オア・ナッシングの判定が行われるが，今回も部分的な判断を認めない判決例となった[31]。

ここでの1つ目の問題点は，役員に対する支給額が事前確定届出給与の規定に該当しないと，全額が損金不算入となることである。損金算入に関しては，定期同額給与は定期同額超過額が対象となるが，課税実務では，事前確定届出給与は非該当の支給額全額が対象となる（法基通9-2-14）点で，異な

っている[32]。この相違点を比較しても，納税者にとって厳格で過酷な規定であると思われる。そこには，適正な課税を超えて強い懲罰性を帯びていると考えられるからである[33]。

　法人税所得計算における懲罰的性質を有する規定として，不正行為等に係る費用等の不損金算入規定（法55①）があるが，当該規定は，法人税法の趣旨に照らし，法人税法自らが取り締まるべきものであることから，ペナルティとしての役割が付与されることには合理性があろう[34]。しかし，事前確定届出給与に該当しない給与は，このような規定と同様の懲罰性を有するのだろうか。すなわち，不正行為等に係る費用と同程度に（結果，不正行為等と同じ程度の悪質であると判断されるとして）損金不算入とされる根拠は，職務執行の対価としての費用性が否定されるためとも解することはできず，課税の公平や課税上の弊害の観点からも，そのような課税は合理性が無く，問題があるだろう。

　2つ目の問題点は，減額支給の場合，実際支給額が損金不算入となるが，支給額を0とすれば，損金不算入額も0となるものと解されるため，懲罰効果が無に帰する[35]ことが指摘されており，この点のみに焦点をあてても，事前確定届出給与規定は不完全な制度となっている[36]といえる。

　このような問題について，まず法解釈上での解決ができないだろうか。そこで最後に，本判決における問題点に置き換えて，法解釈による解決を探る。

5.　本判決にかかる法解釈による解決策の提言

　本判決は，同一の職務執行期間における複数支給の場合の事前確定届出給与該当性について，特別の事情がない限り個々の支給ごとに判定すべきものではなく，当該職務執行期間の全期間を一個の単位として判定すべきと判断して，両賞与を損金不算入と判示した。しかし，届出通りに支給した冬季賞与も，同一の職務執行期間であることを理由に事前確定届出給与に該当しないとして，全額が損金の額に算入されないこと自体，先に述べた懲罰性があると思われる。

　そもそも，1つの職務執行期間中に複数回にわたる支給がされた場合には，届出がされた事前の定めのとおりに支給されたか否か，当該職務執行期間の

全期間を一個の単位として判定するという見解と，個々の支給ごとに判定すべきという見解の対立がある。法人税法34条1項2号は，一の職務執行期間中の全期間を一個の単位とする旨を何ら規定していないからである。そうすると，法解釈や本判決から，何らかの提言はできないだろうか。

まず，届出書の記載事項を定めた法人税法施行規則22条の3第1項及び2項は，それぞれ3号で事前確定届出給与及び変更後の当該給与の「支給時期及び各支給時期における支給金額」を記載事項として挙げている。この点，職務執行期間の全期間を一個の単位とするよりも，個々の支給ごとに判定することを予定していると解釈すれば，本件においても，このように所轄税務署長への届出書に個々の支給ごとにその支給時期及び支給金額を記載させれば，個々の支給ごとの役員給与の支給の恣意性は排除されるのであり，複数回の支給があった場合，所轄税務署長への届け出た事前の定めのとおりにされたか否かは，個々の支給ごとに判定すべきという解釈も十分成り立ちうる[37]のではないか。そうすると，手続き上では，各役員の各支給時期における各支給額が問題となるのであり，個々の支給時期ごとに事前に届出がなされた内容との突合せが重要となろう[38]。

次に，一の職務執行期間中の全期間を一個の単位とする判断の評価はおいて，本判決が認める「特別な事情」[39]に着目する。この点，各事案において当初支給額を減額しなければならない合理的な事情があり，かつ，不相当に高額な枠取りをして恣意的に一部の役員給与についてのみことさら減額しているような状況でないときは，納税者に本件規定が防止しようとする租税回避の意図がないとして，法解釈上も再度，変更に関する特別な手続きを要せずとも，その損金算入性は認められるべきであろうとの見解[40]は相当であろう。同族会社については，法人税法132条の適用も考えられるが，ここでは，同規定の解釈により損金算入が可能となる道筋を検討する。

ここで，本件における納税者の主張，すなわち，事前確定届出給与は事前の定めにより支給の恣意性が排除されており，それについて損金算入を許したとしても課税の公平を害することや租税回避の弊害を生ずることはない場合には，届出がされた支給額と実際の支給額とが異なる場合であっても，実際の支給額が減額された場合は，損金の額が減額され，法人の課税所得が増

額されるのであるから，課税の公平を害することや租税回避の弊害を生ずることはないという論理を踏まえれば，そもそも，届出内容が変更されて支給された事前確定届出給与についても，減額された支給が利益処分的な性格ではなく，職務執行の対価としての費用性があり，その支給に恣意性が排除されていると判断できるならば，損金算入を認めることを検討する余地があるだろう。

　このように解すると，そもそも「法人税法34条1項2号は，一の職務執行期間中の全期間を一個の単位とする旨を何ら規定していない」のであるから，一の職務執行期間中に複数回にわたる支給がされた場合においても，個々の支給ごとに判定して，恣意的な支給のみを損金不算入とすれば，役員給与の支給の恣意性は排除できる[41]という実質を重視した結論につながる。この点本判決は，届出要件規定について，「役員給与の支給が実際に所轄税務署長に届出がされた事前の定めのとおりにされること」と解したが，この解釈は，役員給与の支給に係る「恣意性」を，費用性のない支出を損金に算入することという意味ではなく，事前確定届出の内容を変更するという意味に解することとなり，そのような解釈については，いわゆる「枠取り」による損金算入額の操作（事前確定届出給与額の高額設定を前提とする減額支給）を阻止する限りにおいてはともかく，一般論としては立法政策的妥当性が問題にされるべきである，という指摘[42]は，筆者の見解を後押しするのである。

IV　おわりに

　最後にまとめると，事前確定届出給与に該当しないと判断され，争いになった場合における法解釈においては，上記解釈からその支給に恣意性が排除されているか，職務執行の対価として損金性があるか否かなど，個々の支給ごとに実質的に判断するべきであると考える。また，本判決においては，「特別の事情」に着目して，当初支給額を減額しなければならない合理的な事情がある場合には，利益処分的な支払でなく，その支給時期・支給の実態について恣意性が排除され，職務執行の対価があるならば，その個々の事情に応じて損金性を認めることを認めるべきであろう。

　そもそも，届出通りに支給した冬季賞与についても，同一の職務執行期間であることを理由に事前確定届出給与に該当しないとして，全額が損金の額に算入されないこと自体に，懲罰性があるという問題意識が根底にあった。この問題意識を踏まえれば，上記見解により，恣意性がないことを前提とした職務執行の対価である役員給与の損金性については，より柔軟に認めるべきであろう。

[注]
1　鈴木一水「役員給与等に係る税制の整備の意義」税研195号（2017）47頁参照。
2　渡辺徹也『スタンダード法人税法　第2版』（弘文堂，2019）145頁参照。
3　なお，唯一の業績連動給与の法解釈が争われた裁決についても貴重な判断基準がなされていると思われるため，第10章でふれている。
4　藤曲武美「事前確定届出給与の意義と範囲」税経通信72巻3号（2017）132-133頁参照。
5　藤曲武美「役員給与」税務弘報62巻3号（2014）141-142頁参照。
6　事前確定届出給与は一定要件の下，平成18税制改正前の役員賞与の一部について損金算入を認める効果を有する（青木孝徳ほか『平成18年版改正税法のすべて』（大蔵財務協会，2006）323頁参照）。
7　東京地判平成24年10月9日訴月59巻12号3182頁。
8　藤曲・前掲注(4)133頁参照。
9　東京地判平成24年10月9日訴月59巻12号3182頁，東京高判平成25年3月14日訴月59巻12号3217頁。
10　控訴審も，基本的に第一審判決をそのまま引用し，原告の控訴を棄却している。
11　西本靖宏「賞与の総額が減少した場合に届出通り支払われた役員賞与の事前確定届出給与の該当性」ジュリスト臨時増刊1466号（2014）215頁参照。
12　本件は，夏季賞与の減額支給について，その額を法人税法施行令69条5項の変更届出期限までに，所轄税務署長に対し，その変更の届出をしなかったため，損金算入をめぐり争いとなったものである。本判決では，臨時改定事由及び業績悪化改定事由などの一定の事由に該当する場合，変更届出をすることによって，支給額を変更したうえで損金算入をすることを認め（法令69⑤），さらに，変更届出期限を遵守することができなかったことについてやむを得ない事情があれば，本来の変更届出期限までにその届出があったものとして扱うことを認めている（法令69⑦）。法は二重に救済措置を施しているにもかかわらず，本件は原告が忘失（判決文においては，届出をしなかった理由は明らかではない。）したにすぎない事例であるとの見解もある（渡辺充「事前確定届出給与」別冊ジュリスト第7版（2021）118頁）。
13　法人税法基本通達9-2-14，国税庁「平成19年3月13日付課法2+3ほか1課共同『法

人税基本通達等の一部改正について』（法令解釈通達）の趣旨説明」（以下，国税庁の趣
旨説明という）。

14　西本・前掲注⑾ 215 頁。

15　橋本浩史「一の職務執行期間中に複数回支給された役員給与の事前確定届出給与該当
性が問題となった事例〜東京地裁平成 24 年 10 月 9 日判決（裁判所 HP）」税経通信 68
巻 10 号（2013）186 頁。

16　渡辺徹也「法人税法 34 条 1 項 2 号にいう事前確定届出給与該当性の可否」ジュリス
ト 1480 号（2015）128-129 頁参照。

17　国税局・前掲注⒀（国税庁の趣旨説明）9-2-16，渡辺充・前掲注⑿ 119 頁参照。

18　橋本・前掲注⒂ 186 頁。

19　国税局・前掲注⒀（国税庁の趣旨説明）9-2-14 の解説 3。

20　渡辺充・前掲注⑿ 119 頁。

21　渡辺徹也・前掲注⒃ 129 頁参照。

22　渡辺徹也・同上，130 頁参照。

23　渡辺徹也・同上，129 頁参照。

24　橋本・前掲注⒂ 186-187 頁参照。

25　橋本・同上，187 頁。

26　渡辺充・前掲注⑿ 119 頁。

27　渡辺徹也・前掲注⒃ 129 頁参照。

28　渡辺徹也・同上，129 頁参照。

29　渡辺徹也・同上，129 頁参照。

30　橋本・前掲注⒂ 186 頁参照。

31　渡辺充・前掲注⑿ 119 頁。

32　藤井誠「事前確定届出給与規定の課題」税研 195 号（2017）56 頁参照。

33　藤井・同上，58 頁参照。

34　藤井・同上，58 頁参照。

35　藤曲・前掲注⑷ 139 頁参照。

36　藤井・前掲注（32）58 頁。

37　橋本・前掲注⒂ 186-187 頁参照。

38　渡辺充・前掲注⑿ 119 頁。

39　先に述べた国税庁の趣旨説明が示す事情をいうものと解されるが，それ以外の解釈も
ありうることを前提として検討している。

40　渡辺充・前掲注⑿ 119 頁。

41　西本・前掲注⑾ 215 頁。

42　谷口勢津夫『税法基本講義（第 7 版）』（弘文堂，2021）460 頁参照。

第 13 章担当　道下知子（青山学院大学）

業績連動給与引当金の損金算入に関する検討
株式交付信託の取扱いを中心として

I　はじめに

　「日本再興戦略2016」におけるコーポレート・ガバナンス改革による企業価値の向上を目指し，実効的なコーポレート・ガバナンス改革に向けた取組の深化として，持続的な企業価値の向上，中長期的投資の促進に向け，インセンティブ報酬の導入が検討されたことは記憶に新しい。

　こうした流れを受け，法人税法においては，平成29年度税制改正において利益連動給与の適用範囲を見直し，新たに「業績連動給与」と名称が改められた。法人税法では同法34条5項で「各種指標に基づき算定される給与で無償で取得され，又は消滅する株式等で役務の提供期間以外の事由により変動するもの」と規定されており，業績連動給与の引当金に関する損金算入に関しては，法人税基本通達9-2-20の2において取扱いが定められた。

　法人税法における引当金は，従前，貸倒引当金（法法52）と返品調整引当金（旧法法53①）の2種類の引当金の計上が認められていたが，返品調整引当金については「収益認識に関する会計基準」や「収益認識に関する会計基準の適用指針」の導入に先立ち，平成30年に廃止[1]となった。一方で，法人税基本通達に規定のある返品債権特別勘定[2]については，廃止とならなかった点については別稿[3]で触れた。このように通達における取扱いの中には，返品債権特別勘定のような，引当金等に類する取扱いを認める規定が一部含まれており，個別に損金算入の範囲について規定されているものも存在する。

こうした現状を踏まえ，本稿においては，業績連動型報酬の中でも「株式
交付信託」の取扱いを概観し，当該報酬の引当金に関する損金算入時期を中
心に検討を行う。

II 業績連動型株式報酬と株式交付信託

1. 株式交付信託の取扱い

株式交付信託とは，業績連動型の株式報酬制度の一つで，取締役等に自社
株式等の交付を行う信託契約を指す。つまり，発行会社（委託者）が信託（受
託者）に自社株式等を拠出し，信託（受託者）は自社株式等（株式市場から調
達した自社株も含む）を，取締役等（受益者）が取得したポイントに応じて交
付を行う制度である。

図表14-1のように，委託者である発行会社は，業績連動型報酬の算定対
象期間の決算において，受益者である取締役等に対し業績等に応じて「ポイ
ント」を付与し，取締役等はポイントに応じて得た受益権の範囲内において，

図表 14-1　株式交付信託の基本的な仕組み

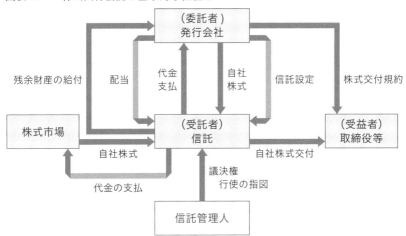

(出典) 三菱 UFJ 信託銀行のホームページを参考に筆者作成 https://www.tr.mufg.jp/houjin/hr_
consulting/incentive_kabu.html（最終閲覧日 2021 年 12 月 28 日）

株式交付規約に基づき，受託者である信託において設定された信託財産の中から自社株式等の交付を受けることになる。

2.　株式交付信託の処理状況

(1)　株式交付信託の会計処理

株式交付信託の引当金計上に関する仕訳例を取り上げるにあたり，株価は変動しないことを前提とする。

① 信託への拠出時の処理

借方（Dr.）		貸方（Cr.）
信 託 口　　×××　　／		自己株式　　×××

まず，委託者である発行会社から受託者である信託に対し自己株式等の拠出が行われる。

② ポイント発生時の引当金繰入処理

借方（Dr.）　　　　　　　　　　　　　　　　　　　　　　　　　　　　貸方（Cr.）

（役員）株式給付引当金繰入額　　×××　／　（役員）株式給付引当金　　×××

※勘定科目の「給付」部分を「報酬」とする場合もある[4]。

つぎに，発行会社が取締役等に付与を行ったポイントについて，付与を行った事業年度において引当金の繰入を行う。

③ 株式報酬支払時の処理

借方（Dr.）		貸方（Cr.）
株式給付引当金　　×××　　／		信 託 口　　×××

その後，受託者である信託から，受益者である取締役等へ自社株式等が交付される時点で，引当金の取り崩しが行われることになる。

委託者である発行会社は受益者である取締役等に対し，業績の上昇等，予め設定した事由によりポイントの付与を行い，付与されたポイントに応じた株式数に株価を乗じた金額を引当金[5]として計上を行う。仮に，業績の下降等の事由により，付与されたポイントを減少させる必要がある場合，業績の

上昇等の事由により付与されたポイントの範囲内で引当金の取消し処理を行うことになる。

(2) 株式給付引当金の導入状況

EDINET による全文検索において，検索文字列を「株式交付信託」とした際の検索結果は 595 社が該当した[6]。こうした企業においては，株式交付信託の導入されていることが想定されるが，従業員においても株式交付信託を導入している企業もあるため，その場合は，科目の先頭に「従業員」もしくは「役員」とする記載を追加している企業が散見される。

株式給付引当金の計上に関しては，注記事項（重要な会計方針）の中において，「当社株式の交付に備えるため」等の説明とともに株式給付の見込額を引当金として計上している。

また，附属明細表の「引当金明細表」の中で各種引当金と同様に，株式給付引当金に関する当期首残高，当期増加額，当期減少額，当期末残高が記載されており，多くの企業が株式交付規定を導入していることから，同規定に基づき算出していることや，社外取締役を除くなどの記載を追加し補足説明を行っている。

III　法人税法における業績連動給与と損金算入に関する検討

I.　業績連動給与引当金の損金算入額

法人税法における業績連動給与とは，利益の状況を示す指標，株式の市場価格の状況を示す指標，その他支配関係がある法人の業績を示す指標を基礎として算定される額又は数の金銭又は株式，もしくは新株予約権による給与と定められている（法法 34 ⑤）。

法人税基本通達においては，損金に算入される業績連動給与に関して規定されており，引当金として計上された業績連動給与については「損金の額に算入される業績連動給与に規定する方法により経理しているときの損金算入の対象となる給与の額は，給与の見込額として計上した金額にかかわらず，当該適格株式[7]の交付時の市場価格を基礎として算定される金額となる」（法

基通9-2-20の2）と規定されている。

　この「業績連動給与に規定する方法」とは，損金経理をしていることを指し，給与の見込額として損金経理により引当金勘定に繰り入れた金額を取り崩す方法により経理していることを含む（法令69⑲二）。

　業績により株式が交付される場合においては，通常，株式数のみが規定されるため，単純に引当金の金額イコール損金算入額とはならない場合が想定される。

　この点について，藤曲武美（2017）は「複数事業年度にわたる利益の状況を示す指標等により，最終的に交付される株式数が確定するとなると，会計上は，その複数事業年度における各事業年度において，会計上は引当金により費用処理を行うことになる。このような引当金による処理も損金経理に含めることとしているが，その損金算入額は，引当金計上額にかかわらず，実際の株式交付時の市場価格によることになる。したがって，会計上の費用計上額と法人税上の損金算入額が異なることもある」[8]と指摘している。

　例えば，業績に基づき適格株式が交付される場合，確定した数を限度として支給を行うことからも，当該株式の市場価格の変動により，引当金として費用計上した時の市場価格と損金算入時の市場価格が異なる場合，費用計上額と損金計上額が異なることが考えられるのである。

2.　業績連動給与引当金の損金算入時期

　中長期的投資の促進に向け，インセンティブ報酬が導入されたことを受け，平成29年度税制改正において，利益連動給与の内容や対象範囲が見直され，名称も利益連動給与から業績連動給与に改められた点はすでに述べた通りである。

　利益連動給与に関しては，単年度の指標のみが対象となっていたため，引当金としての計上は認められていなかったが，その後，業績連動給与と改められた際に，報酬の算定期間に限っていえば，複数年度の指標も対象とすることが可能となったことで，各種指標に基づく報酬が単年度で確定しないケースもあることから，引当金としての計上が認められるようになったのである。

　このように，業績連動給与については，企業の中長期にわたる業績向上を目指す観点から，複数事業年度にわたる利益も指標の1つとすることで，各事業年度において業績連動給与を引当金として計上することが可能となった。その反面，中長期の業績が定まらないため，業績連動給与引当金として計上されていたとしても，それだけでは損金に算入することができないのである。

　業績連動給与引当金の損金算入時期については，法人税法において個別の規定は見当たらないが，法人税基本通達9-2-20の2において損金経理が求められていることから，一見して，引当金に繰り入れる際に損金算入を認めると読むことができる。しかし，「損金経理により引当金勘定に繰り入れた金額を取り崩す方法により経理していることを含む」（法令69⑲二）とあるため，事実上，既に計上した引当金について，金銭であれば給付，株式であれば交付等の事実により，引当金が取り崩された時点でなければ損金に算入を行うことができないのである。

　現在，定期同額給与については，報酬の支払が不能であったとしても「未払金」として計上することが可能であり，損金算入も認められている。その一方で，法人税基本通達9-2-20の2にあるように業績連動給与引当金については，実際に支給や交付が行われるまで損金算入は認められていない。

　しかし，最終的な判断は法人税法に基づいて行うことが必要であり，損金算入に関する判断においては，「債務の確定」[9]の有無に関する確認が必要になるのである。つまり，支給内容が業績連動給与であったとしても，引当金として計上される以上，債務が確定していなければ損金に算入できないことになる[10]。

　また，法人税法における個別の規定が存在しないこと以外に，業績連動給与引当金を損金に算入することができない理由の1つとして，過去の業績により引き当てられた業績連動給与は，次年度以降の企業業績や株価等により，報酬額が引き下げられたうえで給付や交付が行われる可能性が考えられる。

　このように引当金の計上時において，報酬額が確定していないケースがあることは，既に計上した引当金を後日修正することができることなどからも，確認をすることができる。例えば「業績等条件の達成見込みの変化により支給見込額が変動する場合には，会計上の見積りの変更として，変更があった

時点以降の財務諸表においてその影響を反映させることになると考えられる。具体的には，見積りを変更した後の総支給見込額のうち，変更時点までに発生したと認められる額に引当金の額を修正することになる」[11] といった事例が考えられる。

確かに報酬を支給するまでは解らないという考え方は確実性の観点からは否定できないが，引当金を取り崩す時点でなければ損金に算入できないとする考え方そのものは，本来すべき「債務の確定」の有無についての検討を行っていないばかりか，引当金として計上された内訳を考慮することなく一律に損金不算入と扱っていることからも，違和感がないとはいい切れない。

3.　株式交付信託による引当金の計上と損金算入時期

株式交付信託により，従業員が受益権を獲得した場合の税務上の取扱いは，次のように取り扱うことになる[12]。

〈在職時給付タイプ〉

従業員が受益権を取得した場合には，導入企業においてはその日（権利確定日）における自社株式の時価相当額を給与として損金の額に算入し，これを受けた従業員においては同額を給与所得の収入金額とする。

一方で，役員向けの株式交付信託から交付された株式等に関しては，一定の条件を満たした場合に限り，業績連動給与となり損金に算入をすることが可能となる。当該，業績連動給与については，ポイント等により報酬額の引当金計上が行われていても，実際に報酬額の支給が行われない限り，損金に算入することができない点は既に述べた通りである。

つまり，株式交付信託のポイントとして付与され報酬額として引当金に計上された額が，そのまま損金に算入できる訳ではなく，引当金の取り崩しが行われた時点で初めて損金に算入することができるのである。

しかし，業績連動給与として付与された「ポイント」は，すべて業績によるものだけではないこともあるため，個別に検討が必要となる。

例えば，株式交付信託により付与されるポイントについては，以下の内容に応じて，ポイントの付与が行われる[13]。

⑴　業績によるポイント

⑵　役員の地位・役職等によるポイント

⑶　在任期間によるポイント

　まず，⑴の「業績によるポイント」は，経営計画による達成度合いにより
ポイントが付与されることになる。つぎに，⑵の「役員の地位・役職等によ
るポイント」は，その地位や役職等の期間に応じてポイントが付与され，⑶
の「在任期間によるポイント」も⑵と同様に役員として在籍していた期間に
応じてポイントが付与される。上記⑵と⑶は，多くの場合リテンション効果
（転職防止）を狙ったものである。

　また，⑵の「役員の地位・役職等によるポイント」については業績により
変動（昇格や降格）することはあるが，基本的には不可逆的な性質を持つも
のであり，また，⑶の「在任期間によるポイント」そのものは，法人税法
35条5項における役務提供期間によるものに該当するため，本来の意味で
の業績連動給与には該当しない。こうしたことから，上記⑴～⑶のポイント
については，業績連動給与引当金として計上されていた場合であっても，損
金算入に関する取扱いは，以下のように取り扱うことが可能になるものと考
えられる。

⑴　業績によるポイント　　　⇒　引当金取崩時の決算期で損金算入

⑵　役員の地位・役職等によるポイント

　　　　　　　　　　　　　⇒　引当金計上時の決算期で損金算入

⑶　在任期間によるポイント　⇒　引当金計上時の決算期で損金算入

　⑴については，本来の業績に基づくポイントのため，引当金取崩時の決算
期において損金に算入されることに異論はない。しかし，⑵の「役員の地位・
役職等」については，その地位や役職等の降格があったとしても，過去に付
与された「役員の地位・役職等」によるポイントが減ることは考えにくい。
そのため，「役員の地位・役職等」に基づくポイントが引当金に計上されて
いたとしても，過去に付与されたポイントは変動しないことから，既に債務

が確定しているものと取り扱うことが可能ではないかと考えられる。また，⑶の「在任期間」によるポイントについても同様に，過去に遡って減少することのない性質のものであるため，「役員の地位・役職等」によるポイントと同様に，引当金計上時の決算期において，既に債務が確定したものとして取り扱うことが可能ではないかと考えられる。

このように引当金として計上された内訳を個別具体的に区分することにより，株式交付信託のポイントに基づく報酬額のうち，「役員の地位・役職等」や「在任期間」等のポイントに基づく報酬額については，業績連動給与引当金として計上されていたとしても，各期において既に債務が確定しているものとすることで，損金に算入しても差し支えないものと思われる。

Ⅳ　おわりに

業績連動給与引当金がどの時点で損金に算入できるかといった点について，本章では株式交付信託のポイントの取扱いを中心に検討を行った。もちろん，どの時点で損金に算入可能かといった点については，本来「債務の確定」の有無について検討を行うことが必要であるため，業績連動給与引当金の中でも株式交付信託については，その内訳を詳細に区分したうえで，内訳ごとに損金算入時期を検討することが有効であることはすでに述べた通りである。

しかし，必ずしも労力に見合った結果であるとはいえないことも事実である。つまり，一定期間を経れば，いずれ損金に算入できるもののうち，一部分を事前に損金に算入できる程度のことかもしれないのである。さらに，こうした損金に算入した一部分についても，後日，課税庁から否認を受ける可能性も皆無ではない。たとえそうであったとしても，最初から業績連動給与引当金は，引当金の取り崩し時点でなければ損金に算入できないという固定概念は持たず，計上された引当金の内訳ごとに「債務の確定」を通じた損金算入時期に関する検討を行ったうえで，最終的な判断を行うことが望ましい。

特に同族会社を中心とした中小企業において，将来的に業績連動給与が認められた場合，損金算入時期がどの時点で可能になるのかといった点はとても重要であり，適切な時期に損金算入を行うことが，結果として広い意味で

の課税の公平につながるものと考察する。

[注]

1　令和12年までの間，10分の1ずつ縮小した額の引当を認める経過措置が設けられている（平30改正法附則25①）。

2　返品債権特別勘定の設定を行うことができる法人は，出版業を営む法人のうち，常時，その販売する出版業に係る棚卸資産の大部分につき，一定の特約を結んでいるものが，雑誌（週刊誌，旬刊誌，月刊誌等の定期刊行物をいう。）の販売を行う際に，返品債権特別勘定の繰入限度額以下の金額を，損金経理により返品債権特別勘定に繰り入れることができるとしている（法基通9-6-4）。

3　四方田彰「委託販売による収益の計上―返品調整引当金の廃止とその影響―」税法学580号（2018）121-130頁，四方田彰「変動対価概念の導入による税務上の課題―返品調整引当金の再考―」税務会計研究30号（2019）289-296頁。

4　EDINETの全文検索において検索条件を「提出本書類」のみとしたうえで，検索文字列を「株式給付引当金繰入額」とした際の検索結果は572件，同文字列を「株式報酬引当金繰入額」とした際の検索結果は70件であった。また，「株式給付引当金」とした際の検索結果は1673件であり，「株式報酬引当金」とした際の検索結果は240件となっていた（検索日時：2021年7月29日）。あくまでも一例にすぎないが，当該引当金の繰入時の仕訳については，現時点では「報酬」という名称よりも「給付」という名称を利用している企業が多いことが確認された。

5　「未払金」ではなく「引当金」とされる理由の1つに，報酬額が確定していない点を挙げることができる。つまり，業績条件等により後日，引当金として計上された金額が変更されることが想定されている。

6　EDINETの全文検索において検索条件を「提出本書類」のみとしたうえで検索を行った（検索日時：2021年7月29日）。

7　適格株式とは「株式を交付する場合　当該株式が市場価格のある株式又は市場価格のある株式と交換される株式」（法法34①二ロ）を指す。

8　藤曲武美「平成29年度役員給与税制の改正（業績連動給与）」税経通信72巻11号（2017）128頁。

9　法人税法22条3項2号の括弧書きにおいて「債務の確定しないものを除く」とあるため，別段の定めがあるものを除き，債務の確定しない販売費，一般管理費その他の費用は損金に算入することができないものと解されている。一方で，金子宏『租税法〔第24版〕』（弘文堂，2021）351頁によると法人税法22条3項2号括弧書きの債務の確定について「この趣旨に反しない限り『債務の確定』の意義は，いくらかゆるやかに解釈しても差し支えない」とあることからも，その費用とする内容について，債務の確定に関する趣旨に反しない限り，個別に検討を行うことが可能であるものと考えられる。

10　「債務の確定」に関する判定については，法人税基本通達 2-2-12 にある「債務確定 3
要件」を満たす必要があるが，渡辺徹也『スタンダード法人税法［第 2 版］』（弘文堂，
2019）95 頁によるとこれらの 3 要件は「債務確定に関する唯一の法的な基準と解する
べきではなく，具体的な場面に応じてケース・バイ・ケースで判断する余地は残されて
いると考えるべき」としている。

11　日本公認会計士協会会計制度委員会「インセンティブ報酬の会計処理に関する研究報
告」会計制度委員会研究報告第 15 号（2019）25 頁。

12　新たな自社株式保有スキーム検討会「株式交付信託の基本的な税務上の取扱い（別紙
1）」https://www.shintaku-kyokai.or.jp/archives/026/201902/esop01.pdf（最終閲覧日
2021 年 12 月 28 日）。

13　業績とそれ以外の内容に基づき信託を設定する株式報酬信託を，ハイブリッド型信託
という。

第 14 章担当　四方田　彰（税理士）

インセンティブ報酬に
対する提言

第15章

インセンティブ報酬の
会計上の取扱いに対する提言

I　はじめに

　これまでの章では，税務と会計の観点からインセンティブ報酬を検討してきた。インセンティブ報酬に関するあるべき会計処理を一意に抽出できそうもないことはすでに第6章で確認している。もちろん，学術的にそうした機能が期待されているのかはさておき，一意の解が導出できないからといって，実務の制度を未定のまま放置できない。実務で機能する制度を構築しようとすれば，複数の候補から選択する必要が生じるため，政治的判断が必要となる側面も存在するかもしれない。キャッシュフローのない取引を利益計算に取り込もうとすれば一定の擬制が必要となり，会計処理はそれに依存する。本章では，そういった困難を考慮しつつも，インセンティブ報酬制度に関する会計処理を具体的に提言するため，あるべき会計処理を議論していきたい。

II　各報酬制度の会計処理

　インセンティブ報酬の中には，キャッシュフローが存在しないものがあり，利益計算でそれらを考慮するには擬制を行う必要がある。実際の会計基準では，労働サービスそれ自体が費用計上する擬制が採用されている。とはいえ，これまで，労働サービスそれ自体が利益計算で考慮されることはなかった。論理として成立するとしても，労働サービスを瞬時的な資産とみる擬制は，

現実的ではない。第6章での検討より，ここでは，金銭報酬の支払いとそれに伴う従業員等の出資を擬制する。一致の原則に言及するまでもなく，企業会計は，本質的にはキャッシュフローの配分に依拠しており，金銭報酬に基づく擬制はより自然といえる。第5章や第14章では，実務における具体的な会計処理が検討されたが，ここでは，それらを踏まえて，提言すべき会計処理を示していきたい。

I.　金銭を対価とするインセンティブ報酬

（1）　金銭報酬

　報酬は，事前の契約により，勤務に対して金銭で支払われるのが一般的である。企業会計では，支出額が期間に応じて費用配分されており，支出と期間費用にズレが生じた場合には資産や負債が経過勘定として処理される。従業員等とは契約等によって一定の業務への従事が約束されており，そうした資産や負債はそれを根拠に正当化されている。労働市場は十分に効率的とはいえず，現状，市場から公正で妥当な給料水準が導出できる状況にない。したがって，公正価値で評価することが要請されているわけでもない。たしかに，論理的には，従業員等を利益の帰属主体とみなして金銭報酬を資本取引とし，これを損益計算書から排除すべきといった議論はあり得る。とはいえ，実務における金銭報酬の議論では，支給総額がいわゆる適切な期間損益計算に基づいて計上されるのみであり，そこに特段の論争はない。

（2）　パフォーマンスキャッシュ

　インセンティブ報酬が労働基準法第11条における賃金に該当するかはさておき，金銭報酬が，努力と連動すると期待される指標に基づくことがある。一定の業績等条件を達成することで報酬額が決定される金銭報酬制度をパフォーマンスキャッシュという。時間の経過とともに報酬が発生する通常の雇用契約とは対照的に，将来の利益や中長期的な業績指標などに報酬を連動させている。指標となる数値は観察可能であり，報酬に関する将来の経済的資源の減少を推測することは可能であろう。キャッシュフローがある以上，ここでは擬制の必要はない。労働サービスの対価が金銭である以上，負債が生

じると考えるのが自然である。

　一会計期間でパフォーマンスキャッシュが完結し，その期間に報酬が支払われれば，契約時にリスクがあったとしても，通常の金銭報酬と議論は同じとなる。しかしながら，複数の会計期間に及ぶ場合，会計処理は自明ではない。期末に負債が認識されるとしても，負債認識の条件の「過去の事象または取引の結果」を，契約締結そのものとみるか，その後の労働サービスが提供される事象とみるかによって議論は異なる。前者では報酬予測の全額が契約時に負債計上され，後者では，報酬予測のうち当該期間に帰属する部分に限定される[1]。時間の経過とともに報酬が生じる通常の金銭報酬では，負債も同様に，時間の経過とともに生じる。しかし，特段，時間の経過を前提としないパフォーマンスキャッシュでは，前者の議論が当然に排除されるわけではない[2]。

　もっとも，契約時に報酬予測全額を負債とすれば，同時に，将来の費用となる，資産認識の是非も問われる。従業員等を動機づける仕組みであり，企業の経済的価値を増加させうるため，契約時に資産を認識すべきという主張もあり得る。ただし，会計処理は可能だとしても，先行する財の変動も市場（公正価値）も存在しない契約に関する資産計上は考えにくい。本来，こうした経済的価値の上昇はのれんの実現をまって利益計算で考慮されてきた。契約により動機付けられる従業員等を支配しているわけでもないし，契約によって労働サービスを受け取る権利が確定するわけでもない。十分に労働サービスを受け取る保証がないからこそ，インセンティブ報酬制度を導入するのであった。契約時に報酬予測額全額を負債とするとしても，同額の資産計上は自然でない[3]。

　そうなると，「過去の事象または取引の結果」を契約それ自体とみて報酬予測全額を費用計上するか，労働サービスが提供されると想定される期間に費用配分するかが，パフォーマンスキャッシュにおける会計処理の論点となる。前者では，契約時以降，予測額が再評価され，負債の額が修正されていく。後者では，予測額の再評価によって，事後的に費用配分のあり方が修正されていく。時間とともに報酬が発生する状況が想定されない以上，該当する企業の報酬規程が，業績等条件が達成されれば直ちに報酬が支払われると

すれば契約時に予測額全額を負債計上し，他方で，将来の一定時点の業績等
条件が付され，実質的に一定期間の勤務条件が付されているとすれば費用配
分による処理が自然となる[4]。報酬に関する契約がどの期間のものかといっ
た報酬規程に費用配分は依存するわけである。具体的な会計処理は以下のよ
うになる。

契約締結それ自体に着目する場合

契約時	報酬費用 xx / 報酬債務 xx	金額は報酬予測額の全額
行使前の各期末	評価損益 x / 報酬債務 x	金額は報酬予測額の再評価分
権利行使時	報酬債務 xxx / 現金預金 xxx	

勤務期間の経過に着目する場合

契約時	仕訳なし	
行使前の各期末	報酬費用 x / 報酬引当金 x	金額は勤務期間と報酬予測額の変動を考慮した額
権利行使時	報酬引当金 xxx / 現金預金 xxx	

⑶　ファントムストックとストックアプリシエーションライト

　仮想の株式を付与し，権利行使時の株価相当額を支給するファントムスト
ックや，仮想行使価格と報酬算定時の株価との差額を金銭で受領できるスト
ックアプリシエーションライトを検討したい。株価と連動するものの，結果
として金銭が支給される点でパフォーマンスキャッシュと違いはなく，会計
処理も上記と同様となる。一会計期間で完結するのであれば特段の問題は生
じないし，金銭報酬であることから，ここで負債が生じうる点も同様である。
ここでも，負債認識の条件の「過去の事象または取引の結果」を，契約締結
そのものとみるか，その後の労働サービスが提供される事象とみるかによっ
て議論が分かれる。

　ファントムストックは，行使時の株価相当の金銭を支給するというだけで，
通常の勤務とは別個の労働サービスが提供されるかどうかは報酬支払の必要
条件でも十分条件でもない。負債認識の条件を報酬契約それ自体とみれば，
契約時に報酬予測額全額の負債が認識されるとともに同額の費用が計上され

る。その後，株価の変化に応じて負債が再評価される。資産がここで認識されない点は先の議論と同様である。他方で，退社すれば報酬の受け取りの権利を失うという意味で，継続的な勤務が必要条件となっているはずであり[5]，費用認識を勤務期間に依存させることもあり得る。そこでは，契約時には特段の処理をせず，勤務期間の経過とともに費用と負債が認識されていく。負債は，権利行使時点までに予測額に基づいて修正され，差分は損益となる[6]。仮想対象が株式かオプションかという違いはあれ，ストックアプリシエーションライトも議論の本質は同じとなる。

2. 株式等を対価とするインセンティブ報酬

次に，株式等が付与されるインセンティブ報酬の会計処理をみていきたい。企業会計は，基本的には，受託された財に関心があり，直接的なキャッシュフローが生じないため，株式等を対価とするインセンティブ報酬の会計処理を行わないことも考えられる。とはいえ，金銭報酬では費用が計上されるのに対し，株式報酬では費用が計上されないとすれば問題となりえる。金銭報酬の擬制によって，費用を認識することを前提としたい。

(I) 株式報酬

株式発行時，払い込まれた財で純資産を評価するのは，株主からどれだけ託され，それがどれだけ増加したかを利益によって表現しようとするからである。株式分割や有利発行の処理をみるまでもなく，有価証券としての株式発行それ自体ではなく，受託した財を記録するために純資産が評価されている。それは，資産や負債が重視されるといわれる近年の傾向とも十分に整合する。資産に属する有価証券であればまだしも，自己が発行する株式について，投資家が保有する有価証券の公正価値に着目しなければならない直接的な理由もない。

単純に，労働サービスの対価として株式を付与する場合，キャッシュフローがない以上，財務諸表に反映させるためには，擬制が必要となる。インセンティブ報酬の会計では，労働サービスと株式が等価で交換されるとみる擬制が主流であり，そこでは，株式の公正価値で労働サービスが評価され，同

額の費用と純資産が計上される。しかし，この擬制についてはすでに第6章で検討しており，もっとも基本的な株式報酬で適用する場合であっても問題が生じるのであった。

まず，株式発行時点でのみ労働サービスが提供されることは想定しにくく，株式発行時と労働サービス提供時にズレが生じる。労働サービスを資産として処理できないことはすでに第6章で検討された。金銭報酬の費用計上では，労働サービスでなく金銭の減少のみに着目するため問題はないが，労働サービスそれ自体に着目した擬制では，さきのズレを考慮すると，株式発行時以外に純資産を増加させるしかない。それに対して，単純な株式報酬を，金銭報酬と同時に従業員等による同額の出資があったとみる擬制は自然に適用できる。報酬委員会等，従業員等へ報酬規程が明確に規定してあるとすれば，この擬制が妥当と考えられる。

株式発行時	報酬費用 xxx ／ 現金預金 xxx 現金預金 xxx ／ 払込資本 xxx	金額は報酬規程によるが，株式時価と同額と仮定することは可能

(2) リストリクテッドストック

株式発行時，通常，純資産は払い込まれた財で評価され，誰に発行したかで評価が異なることはない。例えば，役員にはインサイダー取引の規制があり，金融商品取引法第166条など，自由に自社の株式を売買できず，結果として譲渡制限が付される状況もある。こうした譲渡制限が付された株式の経済的価値は，他の一般的な株主のものよりも低いはずである。しかし，株式を受け取る側の経済的価値が他の株主と異なるからといって，特段，会計処理が要求されるわけではない。受託された財に主たる関心があるのであった。

この点，譲渡制限を付した株式を事前に交付し，勤務期間に応じて当該制限を解除するリストリクテッドストックは，インサイダー取引の規制がかかる役員に株式を付与する状況と類似している。この会計処理について，付与時に資産と払込資本を認識し，譲渡制限が解除されるまでの期間に資産を費用に振り替える処理が第5章で紹介されている。この点，金銭報酬の擬制の下では，勤務期間を対象とした報酬であれば，株式発行時に報酬の前払もし

くは金銭の貸付がされ，即座に出資されたとみなす[7]。その後，計上された資産は勤務期間にわたって費用に振り替えられていく。報酬が契約以前の労働サービスに対する対価であれば，発行時に全額費用計上されることになる。報酬委員会等で報酬規定が明確であれば，費用総額はそれに依存する。

なお，一定期間の勤務条件が達成されなければ譲渡制限付きの株式は放棄されると想定する。その場合，資産の残りは，報酬の前払もしくは貸付の一部が回収不能ということで即座に償却される。ただし，株式が放棄されるのみで企業から財は流出しない。当初の金銭の出資が擬制された以上，発行済株式数が減少するのみであり，特段の会計処理は要求されず，純資産を直接減少させることはない。利益の帰属主体が，いったん出資を行った以上，その権利を放棄したとしても，利益が計上されるわけではない。リストリクテッドストックの一連の会計処理としては以下が提案される。

勤務期間に対する報酬とみる場合（勤務条件と業績等条件）

株式発行時	金銭債権 xxx / 現金預金 xxx 現金預金 xxx / 払込資本 xxx	金額は報酬規定によるが同額だけ株式発行されるとみなせる。
制限解除前の各期末	報酬費用 x / 金銭債権 x	
制限解除不可時	貸倒損失 x / 金銭債権 x	発行済株式数の減少

契約前の報酬とみる場合（業績等条件達成時に報酬が確定）

株式発行時	報酬費用 xxx / 現金預金 xxx 現金預金 xxx / 払込資本 xxx	金額は報酬規定によるが同額だけ株式発行されるとみなせる。
制限解除不可時	仕訳なし	発行済株式数の減少のみ

⑶　パフォーマンスシェア

パフォーマンスシェアとは，業績等条件の達成によって譲渡制限が解除される株式を事前に付与するものである。勤務期間が要求されるリストリクテッドストックに対して，業績等条件が要求される点が異なるが，会計処理は，上記のリストリクテッドストックと同様となる。さしあたっての問題は，一定の勤務期間と業績等条件のいずれもが要求されるか，それとも，一定の業

績等条件が達成されれば，即座に譲渡制限が解除されるかにある。

　一定の勤務期間が要求される場合には，その期間における金銭報酬を擬制する根拠となりうるため，勤務期間の費用配分が自然となる。もちろん，継続する勤務が要求されるからといって，業績等が主たる条件であり，インセンティブ報酬の期待する労働サービスが提供される保証はなにもない。他方で，特定の勤務期間が要求されず，一定の業績等条件が達成された時点で譲渡制限が解除される場合もあり得る。ここでは，費用認識するとしても，時間の経過とともに報酬が確定していくことすら想定できない。一定の業績等条件の達成が報酬契約に設定されるだけである。契約時に全額報酬費用を認識するのが妥当となる。

⑷　リストリクテッドストックユニット

　一定の勤務期間後に報酬として株式を交付するリストリクテッドストックユニットは，さしあたり，契約前または権利確定までの労働サービスに対する報酬と考えられる。勤務条件を達成すれば行使価格ゼロで株式を取得できる権利であり，オプションとみなせるため，議論の本質は後述のストックオプションと同じとなる。なお，金銭報酬の擬制を与件としても，契約時に金銭報酬と従業員等の株式引受権への投資を擬制するか，それとも，株式引受権に焦点をあてず，勤務期間にわたって金銭報酬の未払（負債）を擬制したうえで権利確定時に金銭の支払いとともに株式発行があったとみるかによって，会計処理は異なる。ここでは，さきのリストリクテッドストックの会計処理や，新株予約権を純資産とする現行の制度を考慮し，株式引受権に焦点をあてた契約時の擬制を与件とする[8]。

　この場合，契約時に，金銭報酬の前払（もしくは貸付）とともに，従業員等の株式引受権への投資が擬制される。実際にリストリクテッドストックユニットが付与される時点であり，この時点での擬制は不自然でない。一定の勤務条件があり，時間とともに報酬が確定していく状況から，勤務に応じて資産を費用に振り替える。純資産とされる株式引受権の保有者としての立場と従業員等の立場は独立であり，同一人物であっても，利益の帰属主体の活動から費用は生じないと考える必要はない。もっとも，契約前の期間を対象

とした報酬であれば契約時に全額費用計上するしかない。オプションを純資産とすれば評価替えは行わず，権利確定後，株式引受権は払込資本となる。途中で失効した場合，報酬の前払もしくは貸付の残高が費用処理され，株式引受権は収益となる。オプションへの投資は結果的に株式とは結びつかず，株主からみれば儲けとみなせるからである[9]。リストリクテッドストックユニットの会計処理は以下の通りとなる。

勤務期間を報酬の対象とする場合（勤務条件と業績条件）

契約時	金銭債権 xxx ／ 現金預金 xxx 現金預金 xxx ／ 株式引受権 xxx	金額は報酬規定によるが，同額のオプションが発行されたとみなせる。
権利確定前の各期末	報酬費用 x ／ 金銭債権 x	
権利確定時	株式引受権 xxx ／ 払込資本 xxx	
権利失効時	貸倒損失 x ／ 金銭債権 x 株式引受権 xxx ／ 株式引受権戻入 xxx	未振替相当額を貸倒損失

契約前の期間を報酬の対象とする場合（業績条件達成時に報酬が確定）

契約時	報酬費用 xxx ／ 現金預金 xxx 現金預金 xxx ／ 株式引受権 xxx	金額は報酬規定によるが，同額のオプションが発行されたとみなせる。
権利確定時	株式引受権 xxx ／ 払込資本 xxx	
権利失効時	株式引受権 xxx ／ 株式引受権戻入 xxx	

⑸　パフォーマンスシェアユニット

　一定の業績等条件の達成に応じて株式が交付される報酬制度をパフォーマンスシェアユニットという。これもオプションの一形態だが，将来の株価に加え，発行株式数もリスクにさらされる。契約時では，報酬規定に照らして一定の評価がされていると想定するが[10]，単位当たりのオプションそれ自体の経済的価値とオプション数の変動が同時に発生するため，評価はそれほど容易でない。

　リストリクテッドストックユニットと同様の擬制を与件とすれば，契約時に，金銭報酬の前払（もしくは貸付）と，従業員等の，行使価格ゼロで未定

の株式数を受け取る権利への投資が擬制される。勤務期間が要求される場合には，当該期間にわたって報酬費用が認識され，資産が費用に振り替えられていく。他方，これまで議論した会計処理を踏まえると，勤務期間が設定されない場合には，契約以前の報酬とみなし，契約時に金銭報酬が支払われたとして費用が認識される。

権利確定すれば，擬制された当初の払い込みを対価として株式が発行されたとみる。公正価値との乖離は生じうるが，払込額で純資産を評価するのが基本であった。他方，途中で退職，もしくは十分な業績等条件が達成されず失効した場合には，擬制された払込相当は収益に振り替えられる。評価はさておき，会計処理は，上述のリストリクテッドストックユニットと同じ会計処理となる。

⑹　ストックオプション

将来の一定期間内に一定の行使価格で株式を購入できる権利は，一般にストックオプションと呼ばれるが，ここでは，勤務条件が付されたものを検討する。契約後，一定の対象勤務期間が設定され，従業員等が条件達成後，ストックオプションが行使可能な状況となり，行使されれば行使価格で株式が発行され，一定期間内に行使されなければ失効する。第6章で検討した通り，対象勤務期間に負債を計上し，オプションの権利確定時に純資産とする論理は成立しうる。契約時，権利確定時，株式発行時に金銭報酬の擬制を行うことも考えられる。とはいえ，これまで検討した会計処理や，新株予約権を純資産とする制度を前提とすると，契約時に，金銭報酬の前払（もしくは貸付）と，従業員等が勤務条件の付された新株予約権に投資したとする擬制が自然となる。

その場合，契約時に金銭報酬の前払（もしくは貸付）と新株予約権が記録され，勤務期間に渡って資産が費用に振り替えられる。契約時に新株予約権への投資がされたとして，純資産を計上する以上，評価替えはしない。権利確定しなければ，資産の残りは回収不能となるため費用とされ，新株予約権は収益となる。権利が確定すれば，行使期間内のいつでも行使可能となるため，時間の経過に応じた費用配分はされず，費用配分の対象としない。行使

されれば，その分，払込資本が増加し，行使されなければ，収益となる。議論の本質は，すでにこれまでに検討されている。

契約時	金銭債権 xxx ／ 現金預金 xxx 現金預金 xxx ／ 新株予約権 xxx	金額は報酬規定によるが，同額のオプションが発行されたとみなせる。
権利確定 以前の期末	報酬費用 x ／ 金銭債権 x	
条件未達	貸倒損失 x ／ 金銭債権 x 新株予約権 xxx ／ 新株予約権戻入 xxx	未振替相当額を貸倒損失
行使時	新株予約権 xxx ／ 払込資本 xxxx 現金預金 x	
失効時	新株予約権 xxx ／ 新株予約権戻入 xxx	

⑺　株式交付信託

　株式交付信託とは，従業員等への報酬のため，企業が，信託に金銭もしくは自社の株式を託し，労働サービスの対価として，そこから従業員等へ株式を付与するものである。実際の制度は第14章で検討されているが，ここでは，外部の信託と企業を一体とみなせる状況を想定する[11]。報酬のためにのみ株式を信託するのであれば，企業が行う株式の管理業務を外部委託しているのと本質的に同じであり，信託への手数料を除き，企業と信託の取引を内部取引とみることができる。例えば企業から直接株式が信託される際に，簿価と公正価値の差が生じることがあり得るが，特段の会計処理は生じない[12]。

　従業員等に自社の株式を受け取る権利を付与した段階で，従業員等は株式引受権を得たことになる。ここで，金銭報酬と従業員等による株式引受権への投資が擬制され，報酬費用と株式引受権が認識される。株式は，実際には信託から引き渡されるものであり，企業に対する請求権ではないが，企業が行う株式の管理業務を外部委託しているだけとすれば，それらを区別する必要はそれほどない。株式が従業員等に交付された段階で，株式引受権が行使されたとみなし，払込資本を増加させる。報酬費用の金額は報酬規程に依存するが通常は株式引受権と同額となろう。

信託設定時	仕訳なし	自己株式を信託したとしても，管理委託の仮定から，仕訳なし。
権利付与時 (ポイント計上)時	報酬費用 xx / 現金預金 xx 現金預金 xx / 株式引受権 xx	
失効	株式引受権 xx / 株式引受権戻入 xx	
株式交付時	株式引受権 xxx / 払込資本 xxx	

Ⅲ　おわりに

　本章は，インセンティブ報酬に関する会計を扱ったこれまでの章を踏まえて，あるべき会計処理を提言した。まず，基準設定団体が採用している労働サービスそれ自体に着目した擬制ではなく，金銭報酬と従業員等の出資の擬制を採用した点は特徴的である。利益計算は，もともとキャッシュフローを基礎としており，金銭報酬の擬制はこの点でも優れている。それによって，一部の報酬制度で契約時の資産計上が可能となった。事後に株式が交付される報酬制度でも，契約当初に，オプションとみることで，報酬契約を純資産で処理した。さらには，株式の譲渡制限に関する議論を考慮外とした点も特徴的かもしれない。

　提案された一連の会計処理を俯瞰すると，金銭に基づく報酬は負債の認識，株式等に基づく報酬は純資産の認識に統一されたことで，第5章で検討された実務的な要請に対応できたことが分かる。前者では，負債のどの側面に着目するかによって測定の議論は分かれるが，それらを報酬規程に基づき，どの期間の報酬かという問題に帰着させることで実務的に操作しやすい処理となった。また，株式交付信託も含めて株式等に基づく報酬を，純資産を基礎とした処理に整理した点も，同様の効果がある。論理としては無数の会計処理があり得る状況の中で，本章では，検討された対象のみという限界はあるものの，実務で実行可能かつ論理として矛盾のない一連の会計処理が提言されているといえよう。

[注]

1 　将来の除去支出の予測額相当を負債の測定の基礎とする資産除去債務の議論と，将来の給付のうち当期以前に帰属する部分を負債とする退職給付引当金の議論と類似ともいえる。

2 　詳細は第5章で検討しているが，会計制度委員会研究報告第15号では業務への従事そのものではなく，別個に意欲向上のための誘因をインセンティブとしている（14頁）。

3 　使用権を資産計上するとみるリース資産の議論と比較しても，リースでは実物の資産が使用されているという点でも同じとはいえない。契約資産や契約負債の議論を参照。

4 　なお，ここでの議論を，ストックを重視するかフローを重視するかという議論と結びつける論者もいるかもしれないが，本章では，そうした議論が有意味とは考えておらず，負債の認識要件の解釈の問題と捉えている。いずれの状況でもストックとフローは存在しており，いずれを重視するかという問題ではない。

5 　継続的な勤務は一般的な基本報酬がその対価となっているはずであり，インセンティブ報酬をその対価とみるのは，本来は不自然であろう。

6 　なお，株価が将来の予測を織り込むことから，従業員等が労働サービスを提供する前に，報酬が支払われるかもしれない。とはいえ，ファントムストックは労働サービスの提供を契約したものではないため，支払後のそうした期待を資産として認識することはないと思われる。

7 　資産性に議論があることは第5章でも触れられており，第6章で検討しているので参照されたい。とはいえ，実際にインセンティブ報酬が契約された事実，企業に擬制の根拠となる報酬契約の内規等があれば，資産の認識を支持する要素となるであろう。インセンティブ報酬が契約された事実は，擬制のきっかけとなり，擬制が正当化されればキャッシュフローが生じたとみなせるからである。とはいえ，誰も検証できない労働サービスを費用とする現行の会計基準における費用の正当性とここでの資産性の正当性は相対的な問題といえるかもしれない。株式報酬に基づくインセンティブ報酬をオフバランスする考え方を棄却できない以上，それを規準とすれば疑義が生じるのは避けられない。

8 　オプションが現行の負債の定義に合わないのは自明であるが，資産と負債の差額を純資産と定義すると，結果として純資産の定義があいまいになる。本章では，負債の定義も利益の帰属も明確にするため，企業会計基準第8号の扱いに準じて新株予約権等を処理することを前提とする。

9 　もっとも，オプション保有者を利益の帰属主体とするのであれば，ここで収益は生じない。

10 　会計独自の評価としては，将来の株価の代理（おそらくは契約時の株価）に権利確定時の予想発行株式数を乗じて計算されると思われる。

11 　いわゆる総額法が適用される状況となる。詳細は，第5章を参照。

12 　信託の保有する株式への配当も，内部取引としてみる限り，帳簿上は，なかったこととなる。信託の詳細は第5章，第14章を参照。

第15章担当　鈴木大介（麗澤大学）

第16章

インセンティブ報酬の
税法上の取扱いに対する提言

I　はじめに

　本書のこれまでの議論を踏まえ，インセンティブ報酬の税法上の取扱いに対する提言を行う。ここでは主として，第12章によって示された同族会社が支給する業績連動給与の損金算入規定の採用を提言する。

II　インセンティブ報酬に限定されない広範な議論

I.　現行役員給与税制を一から新たに設計

　第9章では，次のような見解が示されている。

　役員給与税制の背後にある考え方の候補として，①費用性の否定，②課税の公平，③恣意性の排除，④課税上の弊害を挙げることができる。①に関して，現行の役員給与税制について，法人税法が一定の役員給与を損金不算入とする実質的な根拠には，職務執行の対価としての性質が希薄なもの，すなわち収益に対応する費用としての性質が希薄なものが含まれている―詰めるべき点は残されているものの，差し当たり，費用性否定説，あるいは費用性が否定されるものを利益の処分という概念で括るという意味における利益処分説―という考え方が存在する可能性がある。もっとも，これらの重みづけや関係性は必ずしも判然としないという問題は残る。

　また，第9章では，次のような見解が示されている。

〔1〕現行の基本3類型に係る規定（規制）との関係では，③恣意性の排除という考え方の存在感が増している一方で，②課税の公平，あるいは④課税上の弊害に加えて，①費用性の否定という考え方が根強く残っており，これらが混在している可能性もある。

〔2〕基本3類型の規定内容が形式基準を取り入れたものという見方を前提として，このことによって，規定の背後に存在する主たる考え方ないし趣旨と，実際の規定との間に生じる離齬を把握し，除去するような解釈論，あるいは立法論的な営みが求められることになるのではないか。

　例えば，形式基準である以上，その背後に存在する主たる考え方や趣旨との関係において過大包摂ないし過小包摂の可能性が生じることは否めない。一例を挙げるとすれば，役員給与の支給時期を恣意的に操作するような処理をしたことで，定期同額給与規制や事前確定届出給与規制に抵触して，損金不算入とされるケースを挙げる。③恣意性の排除という観点のみから損金不算入を導くならば，しかるべき時期に損金算入を認める設計もありうる。いわゆる決算賞与の支給時期を恣意的に操作して，計上した場合，使用人賞与の損金算入時期を定める法人税法施行令72条の3によってその計上時においては損金不算入となる可能性はあるが，しかるべき時期に損金算入が認められうる。しかしながら，定期同額給与規制や事前確定届出給与規制に抵触した役員給与については，その全額が永久に損金不算入となる。この意味で一種の過大包摂ないし過大規制となっているという見方もありうると指摘している。

　かような見解を踏まえて，一度，現行の役員給与税制を解体し，一から新たに建て直すような方向性について，付言しておく。定期同額給与規制における定期性や同額性の要件，事前確定届出給与における事前の届出の要件，業績連動給与における客観性や開示など各種の要件を眺めてみると，役員給与が職務執行の対価である限り，損金算入が原則であるという基本的な考え方から大きく乖離しているのではないか，と批判的な評価もなしうる。そもそも，過大役員給与規定（法法34②，法令70）や債務確定基準（法法22③二括弧書）があるにもかかわらず基本3類型のような詳細かつ厳格な規制を用

意する必要があるのかという点について，疑問を提起するような見方も成り立ちうる。

これらと同じような視座から，例えば，過大役員給与規定や債務確定基準の射程範囲外ではあるが，損金不算入とすべき役員給与の類型を個別具体的に列挙して損金不算入とし，それ以外は原則どおり損金算入を認めるような改革を検討することも考えられる。これによって，原則損金算入という立場が現行制度よりも明確になるし，損金算入の範囲は現行制度よりも広がるはずである。ここでいう損金不算入とすべき役員給与の類型として，利益がある場合に限り利益に一定率を乗じた額を役員給与として支給するような利益連動型の給与などを候補に挙げることができよう。ただし，利益処分的なものを認めないという伝統的な考え方の残滓の存在を容認するか否かは議論を呼ぶことが予想される。

いずれにしても，一度，現行役員給与税制の骨組みを解体し，一から新たに建て直すのであれば，インセンティブ報酬に限定されない広範な議論が必要となる。

2. 所得税法や使用人給与との関係や整合性

上記 1. は法人税法における役員給与税制を一から新たに建て直す議論であったが，第 8 章は，より広い視野をもち，税法上の「給与」という観点から考察を行っている。第 8 章では次のような問いを立てる。

> 「税法上の給与所得該当性として，最高裁昭和 56 年 4 月 24 日判決（弁護士顧問料事件）によって確立されたとする，『従属性』及び『非独立性』の要件からの検討が想起される。しかし，インセンティブ報酬を含めた現物給付はともかく，債務免除益のような経済的利益がこれらの要件によってどのように給与所得に該当すると示されるのか，また，その給与所得該当性には使用人給与と役員給与との間に差異が生じるのか」

このうち，「債務免除益のような経済的利益がこれらの要件によってどのように給与所得に該当すると示されるのか」という問いに対して，第 8 章は

次のような回答を用意する。

　　「通常，債務免除益と同様にストックオプション等の株式報酬では，労働法制上の報酬の労務対償性（賃金性）を見出し得ないとされる。しかし，税務上，債務免除益は賞与として，また，株式報酬は労務提供の対価として給与所得とされる。これは，税法上で支給側と受給側とで一体となって金銭以外の経済的利益を給与と捉えること，つまり，『勤労者たる地位』に基づく広義の給与所得該当性から導かれる」

　また，「給与所得該当性には使用人給与と役員給与との間に差異が生じるのか」という問いに対しては，次のように回答している。

　　「使用人か役員かという待遇の違いについても労働法制からは同様に『勤労者たる地位』としての労働者性が認められることについては差異がない。
　　しかし，法人税法上の使用人給与と役員給与における差異としては，役員給与が形式的要件を重視し，実質的要件を劣後させている関係から，使用人給与の給与所得該当性及び労働法制上の労働者性の判断において，形式よりも実質を重視しようとすることとの不整合がみてとれるのであり，また，インセンティブ報酬における給与所得該当性についても，その種類が多様となっている以上，それらの所得が一様に給与所得で良いのかという疑念も生じる。このように，給与所得該当性を広義で包括的に捉えたとしても，個別論点としては様々問題が生じている。これは，狭義の給与所得該当性で捉えるべき問題である。
　　したがって，税法上の給与は，特に受給者側では，使用人給与や役員給与を問わず，広義の給与所得該当性を狭める判断基準をどのように置けば良いか，また，その基準をどのように客観的に説明することができるかが問われているということになろう」

　いわば，第8章では，所得税法や使用人給与との関係や整合性を念頭に役

員給与税制を眺めているのである。この意味で，インセンティブ報酬に限定されない広範な議論を要請するものといえる。

Ⅲ　インセンティブ報酬の税法上の取扱いに対する提言

　上記Ⅱとは異なり，現行の役員給与税制をベースに，各規定を手直ししたり，付加・削減したりするような提言の方向性も考えられる。本書の主題であるインセンティブ報酬の税法上の取扱いにターゲットを絞った提言を目指す試みといい換えてもよい。そこで，以下では，本書のこれまでの議論を踏まえて，主として，インセンティブ報酬の税法上の取扱い，とりわけ法人税法における業績連動給与規制の取扱いに係る考察と提言を行う。

1.　議論の素地

(1)　現行の業績連動給与規制の背後にある考え方

　現在の業績連動給与規制をベースに，各規定を手直ししたり，付加・削減をしたりする場合，かかる議論の素地として，現行の業績連動給与規制の内容に加えて，その背後にある考え方，趣旨に関する理解を示しておくことは有益である。

　第10章では，業績連動給与の損金算入要件のうち，客観性要件を充足するか否かという点について，その法解釈が争われた裁決事例（令和元年6月7日裁決・大裁（法）平30-79/タインズF0-2-912。以下「本裁決」という）を考察し，次の通り指摘する。

　　　本裁決が「支給時期・支給額に対する恣意性の排除の観点から，支給時期・支給額の決定に恣意が働かないような算定方法として，『客観的なもの』という文言について，『当該算定方法に利益に関する指標等をあてはめさえすれば個々の業務執行役員に対して支払われるべき利益連動給与の額が自動的に算出される算定方法であることを要』することを明示したことは，今後の課税実務上の判断にあたり，参考となるだろう。」

　かかる指摘によれば，本裁決は，「恣意性の排除」という趣旨を重視して，法人税法 34 条 1 項 3 号イの「客観的なもの」という条文の解釈を展開したものといえる。また，第 10 章は次の指摘も行っている。

　　「本裁決において『客観的なもの』に係る判断基準が示されたことは，その文言に従って，それが『客観的なもの』と判断されるならば，法人税法 34 条 1 項三号の規定ぶりから，この規定に係る 3 つのサブ要件の①確定額等を限度とし，かつ，他の業務執行役員に対して支給する業績連動給与に係る算定方法と同様のものであること（法 34 ①三イ(1)），②報酬委員会が決定をしているなど適正な手続き（適正性）を経ていること（法 34 ①三イ(2)），③その内容が，有価証券報告書等で開示（透明性）していること（法 34 ①三イ(3)）の要件が，初めて次に検討すべき条文の要件として生きてくる。この点に，算定方法が『客観的なもの』の判断基準を満たす意義があるのだと考える。そして，算定方法が『客観的なもの』と判断されれば，そのことを発端に，業績連動給与規制に重要な地位を占める『支給の適正性・透明性』を確保する道筋を作ることとなるため，本裁決が客観的要件を具体的に示したことについても意義があるといえよう」

　かかる指摘にあるように，第 10 章は，恣意性の排除という趣旨を重視して，法人税法 34 条 1 項 3 号イの「客観的なもの」という条文の解釈を展開した本裁決は，業績連動給与規制において重要な地位を占める「支給の適正性・透明性」を確保する道筋を作る役割を果たすものと積極的評価を与えている。もっとも，現行の業績連動給与規制について，恣意性の排除という趣旨のみで説明できるか否かという点は議論の余地がある。仮に，恣意性の排除以外の趣旨が存在するならば，同規制の内部で生じている価値判断の序列や価値判断同士の衝突の問題にも目配りしなければならない。この点に関して，第 9 章は，次の見解を示す。

　　「業績連動給与の損金算入要件は定期同額給与や事前確定届出給与よ

りも，一層，厳格なものであるし，一般の中小企業が業績連動給与を損
金の額に算入することは想定されていないことも明らかである。業績連
動給与について，法が事前確定届出給与とは別枠で用意し，客観性や適
正性を確保しようとして一層，厳格な要件を設けたのは，やはり，業績
連動給与は本来的には利益処分として損金に算入されるべきではない，
費用性が希薄であるという考え方，あるいは，少なくとも利益処分的な
役員給与が損金に算入されることに対する根強い警戒心が改正後におい
ても，なお生きながらえている証左であるといえるのではないか」

　補足すると，上述の通り，現行の役員給与税制の背後にある考え方の候補
として，①費用性の否定，②課税の公平，③恣意性の排除，④課税上の弊害
を挙げることが可能であり，中でも③恣意性の排除という考え方の存在感が
増している。これらの重みづけや関係性は必ずしも判然としないものの，業
績連動給与規制に関していえば，①費用性の否定，すなわち，業績連動給与
は本来的には利益処分として損金に算入されるべきではない，費用性が希薄
であるという考え方，あるいは，少なくとも利益処分的な役員給与が損金に
算入されることに対する根強い警戒心が今もなお生きながらえている。逆に
いえば，少なくとも，利益処分的なものではなく，かつ，恣意性の排除が確
保されるのであれば，損金算入が認められる業績連動給与の範囲はもう少し
広がる可能性がある。次の 2.でさらに具体的に考察するが，例えば，中小
会社あるいは同族会社を対象とした業績連動給与の損金算入も認められる可
能性がある。
　もっとも，利益処分的な役員給与が損金に算入されることに対する根強い
警戒心を抱きながらも業績連動給与の損金算入制度の採用が認められた理由
がコーポレートガバナンスへの配慮という主として外在的要因であるならば，
法人税法の外の世界の動向も注視しておくべきである。

⑵　法人税法と外部規範との関係
　法人税法と外部規範との関係についても論及しておく。第11章では，次
のような見解を示している。

　「会社法と税法との兼ね合いからは，コーポレートガバナンス（以下，『CG』という）・コードの位置づけを，外部からみることのできる社内統制の客観的指標と位置づけており，会社法というハードローに対して会社が任意に変更できるソフトローとしての働きを期待しているものである。そのうえで，会社法と税法とをどのように調整していくかという問題を解決しなければならない」

　かかる指摘を税法の視座からみつめ直すならば，会社法及びコーポレートガバナンスという2つの外部規範と税法との関係をどのように捉えるべきかという問題認識が浮かび上がってくる。また，第11章は，近年の業績連動給与税制に関する税制改正は，「役員に適切なインセンティブを付与するための規律の整備に関する論点の検討」にみられるようなコーポレートガバナンスを踏まえたインセンティブの考え方が採用された結果として捉えられるものであるという理解を前提として，次の通り指摘する。

　「CGは，所有と経営が分離した企業における株主と経営者間のエージェンシー問題を解決するためにも有力な手段とされる。この観点からエージェンシー問題解決の有力な手段として考えられたものが，経営者の私的利益と株主の利益の不一致を防ぐために，経営者の役員報酬を業績に連動させる業績連動型報酬であった。したがって，業績連動給与税制がCGに求める役割とは，業績連動給与における恣意性の排除，及び適正なインセンティブの付加基準ということになろう。
　他方で，これらの改正は，企業価値の向上に向けて業績連動給与をいかに普及させるかという観点が際立っており，『対象役員の職務執行の対価として，支給の透明性や適正性を確保する』という観点からは些か遠ざかっている印象を受ける。CGコードに従っていれば支給の透明性や適正性が担保されるということであれば，当該コードは会社内部のみの規則であるソフトローとしてではなく，外部規範性を持つハードローとしての役割を果たしていることになる」

　そして，第11章は，CGコードについて，「あくまでもその位置づけを規範（ハードロー）ではなく，会社の個別の状況に応じて尊重されるべきもの（ソフトロー）としているところからも，業績連動給与税制が当該コードに求める『透明性や適正性の担保となり得る指針』の拠り所としての役割には齟齬があるように見受けられる」とし，「対象役員の職務執行の対価として，支給の透明性や適正性を確保すること」に疑義が生じていると指摘する。

　第11章におけるこの一連の指摘は，CGコードや会社法という法人税法の外側に存在する外部規範との関係を法人税法がどのように築いていくべきなのか，外部規範にどのような事項を委ねることができるのか，ここからさらに発展させて，逆に，外部規範から法人税法に対して要請される事項があるとすれば，それについて同法がどのように対応するべきであるかという点について，議論を深める必要があることを示唆する。例えば，法人税法は，これらの外部規範が目的とするところを支援したり，それに迎合したりすべきであるのか，逆に，法人税法は，これらの外部規範を自らの目的を達成するために利用すべきであるのか，というような問いを立てることもできる。いずれにしても，法人税法が，目的や価値判断の基準の異なる外部規範を無批判に取り込むことは妥当でないし，取り込むにしてもどのような調整を施す必要があるのか，何らかの支障をきたさないかといった問題視点をあらかじめ丁寧に議論しておくべきである。

　後述する同族会社が支給する業績連動給与の損金算入規定の導入を検討するに当たっても，かような外部規範との関係や外部規範から法人税法への要請事項に対する対応を念頭に置いて考察を行うことが考えられる。むしろ，本章は，同規定の導入を提言するとしても，かような問題が存在すること，さらにいえば，かかる問題の克服をも試みるような，より根本的な議論の必要性が存在することを自覚している。

2.　同族会社が支給する業績連動給与の損金算入規定の提言

　以下では，法人税法において，同族会社が支給する業績連動給与の損金算入規定を採用することを提言する。具体的には，第12章は，現行税制では損金算入が認められていない同族会社が支給する業績連動給与について，そ

の損金算入が可能となる道を模索し，上記提言へとつなげている。すなわち，第12章は，業績連動給与が有価証券報告書を有する企業の100％子会社以外の同族会社に適用できない理由を改めて確認し，将来的に，同族会社への適用に道筋をつけるためには，どのような前提条件が必要となるのかといった点について考察を行っている。

第12章は，同族会社に業績連動給与を適用することができない理由は様々考えられるとしたうえで，そもそもなぜそのような規制を受ける必要があるのか，想定できる理由を検討する。その候補として，(1)会社の所有と経営が分離していないためお手盛りとなること，(2)役員給与の算定について「適正性」や「透明性」の確保が難しいこと，(3)株式が上場されていないことから株価を参照することができないこと，を挙げる。

第12章は，上記(1)について，平成18年に利益連動給与が導入された当時から指摘されてきた点であり，同族会社においては永遠の課題でもあるといっても過言ではないが，同族会社であっても，所有と経営が分離できている場合もまったく無い訳ではないことを指摘する。厳密にいえば，同族会社とされる中にも，複数の取締役や監査役が存在し，大企業並のコンプライアンスが維持できている同族会社もあれば，100％株主でもある代表取締役が1人で経営する同族会社も存在する。いずれにしても，役員給与に関していえば，上場企業のような透明性のある開示が行われていないため，一部の経営者の強い意向による恣意的な決定が排除されているとはいい切れないという。

筆者としては，同族会社については，法人税法132条の適用があるし，過大役員給与規定の適用もあるところ，これらの規定で対応できない，何か具体的な課税上の弊害があるのであろうかという疑問を示しておきたい。立案担当者にはその想定している具体的な弊害を示してもらいたい。これが示されることによって，同族会社に対して業績連動給与の適用を認めない現行税制が過大な規制となっていないかどうか，現行税制を改正する場合にどのような改正像を描くことができるかという点について，より具体的に論ずることができるようになる。

第12章は，(2)の役員給与の算定について，「適正性」や「透明性」の確保は正直なところ難しく，多くの同族会社は(1)にある通り，所有と経営が分離

していないため，役員給与については株主でもある代表取締役が，過去の報酬支給の実績や，業績の見通し，代表者個人の家計の状況等により決定されるケースが多く，恣意的である点は否定できない，とする。本来，「適正性」や「透明性」を確保する目的は，株主を中心とする一定の利害関係者に対し，役員給与であれば算定の基となった根拠を示すことにある。そのため，株主イコール経営者であるケースが圧倒的に多い同族会社においては，「適正性」や「透明性」の必要性についてはあまり議論されてこなかったとことも挙げる。

　筆者としては，そもそも，一般論としても，あるいは個別の法人との関係においても，株主による役員給与に係るガバナンスがどこまで意味をなすのか，有効であるのか，という問いを立てることも可能であると解している（この点は，第3章も参考になるであろう）。あるいは，事前確定届出給与規制における事前の届出のように，「適正性」や「透明性」を確保するために課税庁が（事後的な税務調査のほかに）何らかの役割を果たすような制度設計も十分考えられる。もっとも，ここでいう「適正性」とはどのようなものであろうか。これは，損金の算入額に係る「適正性」であろうか。過大役員給与規定は別途用意されていることを考慮すると，役員の職務執行の対価として不相当に高額であるか否かという観点からの「適正性」ではないか，少なくともこのような観点にとどまらないように思われる。あるいは，損金の算入時期に係る「適正性」であろうか。この場合は法人税法22条3項2号括弧書が定める費用の損金算入時期を決定する債務確定基準によって一応の規律がなされているはずであるから，やはり，少なくとも債務確定基準とは異なる観点からの「適正性」が想定されているのであろうか。

　第12章は，(3)について，本質的な問題というよりも形式的な問題であり，同族会社の株式は市場に公開されていないため，いわゆる公開企業における市場取引の結果としての株価を算定の根拠とすることができないのは当然であること，株価以外の指標を使って業績連動給与の算定を行うことが可能であるため本質的な問題点とはいえないことを指摘する。そして，取引相場のない株式の評価として，会社の規模に応じて類似業種比準方式や純資産価額方式を組み合わせて評価することは可能であるが，こうした株式の評価額は

あくまでも相続や贈与などの際に算出することを前提としているため，上場企業等の株価と同義に取り扱うことはできないという見解を示す。その理由として，中小企業の M&A の際に算出される株価については，こうした評価方式は参考にされる程度であり，実質的な売買価額になることは考えにくいことを挙げる。

第12章は，上記以外にも，業績連動給与を損金に算入する規定を同族会社に適用できない理由は考えられるが，同族会社において上記⑵の役員給与の算定について「適正性」や「透明性」の確保ができれば，同規定が同族会社においても適用可能であると仮定した場合，どのようにすれば「適正性」や「透明性」の確保を行うことができるかという点を検討している。

かかる検討において前提とされた，同族会社において上記⑵の役員給与の算定について「適正性」や「透明性」の確保ができれば，同規定が同族会社においても適用可能であるという仮定は，当を得ている。利益処分的なものではなく，かつ，恣意性の排除が確保されるのであれば，中小会社あるいは同族会社を対象とした業績連動給与の損金算入も認められる可能性があることは既述の通りである。

かように，第12章は，業績連動給与を同族会社に適用するためには，「適正性」と「透明性」の確保が必要であるとしたうえで，「適正性」の確保については，社外監査役等の利用を促進し，税理士等による業績連動給与に関するチェックリストの導入を行い，「透明性」の確保については，同族会社における決算公告制度の拡充と利用促進，もしくは，同族会社版のEDINET を導入することで，実現の可能性があると論じる。

ここでは，法人税法が業績連動給与規制によって確保しようとしている「適正性」とはどのようなものであろうか，という疑問は残るが，役員給与に係る支給の基準や決定方法・手順等における「適正性」であるとすれば，第12章が提案している適正性の確保の方法は，現実的なものとして一考に値する。また，第12章が提案する透明性の確保の方法についても同様の評価を与えることができよう。

現行の業績連動給与規制は，個々の法人に対して，所有と経営が分離しているか否か，分離しているとすればどの程度分離しているのかを個別に判定

するのは執行コストが高くなるため（同族会社という）形式基準を採用したという趣旨を含みもつかもしれない。そうであれば，同族会社という形式基準を廃止することには相当の抵抗があることも予想される。もっとも，第12章における提案は，複数の取締役や監査役が存在することをもって，所有と経営が分離されていることの1つのメルクマールと捉えているようであり，その限りで，上記のような形式基準との親和性を認めることは可能である。

　いずれにしても，同族会社であるか否かが重要な問題であるのか，所有と経営が分離しているのかが問題であるのか，あるいは（業績連動給与の損金算入を認める規定との関係で）他に本質的な要素があるのかなど，議論を深める余地は数多く残されている。

IV　その他の個別的論点

　本書においては，インセンティブ報酬の税法上の取扱いに関して，必ずしも現時点において具体的な提言には至らなかったものの，今後の提言につながるようないくつかの有益な指摘がなされているので，ここで確認しておく。

1.　業績連動給与引当金の損金算入に関する検討

　第14章では，業績連動型報酬の中でも株式交付信託の取扱いに焦点を当て，とりわけ当該報酬の引当金に関する損金算入時期を検討している。株式交付信託のポイント（「業績によるポイント」，「役員の地位・役職等によるポイント」，「在任期間によるポイント」）として付与され報酬額として引当金に計上された内訳を詳細に区分したうえで，内訳ごとに損金算入時期を検討することが有効であると指摘している。株式交付信託のポイントに基づく報酬額のうち，「役員の地位・役職等」や「在任期間」等のポイントに基づく報酬額については，業績連動給与引当金として計上されていたとしても，各期において既に債務が確定（法法22③二括弧書）しているものとすることで，損金に算入しても差し支えないというのである。

　この点については，債務確定基準の検討が必要となるが，より注意を向け

231

ておきたいのは，第14章が「特に同族会社を中心とした中小企業において，将来的に業績連動給与が認められた場合，損金算入時期がどの時点で可能になるのかといった点はとても重要であり，適切な時期に損金算入を行うことが，結果として広い意味での課税の公平につながる」という指摘をしていることである。ここでは，同族会社が支給する業績連動給与の損金算入規定に係る提言とのつながりが強く意識されていることに気が付く。かかる提言の後に検討すべき課題が既に示されているのである。

2.　業績連動給与に係る法人側と役員側の取扱いの不一致

　第10章は，業績連動給与に関して，特定譲渡制限付株式及び特定新株予約権ともに，法人側と役員側で，損金算入が認められる時期と所得課税を受ける時期は一致するものの，金額（損金算入額と収入額）は一致していないところ，この不一致は，制度の不備ともいえ，課税の公平の観点からも問題であることを指摘している。

　第10章は，例えば，役員が報酬債権として月額150万円を現物出資することで，特定譲渡制限付株式の交付を受け，法人は役員報酬として月額150万円の特定譲渡制限付株式を交付していたが，譲渡制限解除時の当該株式の時価が200万円であった場合，当該特定譲渡制限付株式について，譲渡制限解除時に法人が損金算入できる金額は150万円となる一方で，譲渡制限解除時に役員の収入金額は，譲渡制限解除時の価額（所法84①）であるため，200万円となる，という例を示す。そして，「これは，特定新株予約権の場合も同様であり，役員が当該新株予約権を行使して課税を受ける金額（権利行使時の価額－払込金額）と，法人が損金算入できることとなる金額（特定新株予約権の交付時における価額）は一致しない」ことを指摘したうえで，立法論的見解も検討の余地があると論じる。役員における所得税法上の所得分類に係る議論も含めて，今後，検討が必要であろう。

3.　事前確定届出給与と実質的判断

　第13章では，事前確定届出給与に係る冬季賞与と夏季賞与のうち，後者については業績悪化を理由に臨時株主総会決議によって減額する旨の決議を

経て減額支給した（事前確定届出給与に関する変更届出（法令69⑤）は提出していない）場合に両賞与を損金不算入とした裁判例（東京地判平成24年10月9日訟月59巻12号3182頁，東京高判平成25年3月14日訟月59巻12号3217頁。以下「本判決」という）の分析を通じて，次の指摘を行っている。

　「本件における納税者の主張，すなわち，事前確定届出給与は事前の定めにより支給の恣意性が排除されており，それについて損金算入を許したとしても課税の公平を害することや租税回避の弊害を生ずることはない場合には，届出がされた支給額と実際の支給額とが異なる場合であっても，実際の支給額が減額された場合は，損金の額が減額され，法人の課税所得が増額されるのであるから，課税の公平を害することや租税回避の弊害を生ずることはないという論理を踏まえれば，そもそも，届出内容が変更されて支給された事前確定届出給与についても，減額された支給が利益処分的な性格ではなく，職務執行の対価としての費用性があり，その支給に恣意性が排除されていると判断できるならば，損金算入を認めることを検討する余地があるだろう。

　このように解すると，そもそも『法人税法34条1項2号は，一の職務執行期間中の全期間を一個の単位とする旨を何ら規定していない』のであるから，一の職務執行期間中に複数回にわたる支給がされた場合においても，個々の支給ごとに判定して，恣意的な支給のみを損金不算入とすれば，役員給与の支給の恣意性は排除できるという実質を重視した結論につながる」

　ここでは，「恣意性の排除」を形式的ではなく，実質的に判断することが強く主張されている点が注目されよう。もっとも，「届出内容が変更されて支給された事前確定届出給与についても，減額された支給が利益処分的な性格ではなく，職務執行の対価としての費用性があり，その支給に恣意性が排除されていると判断できるならば，損金算入を認めることを検討する余地がある」という部分について，解釈論として正当化するのか，あるいは立法論の下地とすべきなのか，という観点から議論を尽くす余地もある。立法的解

決も選択肢の1つに入れて，議論を重ねるべきであろう。

V　おわりに

　本章では，同族会社が支給する業績連動給与の損金算入規定の採用を提言した。

　第12章は，現行税制では損金算入が認められていない同族会社が支給する業績連動給与について，その損金算入が可能となる道を模索し，上記提言へとつなげている。すなわち，業績連動給与が有価証券報告書を有する企業の100％子会社以外の同族会社に適用できない理由を改めて確認し，将来的に，同族会社への適用に道筋をつけるためには，どのような前提条件が必要となるのかといった点について考察を行っている。

　業績連動給与を同族会社に適用するためには，「適正性」と「透明性」の確保を要するところ，第12章において指摘されているように，「適正性」の確保については，社外監査役等の利用を促進し，税理士等による業績連動給与に関するチェックリストの導入を行い，「透明性」の確保については，同族会社における決算公告制度の拡充と利用促進，もしくは，同族会社版のEDINETを導入するという制度設計がありうる。

　もっとも，同族会社であるか否かが重要な問題であるのか，所有と経営が分離しているのかが問題であるのか，あるいは（業績連動給与の損金算入を認める規定との関係で）他に本質的な要素があるのかという点に加えて，社外監査役や税理士等によって適正性を確保するという仕組みはどこまで実効性があるか，課税の公平性や中立性の観点からどのように正当化されるか，実際にニーズがあるのか[1]，（前記III 1.⑵の外部規範と法人税法に関する言明との関係では）今後，同族会社や中小企業に対しても（例えば，中小企業版CGコードの採用など）中長期的な企業価値の向上を図る取組が進められるか，など検討すべき点は多く残されている。

［注］
　1　日本商工会議所の「令和4年度税制改正に関する意見」（2021年9月15日）には，

次の通り,「業績連動給与の同族会社への適用」が織り込まれている。

　「役員給与は,会社法で求める手続き以上の制限を課すべきはなく,原則,全額損金算入とすべきである。少なくとも,非同族会社にのみ認められている業績連動給与に関しては,中小企業経営者の成長への意欲向上を図る観点から,中小企業にも対応可能な簡素な仕組み(中小企業向けの税務コーポレートガバナンス制度の創設等)としたうえで,適用対象を拡大すべきである。」(https://www.jcci.or.jp/news/2021/0916150000.html(最終閲覧日 2021 年 12 月 1 日))。

第 16 章担当　泉　絢也(千葉商科大学)

インセンティブ報酬の
会計と税法の検討に関する総括

I　はじめに

　本書のここまでの議論を整理すれば次のようになる。本書では，インセンティブ報酬を会計や税法に限定せず，広範に捉えて検討を行っている。このため，第I部では，インセンティブ報酬の概要，歴史，制度，及び現状に関する整理を行った。なお，会計や税法の議論の前提となる基礎的な理論として，「コーポレートガバナンス・コード」におけるインセンティブ報酬の指摘や商法や会社法における規制に関して整理・検討を行い，また，インセンティブ報酬の現状把握のために行ったアンケート調査の結果を整理している。

　これらの前提的整理を踏まえ，第II部では会計上の観点から検討を行っている。インセンティブ報酬に関する会計上の検討として，理論的検討や有価証券報告書の開示例から想定される仕訳を導出する等の分析を行った。

　そして，提言（第IV部）において，次の指摘をしている。インセンティブ報酬については，交付される資産の種類，資本・純資産の考え方，提供される労働の考え方，等を複合的に検討することが必要であるが，これらと全て整合的な会計処理を考えることはできないため，一定の条件等を置いて検討せざるを得ない。現行の会計基準等では，労働サービスそれ自体に着目した擬制を考えているものと思われる。そして，現行の会計基準等を離れ，金銭報酬と従業員等の出資の擬制に基づく会計の検討を行ったところ，金銭に基づく報酬は負債の認識，株式等に基づく報酬は株式交付信託を含めて純資産

の認識に統一した会計となると指摘している。

　さらに第Ⅲ部では，税法上の観点から検討を行っている。インセンティブ報酬に関する税法上の検討では，税法上の給与の概念，現行の役員給与税制の考え方，近年の裁判例の検討を行った後，現行の法人税法においてインセンティブ報酬との関係の深い業績連動給与を取り上げて，制度の特徴，同族会社等への適用の可能性の検討を行った。また，具体的な取扱いやスキームとして，事前確定届出給与に関する裁判例や株式交付信託を利用した場合を取り上げ，その特徴等を整理・検討した。

　そして，提言（第Ⅳ部）として，現行税制では損金算入が認められていない同族会社が支給する業績連動型給与について，その損金算入が可能となる道を模索し，将来的に同族会社への適用に道筋をつけるための前提条件についての検討等を行い，適正性のために社外監査役等の利用等や透明性のために同族会社における決算公告制度の拡充と利用促進の可能性等の指摘が行われており，さらにこの可能性に関する追加的な検討点の提示が行われている。

　このような概要を踏まえ，これまでの検討を全体的に俯瞰し直した整理を行うことで，本書の総括としたい。

Ⅱ　インセンティブ報酬を巡る諸制度のあり方

1.　制度間の関係

　インセンティブ報酬に関する諸制度は，大きな流れとしては，「コーポレートガバナンス・コード」の公表・改訂の影響を受けて会社法や税法の改正が行われており，会社法の改正に伴い企業会計上の取扱いにも影響を与えているものと思われる。

　ただし，制度間の影響に関して，最近の議論で興味深いものがある。財務会計基準機構の基準諮問会議43回（2021年11月29日）の議事では，テーマ提言として次の図表17-1のようにテーマとそのレベル及び対応が示されている。

　この中で，現物出資構成による取引は，令和元年会社法改正前から用いられたスキームであるが，令和元年会社法改正に合わせて公表された実務対応

図表 17-1　基準諮問会議で示されたテーマ

テーマの内容	レベル及び対応
(1)　いわゆる現物出資構成による取引に関する会計基準の開発	実務対応レベルとして，実務対応専門委員会にテーマ評価を依頼する。
(2)　現金決済型の株式報酬取引に関する会計基準の開発	会計基準レベルとして(3)と合わせて事務局において論点整理を行う。
(3)　インセンティブ報酬に関する包括的な会計基準の開発	会計基準レベルとして事務局において論点整理を行う。

（出典）企業会計基準委員会 HP, https://www.asb.or.jp/jp/project/standards_advisory/y2021/2021-1129.html（2021 年 12 月 7 日アクセス）

報告 41 号「取締役の報酬等として株式を無償交付する取引に関する取扱い」は対象外となっている。しかし，このスキームは令和元年会社法改正後も多く確認できるとして，実務対応報告 41 号と整合的な会計処理及び開示の取扱いの整備を求めている。この点は，会社法の改正が企業会計に影響を与え，この影響の整合性を担保するための取組みと考えられる。

　また，現金決済型の株式報酬取引については，会計処理の定めがない状況にあり，この整備を求めたものである。ここでは，他の制度の改正の影響というよりは，実務上存在するスキームにつき，会計基準を整備することにより一定の指針を示すことが意識されている。そして，会計基準の整備により，企業が用いるスキームを体系化し，企業ごとに異なる解釈となることを防止しようとするものであり，会計基準が先行して制度を設けていると考えられる。場合によっては，このような会計基準の改正が，他の制度に影響を与えることも考えられる[1]。

　このように，制度間の影響は，一方通行という訳ではなく，相互に作用しあうことがある。インセンティブ報酬についても，実際に行われる取引（行いたい取引）に対し，諸制度が相互に影響しあいながら改正が続いていくものと思われる。

2.　制度間の影響を考慮した検討

　制度間に相互に影響する作用があるが，全ての影響を他の制度が受けるわ

けではない。制度の目的等により，許容可能な部分を影響として受けていくことになる。このため，インセンティブ報酬に対する制度を検討するにあたり，各制度の目的等を強く意識した検討が寛容となる。

また，制度の検討においては，近視眼的に制度上の特徴にのみ焦点があたることがあるが，本来は，実際に行われている取引や企業が（規制がなければ）行いたい取引を十分に意識し，これに対し，各制度がどのような影響を及ぼしているかも考慮しなければならない。

このため，本書では，焦点をあてる会計や税法の検討に先立ち，歴史的経緯やアンケート調査を通じた実態把握等を行い，議論の背景となる現状を明らかにしようとした。COVID-19の影響等もあり，この野心的な試みの全てが成功した訳ではないが，先行研究のレビューも含め一定の現状把握を行った。

そして，会計や税法に関しては，各制度の目的等を意識しつつ検討を行っている。つまり，会計上の検討（第Ⅱ部）では，まず，現行の我が国の企業会計の特徴として，リスクから解放された利益の計上を示している。この会計的な特徴を踏まえて現行の会計基準の確認を行った結果，現行の会計基準には一定の前提が置かれているとする。そして，この一定の前提が変化した場合に，会計処理等はどのように変化するかを示し，その結果が我が国の企業会計の特徴との整合性があるかを検討するという方法が用いられている。つまり，現行の会計基準で置かれている労働サービスそれ自体に着目した擬制ではなく，金銭報酬と従業員等の出資の擬制を行った場合の会計処理等の検討を行い，キャッシュフローのない取引をできる限りキャッシュフローに結びつけられる等の点で会計の目的に合致しうる可能性を示している。

Ⅱ 1. で示したように，新たな会計基準の開発も検討されており，全体として整合的な会計基準を設計するようにしなければならない。会計基準の開発には，インセンティブ報酬以外の取引も考慮するようになり，本書で示した検討はあくまでも限られた範囲での検討となるが，インセンティブ報酬という範囲では整合的な会計処理が考えられることを示したものである。

そして，税法上の検討（第Ⅲ部）では，次のような検討が行われている。税法においては，課税の公平が強く考慮されていることは議論を待つまでも

ない。このような一般的な理解に加え，税法上の給与概念や法人税法におけ
る役員給与税制のあり方を吟味した。これにより，インセンティブ報酬に対
する税法上の取扱いの基礎的な考え方を整理している。ここでは，役員給与
に限定せず法人税法上の給与概念を所得税法における給与所得の異同等か
ら検討している。そして，法人税法における役員給与税制について，恣意性
の排除という考え方の存在感が増している一方で，課税の公平，あるいは課
税上の弊害に加えて，費用性の否定という考え方が根強く残っているという
特徴を示している。

　このような基礎的な検討に加え，インセンティブ報酬に関する課税の事例
的検討を行い，現状の把握を行っている。事例的な検討は，いわば点の議論
であり，一般化・普遍化は射程を含めて考えたとしても限界が存在する。し
かし，現行の法人税法の特徴を明らかにするために格好の素材であり，また，
現行の法人税法に内在する課題を浮き出させるものとなろう。具体的には，
事前確定届出給与につき，当該職務執行期間の全期間を一個の単位として判
定すべきという判決や利益連動給与（現行では業績連動給与）につき，その
算定方法が客観的なものとはいえないとした採決を通じて，現行のインセン
ティブ報酬に対する法人税法の課税の現状や課題を示している。

　また，インセンティブ報酬のスキームの中から，株式交付信託における法
人税法の取扱を取り上げ，法人税法における引当金の問題との関連を示し，
役員給与のみならず法人税法の諸規定と複雑に関連する問題となりうること
が示されている。

　そして，このような整理や現状把握のうえで，インセンティブ報酬に対す
る課税の中心的論点[2]となる業績連動給与の検討を行っている。ここでは，
制度間の影響を強固に捉えると仮定し，コーポレートガバナンスを踏まえた
インセンティブ報酬としての最適な業績連動の検討を行い，誤った財務諸表
の数値に基づいて水増しされた支給済みの業績連動報酬を会社に強制返還さ
せる仕組みであるクローバック条項の適用可能性を提示している。そもそも，
法人税法がコーポレートガバナンスを考慮する必要があるかという問題はあ
るが，業績連動給与で要求される客観性を開示という手段で担保するのであ
れば開示に関する制度との法人税法の関係をつなげる必要があり，この関連

を意識するのであれば必要な検討となろう。

　さらに，業績連動給与には，「適正性」と「透明性」の確保を要すると考えられる。このため同族会社にも業績連動給与の適用を認めるべきとするのであれば，これらの要件の充足が必要になる。そこで，「適正性」の確保については，社外監査役等の利用の促進等が，また，「透明性」の確保については，同族会社における決算公告制度の拡充と利用促進等が提示されている。なお，Ⅰで示したように，この指摘については，批判的な検討も行われており，所有と経営の分離が問題となる可能性の指摘や適正性の確保の仕組みについて実効性の問題に関する指摘も示されている。実際に立法的な解決を模索するのであれば，このような批判的な指摘を踏まえたさらになる提案が必要になるであろう。課税の公平という観点からは，同族会社に業績連動給与の適用がないのは，不公平となっている可能性が否定できないが，同族会社の特性（外形的には，所有と経営が未分離）や実効性（有効性）・実行可能性を考慮した場合に，どのような考えが生じうるかを検討したことに意義があるものと思われる。法人税法の規定に関するものであるから，法人税法の中で解決するというだけではなく，現行の業績連動給与が上場企業を前提とした開示制度を利用しているように，中小企業が多いと考えられる同族会社にも実行可能な開示制度とともに検討する可能性がありうるものと思われる。

Ⅲ　おわりに

　本書は，インセンティブ報酬という実務でも悩ましい問題を取り上げたが，実務上の解説としてではなく，インセンティブ報酬を取り巻く制度に関する理論的検討を行った。理論的検討には，様々な前提が置かれるため，必ずしも現行制度と合致しない検討も含まれる。現行制度については，多くの報告書[3]や書籍が公表されているため，そちらを参照してもらいたい。

　本章で示したように，制度を取り上げた理論的検討では，制度の目的等を考慮する必要があり，その制度の目的等をどのように位置づけるかにより解は異なることになる。ましてや制度間の関係を含めて検討するのであれば，複雑系にならざるを得ない。このような中で，インセンティブ報酬という取

引を基軸に，諸制度のあり方を研究した成果が本書であり，この検討の一部がいずれ制度化の参考になることも考えられる。

　残念ながら，限られた時間，限られた紙幅での研究であり，研究成果も限定的なものといわざるを得ない。企業のニーズが想定される以上，インセンティブ報酬は今後も形を変えつつ維持されるものと思われる。これらの新しいスキーム等への対応には，次の新しい研究が必要となる。本書がその新しい研究の参考になれば幸いである。

［注］

1　ちなみに，会計基準が他の制度に影響を与えた例として，平成 11 年（1999 年）に企業会計基準審議会から公表された「金融商品に係る会計基準の設定に関する意見書」等の影響で，平成 12 年度税制改正において法人税法でも「一定の時価主義が導入された」（金子宏『租税法第 24 版』（弘文堂，2021）369 頁）や平成 18 年（2006 年）に企業会計基準委員会から公表された企業会計基準 9 号「棚卸資産の評価に関する会計基準」により，「平成 19 年度の法人税法の改正で，これに合わせた改正が行われた」（同上，370 頁）等がある。

　　企業会計と税法の間には，逆基準性と指摘されるものがあり，減価償却において税法で定める法定耐用年数が企業会計の実務でも多用される状況等が挙げられるが，ここでも一方通行ではなく，相互に影響しあう関係があるものと思われる。

2　本書におけるインセンティブ報酬の定義等からは，事前確定届出給与や業績連動給与ではなくとも，定期同額給与や退職給与でもインセンティブを付与できる支給となっていればインセンティブ報酬として位置づけている。さらには，法人税法上の損金の額に算入できない支給となるインセンティブ報酬も存在する。とはいえ，インセンティブ報酬に関する課税として，最も影響が大きいと思われる業績連動給与を中心的論点と位置づけた。

3　例えば，経済産業省産業組織課『「攻めの経営」を促す役員報酬—企業の持続的成長のためのインセンティブプラン導入の手引—』（2021 年 6 月時点版），日本公認会計士協会会計制度委員会研究報告第 15 号『インセンティブ報酬の会計処理に関する研究報告』，日本公認会計士協会租税調査会研究報告第 35 号『法人税法上の役員報酬の損金不算入規定の適用をめぐる実務上の論点整理』等がある。

4　本研究は，東洋大学井上円了研究助成の研究助成を受けている。

第 17 章担当　金子友裕（東洋大学）

参考文献

相澤哲・石井裕介（2006）「株主総会以外の機関」相澤哲編著『立案担当者による新・会社法の解説』商事法務，90-121頁。

相澤哲・岩崎友彦（2006）「株式会社の計算等」相澤哲編著『立案担当者による新・会社法の解説』商事法務，122-137頁。

あいわ税理士法人（2020）『業績連動・株式報酬制度を導入したい！と思ったとき最初に読む本』中央経済社。

青木孝徳（2006）『平成18年版改正税法のすべて』大蔵財務協会。

浅井光政（2001）「租税法上の時価を巡る諸問題—法人税法，所得税法及び相続税法における時価の総合的検討—」『税務大学校論叢』36号，1-133頁。

あずさ監査法人編（2020）『株式報酬の会計実務』中央経済社。

飯野幸江（2020）「享保−元文期における三井両替店一巻の会計実務と財務内容」『嘉悦大学研究論集』63巻1号，1-24頁。

飯野幸江（2020）「享保−元文期における三井両替店一巻の財務数値」『嘉悦大学研究論集』63巻2号，15-26頁。

石島弘（1989）「フリンジ・ベネフィット—現物給与の検討を中心として—」『租税法研究』17号，50-86頁。

石島弘（2000）「フリンジ・ベネフィット課税について」山田二郎先生古稀記念論文集『税法の課題と超克』信山社，30-61頁。

泉絢也（2020）「法人税法における役員給与税制の背後にある考え方」『千葉商大論叢』58巻1号，37-60頁。

一高龍司（2004）「ストック・オプション判決について—資産の譲渡の対価としての性質の検討を中心に—」『租税研究』655号，101-107頁。

伊藤靖史（2013）『経営者の報酬の法的規律』有斐閣。

今井宏監修（2005）『改正商法と実務対応』商事法務。

今本啓介（2016）「債務免除益が給与等に該当するとされた事例」『ジュリスト』1489号，10-11頁。

占部裕典・清松順子（2006）「取締役会による役員報酬の遡及的減額決議とその課税関係」三木義一・田中治・占部裕典編著『租税判例分析ファイルⅡ　法人税編』税務経理協会，434-455頁。

HRガバナンス・リーダーズ株式会社（2021）『令和3年企業の中長期的な企業価値向上に資する役員報酬の課題に関する調査報告書（経済産業省委託調査報告書）』。

江頭憲治郎（1974）「会社役員の報酬に対する法の規制」『法学教室』6 号，62-65 頁。

江崎グリコ株式会社（2020）『有価証券報告書（2020 年 12 月期）』。

大堺利實（1988）『会計主体論』創成社。

大塚章男（2016）「役員報酬とコーポレート・ガバナンス— claw back 条項を手掛かりとして—」『筑波ロー・ジャーナル』21 号，19-35 頁。

大淵博義（2003）「米国親会社のストック・オプションに係る権利行使利益の所得区分と税法解釈の限界（その 3 完)」『税務事例』35 巻 8 号，1-18 頁。

岡村忠生（2007）『法人税法（第 3 版）』成文堂。

岡本高太郎（2019）「会社法制の見直し～取締役の報酬等に関する規律の整備・見直し」『PwC Legal Japan News』2019 年 9 月号，1-6 頁。

奥島孝康（1992）「退職慰労金の怪＝関西電力事件—取締役の報酬」『法学セミナー』448 号，92-96 頁。

奥島孝康・落合誠一・浜田道代編（2016）『新基本法コンメンタール会社法 2〔第 2 版〕』日本評論社。

尾崎悠一（2013）「ドッド・フランク法制定後の米国における役員報酬規制の動向」資本市場研究会編『企業法制の将来展望』財経詳報社。

落合誠一編（2009）『会社法コンメンタール 8　機関 2』商事法務。

風間春香・矢沢広崇・大野春香・川北修広・細沼めぐみ（2019）「EDINET を活用した役員報酬の分析　開示情報拡充とデジタル化がもたらす『見える化』」『みずほ総合研究所レポート』2019 年 9 月 9 日号，1-9 頁。

片野一郎（1977）『日本・銀行會計制度史（増補版）』同文舘。

金子宏（2005）『租税法　第 10 版』弘文堂。

金子宏（2019）『租税法　第 23 版』弘文堂。

金子宏（2021）『租税法　第 24 版』弘文堂。

川口幸美（2008）「新株予約権の有利発行規制の一考察—MSCB（転換価額修正条項付転換社債型新株予約権付社債）と MSSO（行使価額修正条項付新株予約権）を素材として—」『駒澤法学』7 巻 4 号，134-100 頁。

川端康之（1997）「新規事業と税制—ストック・オプション制度の基礎構造—」『租税法研究』25 号，30-61 頁。

川本淳（2002）『連結会計基準論』森山書店。

神田秀樹（2020）「Interview 神田秀樹先生に聞く！会社法改正のポイント」『企業会計』72 巻 3 号，377-384 頁。

企業会計基準委員会（2021）『取締役の報酬等として株式を無償交付する取引に関する取扱い（実務対応報告第 41 号）』。

北村導人・乙部一輝（2020）「近時の役員報酬税制に係る論点に関する検討—近時の裁判例・裁決令等を参照して—」『PwC Legal Japan News』2020 年 6 月号，

1-11 頁。

木村遥介（2018）「企業のガバナンスとリスクテイク」『ファイナンス』54 巻 8 号，60-66 頁。

木山泰嗣（2016）「給与概念の確立と変容」『青山法学論集』57 巻 4 号，115-155 頁。

木山泰嗣（2016）「債務免除益が給与に当たるとされた事案」『税経通信』71 巻 1 号，189-195 頁。

金融審議会ディスクロージャーワーキング・グループ（2018）『資本市場における好循環の実現に向けて』。

金融庁（2015）『コーポレートガバナンス・コード原案〜会社の持続的な成長と中長期的な企業価値の向上のために〜』。

国枝繁樹（2007）「業績連動型報酬と税制」『税務弘報』55 巻 5 号，122-129 頁。

久保克行・内ヶ﨑茂・吉田宏克・岩田航（2021）「報酬状況と中長期インセンティブ評価指標の変化」『企業会計』73 巻 7 号，66-72 頁。

倉沢康一郎（1994）『会社法の論理』成文堂。

倉見智亮（2018）「給与返還時における課税所得計算の調整方法」『西南学院大学法学論集』50 巻 4 号，79-142 頁。

倉見智亮（2021）『課税所得計算調整制度の研究』成文堂。

経済産業省産業組織課（2017）『「攻めの経営」を促す役員報酬〜企業の持続的成長のためのインセンティブプラン導入の手引〜（平成 29 年 9 月時点版）』。

経済産業省産業組織課（2019）『「攻めの経営」を促す役員報酬〜企業の持続的成長のためのインセンティブプラン導入の手引〜（2019 年 5 月時点版）』。

経済産業省産業組織課（2020）『「攻めの経営」を促す役員報酬〜企業の持続的成長のためのインセンティブプラン導入の手引〜（2020 年 9 月時点版）』。

経済産業省産業組織課（2021）『「攻めの経営」を促す役員報酬〜企業の持続的成長のためのインセンティブプラン導入の手引〜（2021 年 6 月時点版）』。

厚生労働省（2018）『雇用類似の働き方に関する検討会報告書』。

小竹義範・安藤元太（2017）「平成 29 年度法人税関係の改正について：役員給与の見直し（株式交付信託ほか Q&A を含めて）役員給与に係る損金算入等の手続きについて」『租税研究』813 号，172-198 頁。

小林磨寿美・大野貴史（2020）『中小企業における戦略的役員報酬と税務』大蔵財務協会。

今野靖秀（2020）「報酬委員会の役割強化のために〜日本の現状と，先進的な英国の特徴」（https://www2.deloitte.com/jp/ja/pages/human-capital/articles/hcm/global-hr-journey-21.html（最終閲覧日 2022 年 4 月 22 日））。

齋藤静樹（2009）『会計基準の研究』中央経済社。

財務省（2006）『平成 18 年度税制改正の解説』大蔵財務協会。

財務省（2017）『平成 29 年度改正税法の解説』。

酒井克彦（2017）「所得税法における給与所得該当性の判断メルクマール─従属性要件と非独立性要件─」『中央ロージャーナル』14 巻 1 号，83-102 頁。

櫻田譲・塚辺博崇・柳田具孝（2018）「コーポレート・ガバナンスと超高額役員給与支給の関係」『Discussion Paper, Series B』164 巻，1-21 頁。

佐藤丈文・田端公美（2019）「『クローバック条項』導入上の法的留意点」『旬刊経理情報』No. 1557，45-48 頁。

佐藤英明（2007）「給与所得の意義と範囲をめぐる諸問題」金子宏編著『租税法の基本問題』有斐閣，397-417 頁。

佐々木浩・小原一博（2006）「平成 18 年度税制改正（法人税関係）について─会社法制定に伴う整備等を中心に─」『租税研究』681 号，31-84 頁。

佐々木浩・武井一浩・諸星健司（2017）「誌上座談会　平成 29 年度税制改正の趣旨と実務への影響（上）」『税務通信』3454 号，32-48 頁。

佐藤英明（2020）『スタンダード所得税法　第 2 版補正 2 版』弘文堂。

品川芳宣（2003）「ストックオプション権利行使利益の所得の種類（東京地裁平成 14. 11. 7 判決）」『税研』18 巻 5 号，77-80 頁。

澁谷展由・阿部直彦（2019）「クローバック条項導入企業の分析」『資料版商事法務』425 号，24-30 頁。

末永敏和・吉本健一（2002）『平成 14 年商法改正対応新コーポレート・ガバナンスの読み方・考え方』中央経済社。

鈴木一水（2017）「役員給与等に係る税制の整備の意義」『税研』33 巻 3 号，42-47 頁。

鈴木修（2020）「業績連動給与：職務執行の評価係数・割合の算定根拠も要開示」『税務弘報』68 巻 6 号，46-54 頁。

鈴木大介・上村昌司（2012）「従業員等の意思決定と従業員ストック・オプションの費用計上」『会計プログレス』13 号，86-98 頁。

スチュワードシップ・コード及びコーポレートガバナンス・コードのフォローアップ会議（2021）『コーポレートガバナンス・コードと投資家と企業の対話ガイドラインの改訂について』。

全国株懇連合会（2018）『中長期的インセンティブプランの実務─業績連動報酬・自社株報酬の導入の手引き─』東京株式懇話会。

高橋均（2020）「監査等委員会設置会社をめぐる現状と今後の課題」『情報センサー』150 号，8-12 頁。

高橋均（2020）「取締役の報酬のあり方」『旬刊経理情報』No. 1579，1 頁。

高橋陽一（2020）「クローバック条項をめぐる法律関係と課題」『ビジネス法務』20 巻 1 号，44-49 頁。

武田昌輔（1979）『DHC コンメンタール法人税法』第一法規。

武田昌輔監修・成道秀雄編（2012）『法人税の損金不算入規定』中央経済社。

武田隆二（1992）『居眠り講義』中央経済社。

田中治（2005）「給与所得概念における従属的労務性」『税務事例研究』Vol. 83, 25-55頁。

田中耕太郎（1934）「取締役に対する報酬及び賞与支給の額と重役会の決定（民事法判例研究録108）」『法学協会雑誌』52巻2号, 391-394頁。

谷口勢津夫（2018）『税法基本講義　第6版』弘文堂。

谷口勢津夫（2021）『税法基本講義　第7版』弘文堂。

注解所得税法研究会編（2019）『注解所得税法　六訂版』大蔵財務協会。

忠佐市（1969）「役員給与は益金支出か損金支出か」『税経通信』24巻10号, 18-28頁。

忠佐市（1973）『税務会計法　第四版』税務経理協会。

津野田一馬（2015）「経営者報酬の決定・承認手続(1)」『法学協会雑誌』132巻11号, 2082-2174頁。

津野田一馬（2016）「経営者報酬の決定・承認手続（2完）」『法学協会雑誌』133巻1号, 52-130頁。

寺西重郎（2006）「戦前の金融システムは銀行中心であったか」『金融研究』25巻1号, 13-40頁。

デロイトトーマツコンサルティング株式会社・有限責任監査法人トーマツ・税理士法人トーマツ・ベーカー＆マッケンジー法律事務所（2015）『日本と海外の役員報酬の実態及び制度等に関する調査報告書』。

長島弘（2021）「役員給与税制における問題点」『税制研究』80号, 96-107頁。

長戸貴之（2018）「法人税法における役員給与：エージェンシー理論を踏まえた検討」『民商法雑誌』154巻3号, 448-485頁。

中村慎二（2017）『新しい株式報酬制度の設計と活用—有償ストック・オプション＆リストリクテッド・ストックの考え方』中央経済社。

成瀬洋平（2012）「源泉所得税における給与等の課税の取扱い」『税務大学校論叢』73号, 147-299頁。

西川登（2002）「財務数値からみた三井家初期の大元方」『商経論叢』38巻1号, 25-47頁。

西本靖宏（2014）「賞与の総額が減少した場合に届出通り支払われた役員賞与の事前確定届出給与の該当性」『ジュリスト臨時増刊』1466号, 214-215頁。

日本経済再生本部（2015）『「日本再興戦略」改訂2015—未来への投資・生産性革命—』。

日本経済再生本部（2016）『日本再興戦略2016—第4次産業革命に向けて—』。

日本公認会計士協会会計制度委員会（2019）会計制度委員会研究報告第15号『イ

ンセンティブ報酬の会計処理に関する研究報告』。

日本公認会計士協会租税調査会（2019）租税調査会研究報告第 35 号『法人税法上の役員報酬の損金不算入規定の適用をめぐる実務上の論点整理』。

日本商工会議所（2021）「令和 4 年度税制改正に関する意見」（https://www.jcci.or.jp/news/2021/0916150000.html（最終閲覧日 2021 年 12 月 1 日））。

日本取締役協会投資家との対話委員会（2016）『2016 年度　経営者報酬ガイドライン（第四版）—経営者報酬ガバナンスのいっそうの進展を—』。

萩原工業株式会社（2020）『有価証券報告書（2020 年 10 月期）』。

橋本浩史（2013）「一の職務執行期間中に複数回支給された役員給与の事前確定届出給与該当性が問題となった事例〜東京地裁平成 24 年 10 月 9 日判決（裁判所HP）」『税経通信』68 巻 10 号，183-187 頁。

畠山武道（1979）『租税法』青林書院。

浜田道代（1987）『新版注釈会社法(6)』有斐閣。

濱田康宏（2018）『役員給与』中央経済社。

林幸一（2008）「事業所得と給与所得との区分」『大阪府立大學經濟研究』54 巻 2 号，139-163 頁。

林仲宣（2006）「業績連動型取締役報酬と税制上の課題」『税法学』556 号，107-123 頁。

藤井誠（2017）「事前確定届出給与規定の課題」『税研』33 巻 3 号，55-61 頁。

藤田友敬（2002）「オプションの発行と会社法［上］—新株予約権制度の創設とその問題点—」『商事法務』1622 号，18-27 頁。

藤曲武美（2014）「役員給与：平成 24. 10. 9 東京地裁判決」『税務弘報』62 巻 3 号，136-143 頁。

藤曲武美（2017）「事前確定届出給与の意義と範囲」『税経通信』72 巻 3 号，132-139 頁。

藤曲武美（2017）「平成 29 年度役員給与税制の改正（業績連動給与）」『税経通信』72 巻 11 号，123-130 頁。

藤曲武美（2020）「役員給与と損金性（業績連動給与を含む）」『税務会計研究』31 号，35-50 頁。

法制審議会（2017）『部会資料 4　役員に適切なインセンティブを付与するための規律の整備に関する論点の検討（平成 29 年 6 月 21 日開催）』。

星川長七（1968）『注釈会社法(4)』有斐閣。

前田雅弘（2020）「取締役の報酬規制」『ジュリスト』1542 号，34-39 頁。

松尾拓也・西村美智子・中島礼子・土屋光邦編著（2017）『インセンティブ報酬の法務・税務・会計』中央経済社。

三上二郎・坂本英之（2006）「役員報酬，ストック・オプション」『商事法務』1776

　号，28-37 頁。

三木義一（2003）「ストックオプション地裁判決とその問題点」『税理』46 巻 2 号，
　10-16 頁。

水野忠恒（2021）『大系租税法　第 3 版』中央経済社。

水町勇一郎（2020）『労働法　第 8 版』有斐閣。

宮川正康（2018）「中長期インセンティブの設計」櫛笥隆亮編著『経営者報酬の実務』
　中央経済社，62-163 頁。

村田敏一（2010）「新株予約権の有利発行に関する一考察」『立命館法學』329 号，
　82-109 頁。

村中靖・淺井優（2019）『役員報酬・指名戦略』日本経済新聞出版社。

森田哲彌（1979）『価格変動会計論』国元書房。

矢沢惇（1964）「取締役の報酬の決定」『ジュリスト』296-2 号（会社判例百選），
　118-119 頁。

矢沢惇（1981）『企業法の諸問題』商事法務研究会。

弥永真生（1995）「費用と利益処分―役員賞与と寄付金を題材として―」『會計』
　148 巻 1 号，54-66 頁。

弥永真生（1999）「ケースで解く会社法⑾　取締役の報酬」『法学セミナー』550 号，
　98-102 頁。

弥永真生（2017）「業績連動給与―改正の影響及び今後の課題―」『税研』33 巻 3 号，
　62-67 頁。

山口幸五郎（1973）『会社取締役制度の法的構造』成文堂。

山口孝浩（2005）「役員賞与・役員報酬を巡る問題―改正商法等の取扱いを問題提
　起として―」『税務大学校論叢』48 号，169-270 頁。

山田純平（2019）「資本概念の再検討」『明治学院大学ディスカッションペーパー』，
　1-16 頁。

山本昌弘（2010）「日本企業の利益管理―行動ファイナンスに基づく実証研究―」『明
　大商學論叢』92 巻 2 号，1-15 頁。

横山淳・藤野大輝（2018）「CG コード改訂と指名・報酬諮問委員会の現況」大和総
　研レポート 2018 年 7 月 9 日号，1-10 頁（https://www.dir.co.jp/report/research/
　law-research/securities/20180709_020190.pdf（最終閲覧日 2022 年 4 月 22 日））。

吉村典久（2010）「日本の会社統治の過去」加護野忠男・砂川伸幸・吉村典久『コ
　ーポレート・ガバナンスの経営学：会社統治の新しいパラダイム』有斐閣，
　115-140 頁。

四方田彰（2018）「委託販売による収益の計上―返品調整引当金の廃止とその影響―」
　『税法学』580 号，121-130 頁。

四方田彰（2019）「変動対価概念の導入による税務上の課題―返品調整引当金の再

考―」『税務会計研究』30 号，289-296 頁。

労働省労働基準局編（1986）『労働基準法の問題点と対策の方向』日本労働協会。

若槻礼次郎（1903）『現行租税法論』和仏法律学校。

渡辺徹也（2003）「ストック・オプションに関する課税上の諸問題―非適格ストック・オプションを中心に―」『税法学』550 号，57-84 頁。

渡辺徹也（2015）「法人税法 34 条 1 項 2 号にいう事前確定届出給与該当性の可否」『ジュリスト』1480 号，127-130 頁。

渡辺徹也（2016）「インセンティブ報酬に対する課税―リストリクテッドストック等を中心に―」『税務事例研究』150 号，27-58 頁。

渡辺徹也（2019）『スタンダード法人税法　第 2 版』弘文堂。

渡辺充（2021）「事前確定届出給与」『別冊ジュリスト第 7 版』，118-119 頁。

Bodie, Z., R. S. Kaplan and R. C. Merton（2003）"For the Last Time: Stock option Are an Expense," Harvard Business Review, Vol. 81, pp. 62-71.

Financial Accounting Standards Board（2007）Preliminary Views: Financial Instruments with Characteristics of Equity, Norwalk, CT.

Ohlson, J. A. and S. H. Penman（2005）"Debt vs. Equity: Accounting for Claims Contingent on Firms' Common Stock Performance with Particular Attention to Employee Compensation Options", White Paper Number One, Center for Excellence in Accounting and Security Analysis, pp.1-45.

索　引

執筆者紹介

泉 絢也（いずみ　じゅんや）　　　　　　　　　　　（第 9 章，第 16 章　担当）
　千葉商科大学商経学部准教授
　中央大学大学院商学研究科博士課程後期課程修了，博士（会計学）。主要な業績
として，『パブリックコメントと租税法』（単著）日本評論社，2020 年，「NFT（ノ
ンファンジブルトークン）の譲渡による所得は譲渡所得か？もしそうであれば非
課税所得か？」『千葉商大論叢』（単著）59 巻 3 号，2022 年等がある。

金子友裕（かねこ　ともひろ）　　　　　　（編著者，第 1 章，第 4 章，第 17 章　担当）
　編著者紹介を参照。

鈴木大介（すずき　だいすけ）　　　　　　　　　（第 4 章，第 6 章，第 15 章　担当）
　麗澤大学経済学部教授
　東京都立大学大学院社会科学研究科経済政策専攻博士課程修了，博士（経済学）。
主要な業績として，「従業員等の意思決定と従業員ストック・オプションの費用
計上」『会計プログレス』，2012 年等がある。

道下知子（どうげ　ともこ）　　　　　　　　　　　　（第 10 章，第 13 章　担当）
　青山学院大学法学部准教授・税理士
　青山学院大学大学院法学研究科博士後期課程単位修得満期退学。税理士として
EY 税理士法人に勤務後，西武文理大学専任講師・准教授を経て現職。主な業績
として，「「給付付き税額控除」の法的意義の一考察―アメリカ EITC の動向も
ふまえて」『三木義一先生古稀記念論文集　現代税法と納税者の権利』法律文化
社，2020 年，「アメリカ EITC のノンコンプライアンス問題に対する改善策の一
考察―NTA の提言を中心に―」『青山ビジネスロー・レビュー』9 巻 2 号，2020
年等がある。

長島 弘（ながしま　ひろし）　　　　　　　　　　　　　　　　（第 3 章　担当）
　立正大学法学部教授・税理士
　横浜市立大学経営学研究科修士課程修了。産能短期大学（現「自由が丘産能短期
大学」）を経て現職。おもな業績として「不相当に高額な役員給与の判定に最高
額を用いた裁判例―東京地判令和 2・1・30」『ジュリスト』1566 号，「公正処理
基準の再検討」『税法学』586 号，「租税法律主義と租税法における政令委任の範

囲—法人税法施行令72条の3に関する合憲性の問題に着目して—」『税法学』
571号等がある。

中野貴元（なかの　よしもと）　　　　　　　　　　　　　（第2章　担当）
公益社団法人全国経理教育協会専務理事
埼玉大学大学院人文社会科学研究科博士前期課程修了。事業会社4社の財務経
理職を経て現職。主要な業績として，「太田哲三と動態論」上野清貴編著『日本
簿記学説の歴史探訪』創成社，2019年，「戦前期における皇室会計制度」『会計
史学会年報』第39号，2021年，「わが国法人課税所得の法制度史」金子友裕編
著『課税所得計算の形成と展開』中央経済社，2022年等がある。

宮崎裕士（みやざき　ゆうじ）　　　　　　　　　　　（第8章，第11章　担当）
九州情報大学専任講師
熊本学園大学大学院商学研究科博士後期課程修了，博士（商学）。大阪経済大学
専任講師を経て現職。主要業績として，「所得税法における会計の三重構造採用
に必要な視座—個人と法人の確定申告・計算書類関連規定の異同に着目して」
金子友裕編著『課税所得計算の形成と展開』中央経済社，2022年，「弁護士会役
員交際費事件」末永英男編著『税務会計と租税判例』中央経済社，2019年等が
ある。

四方田　彰（よもだ　あきら）　　　　　　　　　　（第12章，第14章　担当）
税理士・神奈川大学，流通経済大学大学院非常勤講師
神奈川大学大学院経済学研究科博士前期課程修了。主要な業績として，「委託販
売による収益の計上—返品調整引当金の廃止とその影響—」『税法学』第580号，
2018年11月。「変動対価概念の導入による税務上の課題—返品調整引当金の再
考—」『税務会計研究』第30号，2019年7月。「収益認識実務の最終チェック・
チェックリストで押さえる税法関連の留意点」『企業会計』第73巻第4号，
2021年4月等がある。

若林恒行（わかばやし　つねゆき）　　　　　　　　（第5章，第7章　担当）
公認会計士・税理士
早稲田大学商学部卒業。
主要な業績として，『3つの視点で会社がわかる「有報」の読み方』（新日本有限
責任監査法人編）中央経済社2013年，『IFRSを紐解く』（吉岡正道他編著）森山書
店，2021年等がある。

〈編著者紹介〉

金子友裕（かねこ　ともひろ）

（経歴）
東洋大学経営学部教授
明治大学大学院経営学研究科博士後期課程修了，博士（経営学）。明治大学助手，岩手県立大学講師・准教授，東洋大学准教授を経て現職。
現在，税理士試験委員，税務会計研究学会幹事等を務める。

（主要業績）
『法人税法入門講義』中央経済社，第1版：2016年，第6版：2022年
『課税所得計算の形成と展開』（編著）中央経済社，2022年
「法人税法における「増資」の検討」『日税研論集』76号，2019年
「法人課税制度における中小企業優遇措置の概要と課題」『税研』212号，2020年
「「時価の算定に関する会計基準」における「時価」の検討」『産業経理』81巻1号，2021年
「消費税法における仕入税額控除の考察」『税法学』585号，2021年

▧ インセンティブ報酬の会計と税法
　―関連規制の動向を踏まえた提言

▧ 発行日 ── 2022年7月16日　初版発行　　　　〈検印省略〉

▧ 編著者 ── 金子友裕

▧ 発行者 ── 大矢栄一郎

▧ 発行所 ── 株式会社　白桃書房
　　　　　〒101-0021　東京都千代田区外神田5-1-15
　　　　　☎03-3836-4781　🅕03-3836-9370　振替00100-4-20192
　　　　　http://www.hakutou.co.jp/

▧ 印刷・製本 ── 藤原印刷

　© KANEKO, Tomohiro
　　2022　Printed in Japan　ISBN 978-4-561-36227-2　C3034

好 評 書